文化弘德

——传统文化视角下的中学生德育创新路径探究

潘文淦 著

北京工业大学出版社

图书在版编目（CIP）数据

文化弘德：传统文化视角下的中学生德育创新路径探究 / 潘文淦著. — 北京：北京工业大学出版社，2019.8

ISBN 978-7-5639-6862-6

Ⅰ. ①文… Ⅱ. ①潘… Ⅲ. ①德育－教学研究－中学 Ⅳ. ①G631

中国版本图书馆 CIP 数据核字（2019）第 145726 号

文化弘德——传统文化视角下的中学生德育创新路径探究

著　　者：潘文淦
责任编辑：李俊焕
封面设计：优盛文化
出版发行：北京工业大学出版社
　　　　　　（北京市朝阳区平乐园 100 号　邮编：100124）
　　　　　　010-67391722（传真）　bgdcbs@sina.com
经销单位：全国各地新华书店
承印单位：定州启航印刷有限公司
开　　本：710 毫米 ×1000 毫米　1/16
印　　张：14.75
字　　数：295 千字
版　　次：2019 年 8 月第 1 版
印　　次：2019 年 8 月第 1 次印刷
标准书号：ISBN 978-7-5639-6862-6
定　　价：59.00 元

版权所有　翻印必究

（如发现印装质量问题，请寄本社发行部调换 010-67391106）

前　言

　　中学生的德育工作一直是人们关注的教育重点，党的十八大报告中明确将"立德树人"作为教育的根本任务。在北京大学师生座谈会以及全国教育大会上，习近平总书记指出，要把立德树人的成效作为检验学校一切工作的根本标准，强调育人之本，在于立德铸魂，要把立德树人作为教育工作的主线，反复强调德育的重要性。

　　中华民族有着立德树人的传统文化基因，中国传统文化是立德树人的历史根基。2017年1月26日，国家正式公布了《关于实施中华优秀传统文化传承发展工程的意见》，这是我国从国家层面，首次将传承发展中华优秀传统文化作为一项系统工程进行推动。中华优秀传统文化与德育教育具有密切联系，中国自古便重视道德教育，在西周时就已有"敬德保民"的思想。因此将优秀传统文化融入中学德育教育，可以借助中国优秀传统文化中的德育资源来提升中学德育教学的效果。

　　笔者一直主抓德育工作，早在2012年就开始了以传统文化为主的校园文化及课题方面的研究。无论是2012年主持的广州市番禺区"十二五"规划项目《初中年级管理有效性的实践研究》课题，还是2014年开始主持或参与的广州市"十二五"规划课题《"崇圣"校园文化建设的研究与实践》《基于崇圣校园文化下班级文化建设与特色班级创建的实践研究》和番禺区"十三五"规划课题《融入文化拓展资源内化素养》的立项与研究，笔者所带领的德育团队和课题研究成员在实践研究中充分利用文化中的德育资源，用文化引领和浸润德育教育工作，发挥文化引发、认同、传承的作用，使德育教育走进学生的心灵，走进学生的生命中，从而达到"文化润德""文化化人"的目的。恰逢2017年番禺区提出开展"文化德育"活动，并颁发了《番禺区关于加强中小学文化德育工作的指导意见要求以及文化德育工作实施方案》，笔者备受鼓舞，将从教以来的所思、所想、所做进行整理。规划基于弘扬中华优秀传统文化，培育和践行社会主义核心价值观，立足德育工作的顶层设计，尝试在中学德育中注入文化元素，在传统文化传承中寻找德育基因，构筑具有校园特色的"崇圣文化"，发挥"文化载德""文化弘德"的独特功能，提出了以传统文化为途径和方法的德育教学新思路。在本书撰写过程中，笔者参考和借鉴了许多专家和学者的文献资料和研究成果，在此向他们表示敬意和感谢。鉴于笔者学识和精力有限，书中存在不足之处敬请读者批评指正。

目 录

第一章 绪论 ... 1
第一节 源远流长的中华传统文化 ... 1
第二节 中华传统文化与中学德育关系概述 ... 10
第三节 中华传统文化融入中学德育的现状 ... 31

第二章 中学文化德育工作概述 ... 41
第一节 文化德育的内涵、提出背景和战略意义 ... 41
第二节 中学校园文化德育功能解读 ... 53
第三节 文化融入中学德育的基本原则和实施途径 ... 58

第三章 建构一体化的中学文化德育管理模式 ... 67
第一节 新形势下中学德育管理新思路、新机制的思考 ... 67
第二节 中学德育管理模式一体化的思考 ... 73
第三节 中华传统文化寓于一体化德育管理模式的探索 ... 87

第四章 中学文化德育校本课程的研发 ... 101
第一节 传统文化中德育校本课程的育人价值及传统文化德育资源 ... 101
第二节 传统文化中德育校本课程的设计要求和实施路径 ... 106
第三节 建构传统文化中德育校本课程的评价体系 ... 114
第四节 基于岭南优秀文化的校本德育课程开发 ... 121

第五章 文化德育队伍建设 ... 127
第一节 中学文化德育队伍建设的必要性和可行性 ... 127
第二节 中学文化德育队伍的建设理念与要求 ... 132
第三节 班主任队伍建设专业化机制的设计 ... 140
第四节 班主任队伍建设保障制度的构建 ... 146

第六章　中学德育评价体系研究 ················· 151
第一节　现行中学德育评价体系存在的主要问题及成因 ········ 151
第二节　中学德育评价体系建构基本原则 ············· 155
第三节　中学德育评价实施方式 ················ 157

第七章　中学文化德育创新路径研究 ················ 175
第一节　建构全方位中学文化德育创新路径的思考 ········· 175
第二节　"互联网＋"视域下的德育教育路径 ············ 210
第三节　岭南文化视域下德育的实践路径 ············· 217

参考文献 ····························· 227

第一章　绪论

第一节　源远流长的中华传统文化

一、中华传统文化产生的背景

文化是人类为满足自身需要而在认识世界、改造世界的过程中所形成的一切物质财富和精神财富的总和。人类文化既具有其特有的社会属性，又具有不可否定的自然属性。文化之所以具有自然属性，除了人类自身首先是自然物、人也是自然界长期发展的产物之外，人类文化的形成、产生、成长、演变都离不开一定的自然地理环境，尤其是在人类的早期，由于缺乏对自然真正深入地了解，自然界对人类文化的影响就更是明显、直接和重大。正如不同的气候、水土适合不同的作物生长一样，不同的自然环境也会孕育、产生不同的文化，如海洋文化、大陆文化、山地文化、平原文化、坝子文化、高原文化、游牧文化、农耕文化等的划分，都说明先天的自然条件对文化特点的影响。正如古语所说，"一方水土养一方人""靠山吃山，靠水吃水""橘生淮南则为橘，生于淮北则为枳"。当然，我们又必须看到，人类并不是完全消极被动地受制于自然，人类产生以来，就不断地发挥自己特有的主观能动性，来认识自然和改造自然，因此，我们也不能把自然环境对人类文化的影响无限夸大，甚至上升到地理环境决定论的程度，但自然地理环境对人类文化的影响是一个客观存在的事实。

作为世界文化中颇具特色、且延续至今从未中断的中国文化，是人类文化的重要组成部分，是世界非西方文化的主要代表之一。中华传统文化的早期孕育也同样必须以特定的自然地理环境为天然前提，而且在其后的发展过程中，形成了与其他地区、民族的文化不同的鲜明个性。

二、中华传统文化的发展历程

关于中华传统文化的起源，同许多其他的人类文化的起源一样，至今为止还有许多方面没有办法确定。事实上，人类文化都是伴随着人类进化过程，有意识地作用于自然、社会及自身的一切活动及其结果的产物。中华传统文化同样是伴随着中国人的生产劳动和繁衍生息而发展的。可以推断，迄今发现中国最早的170多万年前元谋人时代至尧舜时代的远古至原始社会时期，是中华传统文化的起源和发端阶段。其表现形式集中体现为各时期古人类骨骼化石、古人类生活文化遗迹、旧新石器、陶器、玉器和少量金属质工具的出现和使用，以及原始艺术和宗教的出现。

夏、商、周时代，是中华传统文化雏形和奠基时期。这时期华夏族已成为一个稳定的共同体，中国许多传统文化的基础都是在这一时期奠定的，春秋战国时期的思想流派都能在这一时期找到渊源。

文字的发明在人类文化发展史上具有划时代的意义。汉字是中华传统文化传承的主要载体，没有汉字的发明，就没有中华传统文化的继承和发扬。随着人类社会的发展，人际关系日益复杂，需要一些准则来规范人的行为，"礼"也就应运而生。周公制礼作乐，制定了一套确保宗法等级秩序的完整礼仪和舞乐制度，其宗旨就是要"别贵贱，序尊卑"。体现君臣、父子、兄弟、夫妻的上下尊卑之别。周代"制礼作乐"的文化创新，实质上是一种伦理道德文化，彰显了西周文化的人本特质，为后世各朝各代的统治阶级所推崇，对中华传统文化的走向产生了久远而深刻的影响。上述文化一直规范着中国人的生活行为、心理情感和是非善恶观念，成了历代中国人的基本行为准则和道德观念。

中华传统文化经过长时间的孕育，在殷周时期已经开始系统化和理论化，其标志为《易经》的诞生。《易经》所包含的阴阳学说及其变化规律，以及其中所反映的辩证法思想，对后世中华传统文化尤其是中国哲学、宗教艺术、科学技术各方面都产生了深远的影响。

春秋战国及其以后，中华传统文化逐渐形成并历经繁荣、成熟、曲折发展、鼎盛、定型和危机等过程。从其演变过程看，大概可以分为五个阶段。

（一）春秋战国——中华传统文化的形成和繁荣发展时期

春秋战国时期各家既相互批判，又相互吸收，相互渗透、融合，奠定了中华传统文化基本格局的基础。体现这一特点的，在哲学方面包括自然观、认识观、发展观、历史观、人性论、辩证法等都有了系统的理论和比较严密的体系，提出并发展了一系列哲学范畴和哲学命题。更重要的是，这一时期初步形成了刚健有为、自强不息、兼容并包、厚德载物的民族精神。这一切，无论从内容和形式上，都对秦汉以后的中国文化产生了深远的影响，形成了中国文化基本的框架结构和不竭的思想源泉。

（二）秦汉时期——中华传统文化成熟时期

秦汉时期，是我国封建社会发展的第一个高峰时期，专制主义中央集权的统一局面初步形成，多民族之间的政治经济加强了联系，促进了中华传统文化的发展和成熟。这个时期，中华传统文化的基本精神和内容都有了较为长足的发展进步，而且逐渐倾向于统一。货币、度量衡、车轨等统一促进共同的经济生活和文化发展。语言文字的统一有利于中华文化的统一和持续发展。丝绸之路的开通标志中外交流取得重大突破，是秦汉时期的一大贡献。丝绸、冶铸技术等的输出扩大了中国文化的影响，佛教的传入对中国人的生活方式、思想观念、文学艺术等都产生了深远影响。天文、历法、数学、医学、造纸及其他生产技术等方面的成就都充分说明秦汉文化水平居于世界前列。万里长城、秦始皇陵兵马俑军阵宏大的规模、惊人的气魄已经成为秦汉文化的标志。从有形的实物遗存到无形的思想都反映出秦汉文化气势恢宏、奋发向上的特点。可以说秦汉文化精神已经铸就了中国文化精神的魂魄。

（三）魏晋至隋唐——中华传统文化曲折发展和鼎盛时期

魏晋南北朝至隋唐时期，其基本特征是大分裂、大融合和大繁荣，中华传统文化也随之进入到曲折发展和鼎盛时期。这一时期，官学屡遭毁坏，门阀家学成为典章学术传承的重要形式；佛道文化在动荡中相争相补，空前发达；玄学为填补世族心灵的空虚应运而生；由于各民族和中西方文化交融的促动，科技、文艺和史学奇遇般地得到进步；制度、风俗也在动乱中整合创新。魏晋南北朝时期，中华传统文化在动荡的过程之中走向多元。

魏晋南北朝时期，在文学、史学、艺术和科学技术诸方面，这一时期的成就是十分突出的：以"三曹""七子"为代表的"建安风骨"，以及田园诗、山水诗和"宫体"诗为唐代律诗的繁荣奠定了坚实的基础。我国文学创作和文艺批评的理论，也是在这一时期才形成的。有关历史著述的各种体裁和范例，这时已经具备。艺术方面，作为举世瞩目的艺术宝库，敦煌莫高窟、大同云冈石窟和洛阳龙门石窟，也多开凿于这一时期，如"书圣"王羲之、"三绝"顾恺之，以及祖冲之、裴秀、葛洪、贾思勰、马钧等，他们在文化科学技术方面的成就，在中国文化科技史上都闪烁着耀眼的光芒。

因此，魏晋南北朝时期文化事业是长足发展的，无论在经学思想、玄学思想、宗教思想、文学创作、文学批评以及史学、地理学等，还是在科学技术、绘画、书法、雕塑以及音乐、舞蹈、杂技等方面，都取得了重大的成就。这些成就，成为唐宋时期文化繁荣的坚实基础。

隋唐文化，是中国封建社会鼎盛时期的文化，它不仅继承了南北朝汉族传统的封建文化，而且又采撷了国内各少数民族文化的精华，同时又吸收了海外各国的文化，如南亚的佛学、历法、医学、语言学、音乐、美术，中亚的音乐舞蹈，西亚及西方的摩尼教、伊斯兰教、医术、建筑艺术等，这种广泛的国内外文化交融的结果，造就了中国文化史上的又一个辉煌灿烂的时代。

这时的科学技术、天文历算进步突出，文学艺术百花齐放、绚丽多彩，诗、词、散文、传奇小说、骈文、音乐、舞蹈、书法、绘画、雕塑都有巨大成就，并影响着后世与世界各国。中国的丝绸、瓷器、造纸术、印刷术西传，印度、中亚文化也给中国文化发展以深远的影响，如服饰、习俗、饮食、语言、艺术、科学、历法、数学、医药、各种宗教、物产纷纷传入中国，勇于并善于接受有益新鲜事物的隋唐皇朝和中国人民，通过吸收外域文化，丰富和发展了传统文化。

（四）宋元时期——中华传统文化定型和继续发展时期

宋元时期，戏剧表演开始出现，特别是元杂剧，作为一种舞台演出的综合艺术，已经具有相当的水平，为此后的戏剧艺术奠定了雄厚的实践基础。因此，种种迹象表明，宋代文化空前进步，是中国古代文明发展的高峰阶段。

（五）明清时期——中华传统文化繁盛和危机时期

明清两代是中华传统文化的总结时期，明清戏曲占据了古代文化艺术的中心地位。明代编撰的《永乐大典》是世界最早最大的一部类书，《本草纲目》《农政全书》《天工开物》是总结性的科学著作，清代编就的《古今图书集成》则是我国现存的最大的一部类书，《康熙字典》是世界上最早的、字数最多的字典，《四库全书》则是迄今为止世界上页数最多的丛书，这些都是传统文化的总汇和大成。

三、中华传统文化的影响

今天的中国是历史的中国的延续，今天的中国文化也是对中华传统文化的历史继承与发展。中华优秀传统文化在中华民族发展进程中占有十分重要的地位，发挥着十分重要的作用。

第一，中华优秀传统文化是中华民族的共有精神家园。精神家园指的是人们精神生活、精神支柱、精神动力和精神信仰的总和。中华民族共有精神家园是整个中华民族共同依托、共同传承、共同发扬的文化精神和价值观念的总和，是中华民族赖以生存和发展的精神财富。习近平总书记指出，"中华文化源远流长，积淀着中华民族最深层的精神追求，代表着中华民族独特的精神标识""优秀传统文化可以说是中华民族永远不能离别的精神家园"。正因为有了中华传统文化所营造的民族共有精神家园，才使中华民族生生不息和发展壮大有了丰厚的精神滋养。

第二，中华优秀传统文化是中华民族最深厚的文化软实力。习近平总书记在全国宣传思想工作会议上明确要求："讲清楚中华优秀传统文化是中华民族的突出优势，是我们最深厚的文化软实力。"当今世界，文化软实力越来越成为综合国力和国际竞争力的重要因素。在中华民族五千多年的发展历程中，中华传统文化融汇了众多民族文化、思想和智慧，形成中华民族所特有的理想信仰、精神追求、价值取向、思维方式和行为方式。中华传统文化所蕴含的这些内在精神通过语言、文字以及各种具体的文化活动体现出来，表现为推进中华民族延续和发展的深厚的文化软实力。

第三，中华优秀传统文化是我们在世界文化激荡中站稳脚跟的根基。随着世界多极化、经济全球化的不断发展，文化越来越成为国家核心竞争力的重要因素。谁占据了文化发展的制高点，谁拥有了强大的文化软实力，谁就能够在激烈的国际竞争中赢得主动。习近平总书记指出："博大精深的中华优秀传统文化是我们在世界文化激荡中站稳脚跟的根基。"中华优秀传统文化因历史悠久而底蕴深厚，因兼收并蓄而博大精深，因求同存异而源远流长，因推陈出新而独领风骚，是中华民族屹立于世界民族之林的坚强后盾。

四、对待中华传统文化的原则和态度

（一）对待中华传统文化的原则

中国特色社会主义植根于中华文化沃土，反映中国人民意愿，适应中国和时代发展进步要求，有着深厚历史渊源和广泛现实基础，蕴含着丰富的理论内容。其中，就对待传统文化而言，体现为四个原则，即历史根基、当代价值、国际视野、人类高度。

1. 历史根基

中国传统文化有重史的传统。从甲骨卜辞来看，三千多年前的商朝便有了专门的史官，自秦代以降就有了"左史记事，右史记言"的说法。中国的史传类文字构成了中国文献的主要组成部分，《四库全书》中，经、子、集三部实际上也有大量的"史"的内容，中国史书、史料之多，世界上无出其右者。以史为鉴，由史知兴替，历史在古代中国所起的作用，一定程度上等

同于对神的崇拜和对某种宗教的信仰。重史传统的形成，与丰富的历史传统直接相关。从另一个层面讲，中国重史传统，又直接增强了历史传统的丰富程度。中华传统文化中的核心理念，包括道、中、和、仁等，无一不是从历史的深处走来，是有本之木、有源之水。例如，关于讲仁爱，后世把三皇五帝时代的舜视作仁爱的典范；儒家经典《论语》共2万多字，"仁"字便出现了109次；孟子有"亲亲而仁民，仁民而爱物"；到了宋代的张载更是提出"民胞物与"的主张。这些思想家的仁爱观念，聚合成中华传统文化中讲求爱人有差等、由近及远向外辐射，以爱家人为基本、辐射到爱他人、再辐射到爱天地万物的中国仁爱思想体系。凝魂聚气，强基固本，一个持续生长了几千年的文明，有着健旺的精气神，母性的土地，滋养出特色独具的文化风景。中华传统文化成长于中华民族特有的生存环境之中，源远流长，博大精深，包含着中华民族高超的生存智慧，积淀着中华民族最深沉的精神追求，是中华文明持续健康发展的底气。正如习近平总书记所说："中华文化积淀着中华民族最深沉的精神追求，是中华民族生生不息、发展壮大的丰厚滋养。"

2. 当代价值

树大根深，枝繁叶茂。中华传统文化涵盖精神信仰、哲学观念、政治制度、社会风俗的各个层次、各个方面，是一棵生机盎然的大树。讲仁爱、重民本、守诚信、崇正义、尚和合、求大同，醇厚的文化基因给中华民族生生不息、发展壮大提供了丰厚的精神滋养，也为培育和践行社会主义核心价值观、建构当代社会主义文化提供了不竭的源泉。比如，中华传统文化中的仁爱理念内蕴着深刻的平等观，它内在地承认人与人在生命价值上是平等的，因而才能把人当作与自己一样的人来对待。对他人的尊重，深含人道精神。这种理念，既是一种人生态度，也是一种高超的生存智慧。现代社会、国家、个人的发展，必须以"爱人""成己成人成物"为前提与目的。"仁爱"可以说是"和谐""公正""敬业""友善"等价值观的源头。仁爱观念促进和谐人际关系的建立，有利于家庭和社会秩序的稳定，有利于推进世界和平，有利于良性生态环境的建构。正是从这个意义上说，"仁爱"与社会主义核心价值观有着千丝万缕的联系，理应成为社会主义核心价值观的题中应有之义。再如，中华传统文化主张"民惟邦本"，并设计了民本的三个层次，即爱民育民，关心下层人的疾苦；节制欲望，使民以时；为民谋利、执政为民，泽加于民，这为当代治国理政提供了丰富的借鉴。代有传人，一脉相承，中华传统文化鲜活地生长于当下的生活之中。中华传统文化是中华民族基于独特的生存环境长期发展而成，内蕴着中华民族的生活习惯、生存智慧、文化理念，积淀着中华民族的精神追求。中华民族的文化基因，在当代社会的各个层面、方方面面生动呈现。

3. 国际视野

人类发展的历史，就是不断全球化的历史。从封闭走向开放，从隔离走向融通，是人类历史发展的大趋势。吉登斯在《现代性的后果》一书中，从世界资本主义经济、民族国家体系、国际劳动分工、世界劳动秩序四个维度阐述了全球化。当今时代，随着互联网的强大助力，全球化已成为现代人广泛关注的世界性话题。习近平总书记曾说："只有交流互鉴，人类文明才能充满生机。"交流使互鉴成为可能，互鉴是交流的目的所在。将中华传统文化以国际视野进行考量、辨析，也才能真正将其"讲清楚"。比如，中华传统文化讲"仁爱"，基督教文明中讲"博爱"。仁爱是"老吾老以及人之老，幼吾幼以及人之幼"，因源于有差等的爱，由亲情之爱上升到人类之爱，再扩展到对万物之爱，由"孝悌"到"爱人"，从"修己"到"安人"，因而平实切行。这就与基督教文明中的"博爱"显出各方面的不同：来源不同，一为上帝，一为人的生命，因而前者是权威的要求，后者是真情的流露；目的不同，一为个人的得救，一为推己及人，传递个人的感受。以"博爱"来关照"仁爱"，中华传统文化的重亲情的人间性表现得格外鲜明。再如，同样是讲守信，以西方人的"契约"来审视中国人的"诚信"，便能看出诸多的不同。契约式的守信，是外在规则约束下的守信，是通过外在强制性的规范约束对不守信的人以惩罚来实现的。与此不同，中华传统中的"诚信"，源于内在的道德性的要求，是君子之则。这种诚信，基于血缘、地缘与人缘的熟人社会现实，也正因如此，在贸易发达、商业活动相当复杂的时代，单凭血缘、地缘和人缘的信任就无法维持了。中与西，古与今，架构起讲清楚中华传统文化的两个认知框架。"如切如磋，如琢如磨"，在与异质文明的对比之中，中华传统文化的特质，其优势与不足，方能充分地显现出来。在此过程中，中华传统文化的生命力也才能丰富彰显。

4. 人类高度

国际视野，当然不是唯西学的马首是瞻，而是借此综合创新，以人类的高度来审视中华传统文化，也就是要在"人类命运共同体"中来"讲清楚"中华传统文化。2012年11月，党的十八大报告提出："这个世界，各国相互联系、相互依存的程度空前加深，人类生活在同一个地球村里，生活在历史和现实交汇的同一个时空里，越来越成为你中有我、我中有你的命运共同体。"此后，习近平总书记在不同的场合向国际传达过这一当代中国理念。"人类命运共同体",向世界传达了在国与国关系中追求和平发展的愿望,这也是一个具有丰富哲学意味的范畴。同声相应,同气相求。中华传统文化追求高远、思想深邃,在人类思想的高处与其他文明相遇,是整个人类文明的瑰宝。仁者爱人,重和合,求大同,有利于缓释不同民族、不同国家、不同文化之间的冲突;"人与天地万物一体""民胞物与"有助于建构新的生态环境伦理和可持续发展的战略规划,对正确地处理人与自然的关系问题具有启迪意义;大道之行,天下为公,勾画了人类发展的未来远景。中华传统文化体现出中国人的生存智慧,也丰富了整个人类的立命之学。

"日新之谓盛德,生生之谓易",传统文化是在历史发展过程中不断融合新质、转换创新的产物。中华传统文化,富有海纳百川的创新精神和巨大的创生能力。时移事易,新的时代,新的处境,中华传统文化也承担着实现创造性转化和创新性发展的责任,把握时代脉搏,吸引人类其他文明的优秀成分,引领时代前进,为中华民族生生不息、发展壮大提供源源不竭的丰厚滋养。中国当代生态文明建设,要植根于中华传统文化的"仁爱"观念,同时也要融入现代科学的生态理念;中华传统文化中的"民本"观念,在家天下的背景下,强调的是"为人民的统治",而忽略了"人民的统治",融入现代的民主观念,才能推进人民民主专政;现代诚信要建立在现代社会发展的基础之上,把西方法律文化中的自由、平等、权利等契约诚信作为重要的参考,实现美德与制度的结合等。《尚书·说命》中有"知之非艰,行之惟艰",朱熹认为知先行后、知轻行重、知行互发,王阳明进一步推进到"知行合一",影响了孙中山的"知难行易"。由知行关系来看,中华传统文化的"双创"与四个"讲清楚"也是"合一"的两个方面。

"周虽旧邦,其命维新",中华传统文化正日渐焕发出新的生机。走在伟大民族复兴道路上,中华民族的发展,要从中华传统文化中汲取力量;面临诸多困境,人类要进步,要从中华传统文化中寻找智慧。

(二)对待中华传统文化的态度

第一,辩证地继承。习近平总书记指出:"要认真汲取中华优秀传统文化的思想精华和道德精髓,大力弘扬以爱国主义为核心的民族精神和以改革创新为核心的时代精神,深入挖掘和阐发中华优秀传统文化讲仁爱、重民本、守诚信、崇正义、尚和合、求大同的时代价值。"我们的先人曾经留下许多宝贵的优秀精神传统,如"先天下之忧而忧,后天下之乐而乐"的政治抱负,"苟利国家生死以,岂因祸福避趋之"的报国情怀,"富贵不能淫,贫贱不能移,威武不能屈"的浩然正气等,都应该继承和发扬。当然,也必须清楚地看到,中华传统文化中也有一些糟粕性的东西，对此习近平总书记告诉我们："对历史文化特别是先人传承下来的价值理念和道德规范，要坚持古为今用、推陈出新，有鉴别地加以对待，有扬弃地予以继承。"

第二，创造性转化。继承优秀传统文化不能照搬照抄、囫囵吞枣，要对其进行"创造性转化"。习近平总书记指出："要处理好继承和创造性发展的关系，重点做好创造性转化和创新性发展。"实现对传统文化的创造性转化，一要使传统文化与当代文化相适应，使传统文化和传统美德为社会主义先进文化建设服务。二要使传统文化与现代社会相协调，认真挖掘传统文化中的"精华"，并赋予其新的时代内涵，使之真正成为推进改革开放和社会主义现代化建设的精神动力。三要用符合时代需要和大众口味的形式对传统文化做出新的"阐释"，使之以人们喜闻乐见的方式推广开来。

第三，创新性发展。继承优秀传统文化的目的是为了进一步促进传统文化的与时俱进，推进传统文化的创新性发展。习近平总书记指出："提高国家文化软实力，要努力展示中华文化独特魅力""把继承传统优秀文化又弘扬时代精神、立足本国又面向世界的当代中国文化创新成果传播出去。"实现传统文化的创新性发展，一要促进传统文化与时代精神的结合，赋予传统文化新的时代内涵；二要既立足本国国情又面向世界。要根据本国国情的需要，认真吸收借鉴世界文明成果之精华，形成面向现代化、面向世界、面向未来，民族的、科学的、大众的、社会主义先进文化。

第四，既要反对教条主义，又要反对历史虚无主义。在对待传统文化的态度上，有两种错误倾向值得我们高度警惕并坚决抵制：一种是教条主义地对待传统文化。持这种态度的人把传统文化视为铁板一块的"高大全"，不加分析地照搬照抄、全盘肯定。这种对待传统文化的教条主义态度不仅不利于优秀传统文化的弘扬，而且会给现代化建设事业带来严重危害。另一种是全盘否定传统文化的历史虚无主义思潮。这种思潮把传统文化视为"沉重的包袱""历史的惰力"，主张彻底"摆脱中国文化的传统形态""根本改变和彻底重建中国文化"。这种全盘否定传统文化的历史虚无主义思潮，不仅在理论上是完全错误的，而且在实践上也是十分有害的。在对待传统文化这个事关国家富强、民族振兴、人民幸福的战略性问题上，我们一定要以习近平总书记的重要论述为指针："对我国传统文化，对国外的东西，要坚持古为今用、洋为中用，去粗取精、去伪存真，经过科学的扬弃后使之为我所用。"这就是我们对待中华传统文化的科学态度。

第二节　中华传统文化与中学德育关系概述

一、中华传统文化内涵及特征

1. 中华传统文化的内涵

我国对于文化的定义主要有三种代表性的看法，一种是广义的文化观。1989年，《辞海》对文化的界定是："文化从广义上来说是指人类社会历史实践过程中所创造的物质财富和精神财富的总和。"另一种是中义的文化观，这种观点认为，文化是指社会的意识形态以及与之相适应的制度和组织结构。还有一种是狭义的文化观点，认为文化是社会的意识形态。中国学者对于文化的界定大多是在《辞海》对文化定义的基础上进行概念界定的，李申申、陈洪澜认为，"文化在本质上是人类在不同的自然和社会环境的实践中所产生的精神意识"，这一观点是从《辞海》的狭义文化概念基础上进行界定的。根据以上分析，文化是人类实践的产物，它是人类在处理人与自然和人与社会的关系中所创造出来的，既包括反映人类生活状态的精神现象，也包括带有人的痕迹的物质财富。

中华民族在漫长的历史长河中，形成了优秀的中华传统文化。优秀的中华传统文化具有很强的凝聚力，它具有让全世界中华儿女心连心的力量。"人生自古谁无死，留取丹心照汗青""富贵不能淫，贫贱不能移，威武不能屈""苟利国家生死以，岂因祸福避趋之"等这些富有哲理的名言，已经深深印在了人们的心里。可以说，如果学习和掌握了中华传统文化的精髓，那么对于为人民、为国家建功立业是很有帮助的。其实，在世界历史的五千年中，中华民族之所以能够巍然屹立，正是因为我们有着优良的民族传统文化以及民族精神。这种优良的精神和传统始终影响着中国的发展方向，更是影响着每一个中国人的思维方式和价值追求。中华民族在几千年的历史长河中形成团结友爱、爱好和平、自强不息、独立自主的优良传统。至今为止，这些优良传统依然是坚持走中国特色社会主义道路的精神动力，更是一种先进的文化。

中华传统文化是以儒家、道家、佛家思想为代表的，综合各家学说精髓的文化，包含了很多自然和人文科学的内容。中华传统文化主要是培养人的价值观、人生观和世界观，并且偏重于道德层面，它主要包括自强、重礼、宽容、爱国等方面。习近平强调："中华传统文化是中华民族的突出优势，是我们最深厚的文化软实力。"我们这种传统文化，是在世界文化中独树一帜的最悠久的文化，它不仅在过去推动中国社会历史发展过程曾经起过巨大的作用，而且对整个世界文化发展也起过重大的影响作用。在建设有中国特色的社会主义文化中，也一定会发挥其强大的推动作用。

2. 中华传统文化的特征

由于中国传统道德思想内容丰富，流派纷呈，同一学派在不同的历史时期，观点也有差异，要在总体上加以评价与概括并非易事。因此，我们从中国传统德育思想的几个特点来加以论述。

（1）在德育价值的目标上，追求"天人合一"，达到人与自然和谐交融的境界。一是充分肯定人在自然天地中的重要地位；二是把"人"看作是天地自然并存共荣的重要实体。这种"天人合一""天地合德"的价值目标追求，反映出人与自然环境和谐交融、亲密友善、超然豁达、无限宽广的道德境界，始终是中国传统道德的至上价值目标。

（2）在道德价值的应用上，重视道德思想与政治思想的融合。作为统治者为维护自身统治地位，希望建立一种稳定有序的人与人、人与社会稳定秩序，因而看重"德治"的重要作用，把有益于自身利益的道德规范向民众进行普遍"教化"，规范人的思想与行为，看作是巩固自己政治统治的重要手段；另一方面，作为思想者的哲学家，在政治权力高度集中的大一统社会中，较早意识到合理的道德观念对于改善统治阶级的政治统治的积极意义，因此不断提出符合时代进步要求的道德思想，并借助于政治制度，实现道德思想的自身价值。儒家历来强调"正心、修身、齐家、治国、平天下"，这些都说明在我国古代政治思想与道德思想融为一体。

（3）在道德价值的导向上，维护血缘关系和宗法制度，强调个体服从整体。在中国古代社会中，人与人、人与社会关系中的以宗族为核心的血缘关系、宗法制度极其稳定和牢固。在这一特定社会结构中形成的传统道德观念在价值导向上，不是个人主义或利己主义的，而是重视个体和整体利益的融合，重视个人对家庭、宗族和国家的道德责任，强调个体利益服从家庭、宗族和国家利益，遵循整体主义的利益原则。每个人的言行都要符合自身的身份，正所谓"父子有亲，君臣有义，夫妇有别，长幼有序，朋友有信"。

（4）在道德价值的分寸把握上，具有中庸居间的性质。中国传统道德思想在道德价值的分寸把握上，非常重视道德行为、道德规范和道德品质上的"中庸"与"居间"的性质，认为道德的善，在于两种互相对立的行动和品质的"中庸"，"不偏不倚"。这种"中庸之道"，既是一种方法论，又是一种道德境界。它要通过折中调和的方法，达到一种平衡与稳定，实现最合理的状态。

（5）在道德价值的取向上，具有"重义轻利""贵义贱利"的倾向。孔子认为，"君子喻于义，小人喻于利"。《论语·里仁》认为，"不义而富且贵"为君子所不耻，要求人们"见利思义""义然后取"。也就是要求人们在义利冲突的时候，以义为重，以利为轻，不以利损义。这种"义"，包括道义、社会秩序、礼仪、性命，还包括民族大义；"利"，不仅指利益，还包括个人私欲等。这种"重义轻利"的价值取向，一直是中国传统伦理道德的重要范畴。

二、中学德育的内涵及基本内容

（一）中学德育的内涵

德育关系到人的道德发展，今天汉语用的"德"的含义与古字"悳"同义，《说文解字》对"悳"释义为"悳，外得于人，内得于己"，这也是今天"德"的含义渊源。胡厚福在总结古代"德"的渊源与含义解读后指出，从内在来说是指人的思想和情感，从外在来说指人的向善的行为。"育"在《说文解字》中解释为，"育，养子使作善也"，即教人向善。德育在一定程度上就是培养人的德行和品德的教育，就是教师创造学生进行道德学习的环境、条件，促进学生良好行为习惯的养成，这就是德育的本质和德育概念的内涵。

根据中国的国情，我国的德育（广义的德育）包括五个方面：政治教育（热爱共产党、热爱祖国、热爱中华民族等）；思想教育（正确的世界观、人生观、价值观）；品德教育（良好的行为规范）；法纪教育（遵纪守法）；心理教育（健康的心理品质）。本书在此分析的是广义的德育内涵。

德育是一个系统工程，它包括社会方方面面，涉及各个领域和千家万户。从有利于开展德育教育工作的角度，可以将它分为两大领域，即校内领域和校外领域。校内领域，广义地讲，指校内的一切教育活动、课程内容、校园环境和教师行为；狭义地讲，指学校一切有目的、有组织、有计划地培养学生良好道德品质和行为习惯的教育活动。校外领域，广义地讲，指一切与学生成长相关的社会环境；狭义地讲，指影响学生品德成长的社会环境，如家庭、少年宫、影视传媒等。显而易见，校内外德育领域绝不是相互割裂，而是相互联系、相互影响、相互渗透和相互制约的，它们对于学生思想品德的成长都起着重要的作用。

综合以上分析，笔者认为，中学德育是以中学学校为主要渠道和载体，以道德教育为基础与核心，而对中学生进行政治教育、思想教育、品德教育、法纪教育和心理教育的活动。

（二）中学德育的基本内容

教育法规定："国家在受教育者中进行爱国主义、集体主义、社会主义的教育，进行理想、道德、纪律、法制、国防和民族团结的教育。教育应当继承和弘扬中华民族优秀的历史文化传统，吸收人类文明发展的一切优秀成果。"这些都是中学德育的主要内容，每一项内容又可具体分为许多方面。

1. 爱国主义教育

爱国主义教育主要包括中华民族悠久历史教育和优秀传统文化教育，党的基本路线和社会主义现代化建设成就教育、中国国情教育、社会主义民主和法制教育，和平统一、"一国两制"的方针教育。爱国主义是人们在历史上形成的对自己祖国的一种深厚的感情。这种感情集中表现为对自己祖国的炽烈热爱和无限忠诚，表现为民族自尊心和民族自信心，表现为人们争取自己祖国的独立富强而英勇献身的奋斗精神。爱国主义是一个历史的范畴，在不同的历史时期不同的国家有不同的具体内容。在我国现阶段，爱国主义主要表现为热爱社会主义祖国，积极参加社会主义现代化建设，积极投身促进祖国统一的大业。爱国主义的这一时代内涵体现了我国人民的根本利益，是每一个当代中国人的基本行为准则。

中华民族是一个有着悠久爱国主义传统的民族，正是爱国主义使中华民族产生了巨大的向心力和凝聚力。在社会主义现代化建设过程中，爱国主义仍是团结全国各族人民共同奋斗、振兴中华的一面旗帜。因此，在思想政治教育中，应深入进行爱国主义教育，使人民群众了解祖国壮丽的河山、悠久的历史、灿烂的文化、不屈不挠的民族精神和中国共产党领导全国人民为建立新中国浴血奋斗的光荣革命传统，树立民族自尊心、自信心、自豪感，坚定祖国的利益高于一切，为了祖国和人民利益勇于献身的理想信念，从而更加热爱祖国，热爱人民，热爱社会主义，热爱中国共产党。进行爱国主义教育，大力振奋民族精神，既是思想政治教育的基本内容之一，也是思想政治教育的一项长期的重要任务。

进行爱国主义教育，还要引导人们认识到，社会主义的爱国主义与无产阶级的国际主义是一致的。中国的社会主义事业，是世界无产阶级革命事业的组成部分。我们的事业需要得到各国人民的支援，各国人民的斗争也需要我们的支援。因此，无产阶级的爱国主义和国际主义是统一的。在进行爱国主义教育的同时，也要对广大人民进行国际主义教育。

此外，形势政策教育也与爱国主义教育紧密相连，实践证明，进行形势政策教育，对于帮助人们认清形势，全面理解党在现阶段的路线、方针、政策，明确奋斗目标，更好地为社会主义现代化建设努力奋斗，是极为重要的。

进行形势政策教育，就是要经常向人们分析国际国内形势的发展变化，宣传党的各项方针、政策。在形势政策教育中，要注意引导人们运用马克思主义的立场、观点和方法来观察和分析形势。要实事求是地正确认识形势发展中的主流和支流、全局和局部、现象和本质的关系，正确把握党在现阶段的各项政策，认清现阶段政策和共产主义方向的一致性，从而正确处理个人利益和集体、国家利益，眼前利益和长远利益的关系。在分析形势时，要防止绝对化、片面性、表面性。通过对形势政策的正确分析，培养人们用正确的观点和科学的方法观察问题、分析问题的能力，是形势政策教育的一个重要任务。

形势政策教育的内容是极其丰富的。在形势政策教育中，应该围绕党的中心工作，突出重点。引导人们正确认识当今世界和平与发展的主题，及时分析世界形势和我国对外关系中出现的新情况，正确认识党和政府对此采取的举措，是当前形势政策教育的一个重点。帮助人们正确认识和对待社会主义市场经济体制建立过程中出现的新情况、新问题，正确认识这一过程中党的方针、政策，是当前形势政策教育的又一个重点。只有对这些新情况、新问题做出科学的说明，对新的政策做出科学的阐释，才能使人民群众对国内外形势有一个总体把握，明确前进的方向；也才能提高人民群众对建立社会主义市场经济体制的认同感，使他们积极投身到这一崭新的事业中。

形势政策教育的对象总是具体的。因此，形势政策教育一定要有针对性，要联系教育对象的思想实际、认识水平实际进行。对工人、农民、学生、战士、公务员等不同的教育对象，形势政策教育的内容、深度、侧重点都应该有所不同。只有这样，形势政策教育才能收到实效，而不致流于形式。

2. 集体主义教育

集体主义教育包括尊重、关心、理解他人，集体成员之间团结协作的教育；为集体服务，维护集体荣誉的教育；关心社会，为家乡、社会的公益事业贡献力量的教育；正确处理个人与集体、国家利益关系的教育；以集体主义为导向的人生价值观的教育。

3. 社会主义教育

社会主义教育包括社会发展规律的教育、社会主义现代化建设经济常识教育、邓小平理论教育。通过教育使学生正确理解党的基本路线，拥护党的领导，坚持走有中国特色的社会主义道路。

4. 理想教育

理想教育包括人生理想教育、道德理想教育、职业理想教育和社会理想教育。理想教育的核心就是培养学生树立献身社会主义现代化建设事业和坚定信念。理想教育应当和世界观、人生观教育结合起来，和科学信仰教育结合起来，使学生在社会、人生、事业等方面树立正确的理想与奋斗目标。

进行理想教育与树立正确的世界观密切相关。世界观是人们对整个世界总的看法和根本的观点。世界观是社会存在的反映，是人们在实践活动中逐渐形成的，因而有其历史性，在阶级社会里表现为阶级性。由于不同阶级的人们在社会实践中所处的地位不同，便形成不同的世界观。人们在社会实践活动中形成的世界观，反过来又对人们的社会实践活动产生重大影响。它决定人们观察问题、处理问题、立身处世的基本态度，决定着人们的人生观、道德观的基本取向。因此，科学的世界观教育是思想政治教育中带有根本性的教育内容。马克思主义哲学即辩证唯物主义和历史唯物主义，是马克思主义全部学说的理论基础，是人类社会迄今为止最完整、最科学的世界观和方法论。进行科学的世界观的教育，主要就是进行辩证唯物主义和历史唯物主义的教育。

（1）辩证唯物主义教育。马克思、恩格斯创立的辩证唯物主义是关于自然界、人类社会和思维发展的最一般规律的科学。它既同唯心主义和形而上学根本对立，又同一切旧唯物主义有根本区别，是唯物主义和辩证法的有机结合。辩证唯物主义的基本观点是：世界的统一性在于其物质性，意识是物质世界高度发展的产物，是对物质的反映；物质世界是普遍联系和永恒发展的，对立统一规律是宇宙的根本规律，对立面又统一又斗争，由此推动事物的运动、变化、发展；质量互变规律和否定之否定规律是自然、历史和思维的重要规律；人的认识是在实践活动的基础上由感性认识到理性认识，由理性认识到实践的能动的飞跃，是实践、认识、再实践、再认识的辩证发展过程；认识依赖于实践，又反过来为实践服务，实践是检验真理的唯一标准。

进行辩证唯物主义教育，就是要帮助人们掌握辩证唯物主义的基本观点并运用这些观点去认识问题和处理问题。要坚持用全面的、联系的、发展的观点来观察、分析社会现象和社会问题，善于透过纷繁复杂的社会现象抓住事物的本质，防止思想上的绝对化和片面性。要坚持"两点论"，充分注意到事物对立统一的两个方面、两种倾向，防止一种倾向掩盖另一种倾向，防止走极端。要从客观实际出发想问题、办事情，尊重事实，尊重科学，实事求是，反对弄虚作假、迷信盲从。要坚持理论联系实际，既认真学习理论知识，又积极参加社会实践，将两者紧密联系起来。

在社会主义市场经济条件下，对人们深入进行辩证唯物主义教育具有特别重要的意义。帮助人们掌握辩证唯物主义的基本观点，可以使人们透过转型时期种种复杂的社会现象看到我们社会发展的趋势，可以使人们正确地看待改革开放过程中出现的种种问题，看到党和政府为解决这些问题而付出的巨大努力，明确我们自身在解决这些问题、推进社会发展中应负的责任，从而充满信心地投身到社会主义现代化建设中去。坚持不懈地进行马克思主义唯物论、无神论和科学精神教育，自觉抵制各种唯心论和伪科学的侵蚀影响。

马克思主义辩证唯物主义和历史唯物主义，是科学的世界观和方法论，是无产阶级及其政党认识世界、改造世界的强大思想武器。建立在这一世界观和方法论基础上的马克思主义全部科学理论，是中国共产党人推进建设中国特色社会主义的根本指针，是我们的精神支柱和立党立国的根本。

要深入开展马克思主义唯物论基本原理教育。辩证唯物主义的实质和核心是对立统一规律，这一规律揭示了事物"自己运动"的源泉在于其内部的矛盾性，为科学地说明事物的发展及其规律提供了可能。历史唯物主义告诉我们，社会发展不是什么超自然力量推动的，而是社会内部矛盾运动的结果，归根结底是社会生产力决定社会发展，是人民群众创造历史。开展马克思主义唯物论基本原理教育，一定要注意增强针对性。要针对一些地方封建迷信活动沉渣泛起，少数干部群众被蒙蔽愚弄的问题，引导他们坚持唯物论，反对唯心论；坚持无神论，反对有神论；坚持科学，反对迷信；坚持文明，反对愚昧，努力增强识别和抵制各种唯心论和伪科学的能力。

（2）历史唯物主义教育。历史唯物主义是关于人类社会的本质及其发展的最一般规律的科学，是无产阶级的科学的社会历史观。历史唯物主义认为，社会历史的发展有其固有的客观规律。生产力和生产关系的对立统一，经济基础和上层建筑的对立统一，是一切社会的基本矛盾，它贯穿在人类社会的始终，是社会发展的根本动力，这种基本矛盾在阶级社会里表现为阶级矛盾和阶级斗争。历史唯物主义认为，经济关系决定社会生活的一般过程，坚持社会存在决定社会意识，社会意识又反作用于社会经济基础的基本观点。历史唯物主义认为，人民群众是历史的创造者，同时承认个人在历史上的重大作用。

进行历史唯物主义教育，就是要使人们掌握这一科学的社会历史观，学会用这些观点去分析和认识一切社会历史现象，去改造社会。要使人们认识到，改造社会的活动虽然有人为因素的作用，但它绝不是凭人们的主观意志和愿望为所欲为地进行，必须符合社会发展的客观规律。一切社会活动都必须有利于生产力的发展，因为生产力是社会发展的最终决定力量。同时要使人们认识到，社会意识虽然决定于社会存在，但它又具有相对的独立性，对社会存在具有反作用。在社会主义社会，以马克思主义为指导的社会主义意识形态，是一种对社会主义社会的发展起着巨大的指导作用的精神力量。因此，在进行社会主义物质文明建设的同时，还要加强社会主义精神文明建设，要"两个文明"一起抓。要教育人们坚定共产主义信念，树立共同理想，积极投身社会主义现代化建设。我们还要认识到，人民群众是社会历史的创造者，是社会主义国家的主人，要相信群众，依靠群众，充分调动广大人民群众从事现代化建设的积极性，只有这样，社会主义现代化事业才能持续、稳定地向前发展。

总之，辩证唯物主义和历史唯物主义是高度统一的马克思主义哲学，是无产阶级认识和改造世界的强大的思想武器。对广大人民群众进行辩证唯物主义和历史唯物主义教育，对于帮助人们树立科学的世界观和方法论，进而自觉地认识和改造世界，具有重要意义。

人生观是指人们对整个人生的根本看法和态度。它主要回答人生的价值、目的是什么，应该使自己成为一个什么样的人，怎样度过自己的一生等问题。可见，人生观决定着人生道路的方向。在阶级社会里，各种人生观都带有阶级的烙印。无产阶级的人生观把全心全意为人民服务、为实现共产主义而奋斗看成是人生的最高目的，它是人类历史上最科学、最进步的人生观。进行共产主义人生观教育，对于帮助人们明确工作和生活的方向，形成健康向上的生活态度，振奋精神，积极为社会主义现代化事业奋斗，具有极其重要的意义。

人生价值观是人生观的重要部分，它是对人生价值的根本看法。无产阶级人生价值观认为，人生的价值在于奉献，而不是索取；对社会主义建设的贡献越大，其人生价值就越高。因此，它要求个人对社会对他人应承担起自己的责任，为社会多做贡献。进行人生价值观的教育，要引导人们认识到，社会主义制度的建立，社会主义现代化建设的伟大实践，为实现人生的价值提供了广阔的舞台。个人只有树立高度的为人民服务的事业心，积极投身于现代化建设，为社会主义物质文明和精神文明多做贡献，才能实现自己的人生价值。

在建立社会主义市场经济体制的过程中，进行无产阶级人生价值观的教育，有着极为重要的现实意义。

社会主义市场经济体制是建立有中国特色的社会主义这个系统工程的一个子系统，它必然要遵循社会主义的基本原则。社会主义市场经济不能只讲按劳分配、等价交换，还要提倡共产主义风格和奉献精神。没有一代人的奉献和奋斗，建立社会主义市场经济体制这项崭新的事业便难以成功。正确的世界观、人生观、价值观是不会自发产生的，要靠引导，这是社会主义精神文明建设的一项基础性工作，也是面向新世纪共产党人思想建设的一项重要的任务。怎样加强这方面的引导，根本的方法是靠抓思想政治教育。抓好了思想政治教育也就为人们树立正确的世界观、人生观、价值观奠定了基础。

5. 道德教育

道德教育包括中华民族优良传统道德教育、社会公德教育和道德评判能力的培养、社会主义道德教育和职业道德和环境道德教育。

艰苦奋斗是中华民族的美德，也是党的光荣传统。在改变中国一穷二白的面貌，建设社会主义的进程中，艰苦奋斗精神曾经发挥过巨大作用。在社会主义现代化建设新时期，仍然要提倡艰苦奋斗的精神。在新时期，党中央一再强调要发扬艰苦奋斗、勤俭建国的光荣传统，并把艰苦创业作为一项重要内容写进了党的基本路线。这就要求我们要坚持进行艰苦奋斗精神的教育，以保证党的基本路线的顺利贯彻执行，保证社会主义现代化宏伟目标的实现。

进行艰苦奋斗精神的教育，就是要使学生不尚奢华、埋头苦干、不怕困难、百折不挠，为实现党所确定的社会主义初级阶段的目标努力奋斗。在进行艰苦奋斗精神教育的过程中，要引导学生认识到，坚持艰苦奋斗是由我国的基本国情决定的，是实现社会主义现代化的需要。我国人口众多，人均资源占有量不足，经济发展水平还比较落后。这种情况严重制约着我国现代化的进程，制约着人民生活水平的提高。一方面，基本国情决定我国人民生活水平的提高只能是渐进的，我们不仅今天不能"大手大脚"过日子，就是今后经济水平提高了，也不能"大手大脚"过日子。我们反对那种奢侈豪华的"高消费"，而提倡满足人民基本生活需求的合理的消费。只有从我国的实际出发，合理地安排我们的生活，才有可能把宝贵的资源和资金用于经济建设，促使我国经济建设更快地发展，也才能保证人民生活水平的持续提高。

要树立公民强烈的环保意识，以维护环保事业的发展，就必须把对学生的环境道德教育作为一项常规性的思想工作抓好。一是认清环保国策地位，加深对环保国情的认识。环境保护的国策地位是由我国基本国情所决定的。环境保护是关系到经济社会可持续发展全局的战略问题，具有时间上的持久性和空间上的广泛性，环境保护实质上是调整人与环境和资源的关系，因此在道德建设中，应该引导公民弄清关系，加深对国情和环保工作的认识。二是认清环境现状，艰苦创业，对公民提倡"节省能源、适度消费"的观点，不要以破坏环境为代价享乐，要把爱惜自然资源、保护生态环境作为行为规范。三是普及环保法律知识，增强公民的法制观念。在环保事业上，我国已逐步形成了一套比较完整的法律法规体系，公民应认真学习贯彻，明确职责和义务，严格执行，全面推进环保意识的提高。

6. 纪律与法制教育

纪律与法制教育包括宪法及有关法律常识和法规的教育；知法守法，维护社会稳定，运用法律武器自我保护和抵制违法乱纪行为的教育。要让学生树立起社会主义民主法制观念，培养学生自觉遵纪守法、勇于同违法现象做斗争，服从国家和集体的统一意志并具有高度的组织性和纪律性。

法制可以理解为各种法律制度的统称，也可以理解为依据法律制度办事的原则、行为规则和有序的状态。法制观是人们关于特定社会的法律制度和社会秩序的根本看法以及对特定社会的法律制度和社会秩序的认同意识，它包括对民主、法制和纪律的认识。社会主义法制观教育就是进行社会主义民主和法制的教育，以使人们正确认识社会主义民主、正确行使民主权利，自觉遵守国家法律和纪律，维护社会主义的法制秩序。高度的社会主义民主和健全的社会主义法制，是社会主义现代化建设的根本保证。是完善社会主义制度的根本保证。

7. 国防与民族团结教育

国防教育包括国防意识和国家安全意识的教育；捍卫祖国独立、维护国家主权和领土完整的教育；军民团结教育和对普通高等学校、高级中学在校生进行基本军事训练。增强学生的国防意识和国家安全意识，使他们初步具备基本的军事素质和技能，自觉地捍卫祖国的尊严、独立和统一。

民族团结教育包括树立马克思主义的民族观和宗教观的教育、党的民族政策和宗教政策的教育、民族团结历史的教育。要让学生了解我国的民族团结政策和宗教政策，树立各民族一律平等的思想，自觉维护民族团结和祖国统一。

8. 心理教育

中学德育教育除上述内容外，还应加强中学心理健康教育。中学心理健康教育，是提高中学生心理素质、促进其身心健康和谐发展的教育，是进一步加强和改进中学德育工作、全面推进素质教育的重要组成部分。开展好中学心理健康教育，促进学生身心和谐全面健康发展，对于全面贯彻党的教育方针，坚持教育为社会主义现代化服务的根本任务，培养德智体美全面发展的社会主义建设者和接班人，办好人民满意的教育，推动教育事业科学发展，具有重要的现实意义和深远的历史影响。

健康情绪教育是心理健康教育的重要内容。对学生开展心理健康教育，使学生不断正确认识自我、增强调控自我、承受挫折、适应环境的能力；培养学生健全的人格和良好的个性心理品质。对少数有心理困扰或心理障碍的学生，给予科学有效的心理咨询和辅导，使他们尽快摆脱障碍，调节自我，提高心理健康水平，增强发展自我的能力。

健康情绪教育的内容主要是，使学生的情绪变化做到目标适宜，方式适当，反应适度，并以积极情绪为主。情绪教育不是要设法消除、压抑学生的情绪，而是使学生学会正确表达情绪，合理宣泄情绪，有效调控情绪，保持愉悦的情绪主旋律。

三、中华传统文化与中学德育的关系

文化与德育有着密切的联系，文化是孕育道德的土壤，与教育关系更为密切，而中华传统文化更是内在地包含了德育发展的一些条件，为中学德育提供了重要资源，同时中学德育在中华传统文化的传承与发展中也起着重要作用。

（一）中华传统文化丰富了中学德育内容体系

德育资源是影响受教育者思想品德形成和发展的因素。从这个意义来看，一切能影响受教育者道德发展的因素都是德育资源，因而凡是能影响中学生道德发展和道德品质的因素都是中学德育的重要资源。中华传统文化中蕴含着使人向善，有利于中学生品德思想修养提高的因素，是中学德育的宝贵资源。

首先，中华传统文化为中学德育提供了重要内容。中华民族具有内涵丰富的中华传统文化，这些中华传统文化中蕴含丰富的德育内容，这些思想历经千年而不衰，维系了中华民族的生存与发展，形成了中华民族良好的品格。中华古代优秀德育思想是现代中学德育的重要内容，今天的中学德育教育仍然需要借鉴古代的德育思想。比如，"人不堪其忧回也不改其乐"的人生态度，可以让学生乐观地面对人生。再如，"兄友弟恭"的人际交往思想等都是古代德育思想的精髓，对于今天的中学德育仍然适用。其次，中华传统文化中注重道德教育的思想理念，能够改变教育工作者对于中学德育的思想认识。我国自古以来便是重视个人道德修养的国家，早在春秋战国时期，便有道德教育的论述，其中比较著名的是孔子对于个体道德修养的相关论述，《论语》中有许多重视个人修养的论述。宋代的司马光也有"才者德之资也，德者才之帅也"的言论。这些都体现了我国古人注重个体的品质与德行，将人的道德品质的提升放在教育的首要位置，同时将个人道德品质作为选拔人才的重要标准，这与今天教育中所倡导的立德树人的教育目标一致，表明了道德品质在个体发展中具有重要作用。今天的中学生由于生活在多种文化交织、信息获取便捷的大环境中，使中学生极易接触到不良信息，易被错误的价值观所误导，价值观比较混乱，若不加强道德教育与引导，后果将不堪设想。因而，需要用正确的道德规范与价值理念进行引导，而中华传统文化中包含的一些道德规范在今天仍然适用，与中学德育内容具有一致性，可以将中华传统文化的德育内容与现代中学德育结合，对中学生进行价值引导。但是，由于长期受应试教育思想的影响，一些教师错误地将学生的成绩作为衡量学生道德品质优劣的标准，使教育目的出现偏差。教育工作者可以利用中华传统文化融入中学德育的契机，更好地了解古人的德育为先理念，纠正教师错误的评判学生的标准。上述工作，使教育工作者更加重视学生的道德发展，促进学生道德品质的提升。最后，中华传统文化中的教育方法可以为中学德育所借鉴。中华传统文化在长期的发展过程中，积累了大量的德育经验，并开创了一些有益的方法，其中一些方法使用至今，对于今天的中学德育仍具有启发意义。比如，根据个体差异进行教育的因材施教方法，可以启发教师要注意到学生个体差异，结合学生的性格和心理差异采用不同的方法；注重自我反思的内省法，有助于学生更加深刻地认识到自己的不足，发挥学生自我纠错的作用；强调加强自我监督的慎独方法，与现代德育中的自律具有一致性，有助于学生严格要求自己。

（二）中学德育可以传承与发展中华传统文化

中华传统文化是德育的重要源泉，为德育的发展提供思想内容和方法。而德育本身也具备一定的文化的属性，德育是一种特殊的文化，实施德育的过程，也是弘扬中华传统文化的过程。自古以来，德育都承担着文化传承的责任。中华传统美德与优良传统传承的过程，与中华传统文化的传承总是密不可分的。我国古代十分注重个人修养和道德品质的提升，我国古代虽无德育之名，却有德育之实。比如，古代教书先生的教书育人，教书即向学生传授前人的知识和文化，而育人则是指教会弟子做人，这与今日德育教育具有相似之处，因而在古代文化传承与道德教育总是相互依赖的。中学德育以立德为主，对于中学生人格的发展与完善起着重要作用，对中学生进行道德教育的过程也是在对其进行优秀文化的教育。今天对中学生进行道德教育的内容，大部分都是由古传承至今，今天的德育内容从传承角度来看，也会成为未来中华传统文化的一部分，中学德育可以传承中华传统文化，中华传统文化传承是指保持中华传统文化相对的稳定性。中学德育的文化传承作用是指对教育对象进行道德教育的内容是前人通过实践而得到的知识，这些知识既包括现代的知识，也包括古人通过实践获得的知识。任何事物都有其过去和未来，中学德育内容和方法也是从传统德育发展而来的，它只能对其进行发展与改造，但不会脱离其母体而单独存在。比如，今天提倡的爱国思想来源于古代"保家卫国"的思想，尽管其包含一定愚忠的落后成分，但并不妨碍我们学习其精华部分。我们今天进行爱国主义教育是对古代"保家卫国"思想的改造，剔除了其糟粕部分，取其精华为今天所用。今天对中学生进行诚实守信、孝老爱亲的教育就是使中学生继续发扬这种美好的传统美德，继续传承这种美德。其次，中学德育对传统文化起着筛选与选择作用。德育对于文化的传承并不是对原有内容的完全复制。能够成为中学德育内容的知识，必须与现代社会的核心价值相符合，是现代社会主流价值观所提倡的，是符合一定时代发展的文化。今天对中学生进行德育所采用的素材与知识，也都是经过筛选与选择的，只有那些对于中学的成长起促进作用，有利于其正确价值观形成的优秀传统文化才能被采用，即只有传统文化中的精华部分，才能被中学德育采用。中华传统文化博大精深，能被中学德育所采用的是其中的优秀成分，是那些历经数千年一代代延续的精华部分，这些历经历史考验的价值理念，代表着一个民族的价值导向，对个人起着重要的引导作用，今天在中学德育中弘扬中华传统文化，正是继续让德育发挥指引作用，从而将不利于中学生成长的传统文化抛弃。因而，被中学德育所选用的内容是传统文化的精华，是符合时代发展的传统文化。最后，中华传统文化融入中学德育能够促进文化认同。今天的青少年生长在多元文化时代，不可避免地受着外来文化的影响。在这种背景下，加强中华传统文化在中学德育的比重，借助德育让学生更多地接触中华传统文化，有助于加深中学生对中华传统文化的理解，使学生更好地了解中国文化的渊源，增加文化认同感和归属感。

（三）中学德育与中华传统文化实施途径具有一致性

目前，我国中学德育实施的途径主要包括德育课程、各科文化教学、活动课程、隐性课程等。中学德育课程主要是中学各个阶段的思想品德课。各科文化教学是指通过各科教学进行德育教育。尽管学校有专门的德育课程，但"并不意味着其他学科可以免除道德教育的责任"，因而各科教学也有进行道德教育的责任。利用活动课进行德育教育，是指利用一些实践活动和主题活动进行德育教育，主要包括社区服务社会实践活动、班会团队会活动等。

国家教育部颁布的《完善中华传统文化教育指导纲要》，对中华传统文化教育纳入学校教育给出了指导性的意见，即在中学德育、语文、历史等课程标准中加大中华传统文化的比例，在地理、物理等科目中，结合教学过程进行中华传统文化教育。

通过以上分析，可以发现中学德育与中华传统文化实施途径具有相同的地方，即都可以通过其他课程进行渗透教育，这有利于二者的结合。因而，可以利用两者途径的一致性，达到双重的目的，即在进行德育教育的同时，弘扬了中华传统文化，在进行中华传统文化教育的同时，到了道德教育的目的。

（四）中华传统文化与中学德育相契合

中华传统文化与中学德育在价值目标、精神内核、教育方式等方面存在着一致性。首先，在价值目标上，二者都以塑造个体健全的人格为目标。中华传统文化以追求"君子"为目标，而这个君子是具备了许多良好的品格于一身的人。"君子"与古代的圣人、贤人的目标有一致之处，都具有"仁"的品格，融合了儒释道的理想道德人格，这是古代品德追求的最高境界。中学德育是以提高中学生道德品质、提高青少年的品格修养为目标的，因而从这个意义上来看，与古代的圣人君子培养目标具有一致性。其次，在精神内核上，二者都包括一定的人文色彩。中华传统文化包含着一定的人本思想，而这种内涵从本质上来讲就是道德人本主义，它包含了道德情感与道德关怀，是传统文化内在的基本精神。而中学德育作为一种育人的活动，要尊重德育对象的接受力与领悟力，强调学生的主体地位，强调教育工作者要关爱学生，这与中华传统文化人文内涵具有一致性。最后，在教育方式上，二者都强调要把知行相结合。中华传统文化特别强调知行合一，孔子特别注重行，在《论语》中便有"君子欲讷于言而敏于行"的语句。明代王阳明更是提出了知行合一的观点，也是在强调理论与实践相统一。今天的德育教育不仅要让学生知晓基本道德规范，更重要的是要将道德规范内化为自己的情感和道德品质，并通过不断的体验，用行来落实道德规范，这与古代的知行合一思想具有相同之处。

四、中华传统文化融入中学德育的可行性和必要性

（一）可行性

1. 中华传统文化是一种德性伦理文化

中华传统文化具有非常浓厚的道德色彩。中国自古以来就是礼仪之邦，中国古代思想家的思想与理论充满了道德观点，道德甚至成了他们全部思想的焦点。儒家是中华传统文化中的主要流派，儒学从其整体上说就是一个道

德学说。尽管中国古代思想家观点各异，但重视道德是共同的。儒家创始人孔子学说的主要内容有三大部分：道德学说、政治学说和教育学说，其中道德学说占据着主导地位。在孔子看来，社会关系的本质是人伦，即人与人的关系，就是人的道德关系。人类社会的政治现象不过是道德关系在政治领域的表现。而教育的主要内容也是教导学生如何进行道德修养，提高自己的道德水平，将来按照道德原则进行工作，即学习正心、诚意、修身、齐家、治国、平天下。中国传统思想文化的重心，就是伦理道德的学说，中国传统思想文化的核心精神，就是道德精神。这一点，在中华民族有文字可考的四千年左右的历史文化中到处可见，而中国也因此常常被称为礼仪之邦。这种把道德看作文化的核心并进行不间断的建设和推广，的确是世界其他民族文化体系所罕见的。

2. 中国自古以来高度重视道德教育

中国古代一直有重视德育的优良传统，尽管历代统治者和教育家有着不同的出发点或具体目的，但首重德育则是一种共识。这种共识不仅体现在诏诰教喻和理论探索上，而且也付诸在不同层面的德育实践中。

早在原始社会时期，原始人类对儿童实施社会公育的内容中就已包括了德育教育。通过德育可以使儿童自幼学会遵守氏族公社成员间待人处事的规范，养成照顾、赡养老人的观念和敬重服从家族族长的思想。在夏、商、西周奴隶制时代，学校教育逐渐完备，对德育更是表现出了极端重视的态度，如西周教育已明显地表现出重视德育的倾向，西周国学和乡学都重视礼教，亦即非常重视进行行为规范的教育和良好习性的教养。国学的内容是"一曰孝行，以亲父母；二曰友行，以尊贤良；三曰顺行，以事师长。"在乡学则施行父子、兄弟、夫妇、君臣、长幼、朋友、宾客等七项人伦之教。因此，西周教育主要是人伦之间道德关系的教育。西周著名的政治家周公，积累长期的实践经验和历史经验及教训的总结，一贯主张"以教育德"，终身倡行"敬德"，高度重视德育的作用，提出了"皇天无亲、唯德是辅""以德配天"等思想及"孝、友、恭、信、惠"等宗法道德规范。周公的"敬德"思想主要体现在三个方面。一是要求统治者明德勤政，爱民保民；二是重视师保之教，强调对最高统治者进行道德教育，提出要进行"体恤下民、力戒贪逸""勤勉从政、谨言慎行"等内容的教育；三是推行彝教，重视社会教化，对庶民百姓进行德行规范教育。周公的这些思想对于中国古代重视德育传统的形成起了重要作用。

在整个中国封建社会，历代统治者也十分重视德育。各朝代的教育政策都把德育放在首位，以灌输伦理知识，进行道德训练作为中心任务和主要内容。古代的思想家尤其是儒家几乎都把道德属性作为人的本质属性，认为人与动物的本质区别，就在于人具有道德属性，而其他动物则不具备。所谓人为万物之灵，也是以道德属性为根据而做出的判断。也正因为如此，古代的教育家总是把道德品性的教育看作培养真正的人的教育。这种道德品性的教育即是人的品格的教育，也就是德育。

中国古代教育家始终把道德与政治紧密联系起来，观察道德教育的地位和作用。他们把政治、伦理、教育综合为一体，而以伦理道德为中心。他们认为政治上的成败得失决定于伦理道德的好坏，教育则是传播伦理道德的主要手段。孔子继承并发展了周公"以德配天"和"敬德"的思想，形成了一套"以德治国"的理论体系，区分了"德治"与"法治"的不同，认为"德治"比"法治"的层次要高，具有最强的效力，明确提出了"德治"的主张，认为道德高于其他一切社会活动，强调把道德教化作为治国的基本原则。孔子说："主为政以德，譬如北辰居其所而众星拱之。"提倡"道之以德，齐之以礼"，反对"道之以政，齐之以刑"，主张"为政以德"。所以，孔子始终强调要把德育放在学校教育的首位，他明确指出："弟子，入则孝，出则悌，谨而信，泛爱众，而亲仁。行有余力，则以学文。"《论语·学而》认为，学校教育首先是培养学生具有社会所需要的道德品质，使他们孝顺父母，敬爱兄长，做事谨慎小心，其次才是学习文化知识。孔子全面肯定了德育的地位和作用，为后世定下了"为政以德"的治国模式，也开创了儒家重视德育的优良传统。孔子之后的孟子主张"仁政"，把道德教育作为推行"仁政"的基本措施之一，认为"善政不如善教之得民心"，要求通过道德教育确立人与人之间的伦常关系，即真正做到"明人伦"。《学记》主张"建国君民，教学为先"，教学又是以道德教育为中心，也认为应该把道德教育放在建国君民的首位。朱熹认为，"古昔圣贤所以教人为学之意，莫非使人讲明义理，以修其身，然后推己及人""先王之学以明人伦为本"，更明确地把道德教育放在第一位。明清之际的进步思想家和教育家也都是主张把道德教育放在首位，并且把道德教育的成败与国家政治的治理密切联系起来。

总之，古代教育家从以德治国的政治主张出发，普遍强调重视德育，并将德育放在首位，这是中国古代德育的优良传统。

（二）必要性

1. 有助于树立正确的民族文化价值观

五千年的中华传统文化从古一直延续至今，并继续发挥着它的价值，如春节、中秋节和清明节等中国传统节日，已经成为中国人团聚与追思的重要时刻。还有凝结着古人智慧的二十四节气等，这些璀璨的中华传统文化彰显着国人的文化自信。然而，今天的青少年时时刻刻受着外来文化的影响，他们中的大多数对于肯德基、麦当劳爱不释手，对于西方节日过度喜爱，每年的平安夜前夕，包装好的苹果都会成为抢手货。但与之形成鲜明对比的是，相当一部分国人在春节的时候都会抱怨过年没意思。这不得不引起我们的深思，在这样文化背景下成长的青少年，如何对本民族文化感兴趣，因而迫切需要对青少年，特别是中学生进行中华传统文化教育。德育是学校教育的重要目标，将中华传统文化中适宜青少年成长的内容融入中学德育。通过中学德育对中学生进行中华传统文化教育，在对中学生进行道德教育的同时，也对其进行中华传统文化教育，让其从小接触中华传统文化，有助于了解中华传统文化的精髓，有利于逐步增强中学生的文化自信。

民族文化是一个民族进步的灵魂，是一个国家兴旺发达的不竭动力。一个国家民族进步存在的发展的思想源泉和动力受文化传承价值观的影响，中华文化同样具有鲜明的文化特色，传统文化在历史长河的价值观下一旦形成，就会随着历史发展长河传承发展下去，发挥自身存在的价值所在，让一个国家的发展进步具备自身的发展特点，增加各民族群众心灵上的国家归属感、自豪感、责任感。

中华民族的文化价值观受到冲击是我们目前面临的重要挑战，而且面临的形势也是极其严峻的。所以，在经济文化逐渐全球化的今天，我国必须通过不断发扬和继承中国优秀文化思想，挖掘中国传统文化的精髓来引领新一代的青年，引导他们培育自身的民族自信心和自豪感。

2. 有助于增强国家的文化竞争力

21世纪乃至以后的发展进程中，国际竞争中文化竞争的角逐也变得越来越激烈。经济的全球化把文化发展进程中传统意义的文化堡垒打破，文化的全球化在世界发展进程中也已经愈演愈烈，世界各国人们的思想文化竞争也会变得更为激烈，人们的文化观念、行为方式也会有很大的改变。

和其他国家相比较而言，中国在弘扬传统文化方面仍处于不利地位。西方国家经常打着援助、支持的幌子，向其他国家推销西方国家的文化传统，他们凭借自身有利的经济条件、高科技的快速发展带来的文化进步，将他们的文化价值观念和日常工作生活方式附加给不同生活方式、不同地域、不同文化风情的国家居民。和西方国家相比，中国的经济科技发展的速度虽然快，却没有西方国家发展的强度大，西方国家不论在经济技术还是产业文明等发展方面都比中国要成熟得多。所以，在文化方面一旦过多或片面地借鉴西方文化，都会使人们在对文化总体的理解上产生误导。西方是资本主义国家，而中国是社会主义国家，无论是在文化、政治还是经济的发展进程中都和西方国家是不同的。所以，中国作为世界民族发展进程中的一员，只有不断弘扬中国传统文化，才能永远屹立于世界东方。

3. 有助于对中学生进行社会主义核心价值观的教育

随着经济全球化的深入发展，国内处于转型期，再加上现代信息技术的发展，使世界范围内各种思想文化交流、交锋更加激烈，社会思想价值取向日益多元化。在这一背景下，青少年的思想意识更加自主，价值追求更加多样化，社会上的不良思想与道德意识，易对青少年的成长产生不良的影响。因而，急需用正确的价值观引导青少年，一个民族的发展与前进也需要正确思想的指引，社会主义核心价值观便是当代社会主义中国的核心价值观，是指引我国发展的强大思想武器，是引导青少年前进的重要精神力量。加强青少年的中华传统文化教育，使中华传统文化融入中学德育，对增强青少年价值观自信具有重要作用。中华传统文化是中国古代人民的智慧结晶，其中所包含的"夙夜在公"等思想对于今天社会的发展和国民素质的提升，仍有重大借鉴意义。倡导社会主义核心价值观离不开中华传统文化的滋养，社会主义核心价值观是对中华传统文化的继承与发展，是中华传统文化在现代的延续，二者具有一致性。对中学生进行社会主义核心价值观教育，也离不开中华传统文化。通过中华传统文化融入中学德育，使中学生学习其中如何做人、习惯养成的德育内容，有助于中学生更好地理解社会主义核心价值观内容。

4. 有利于增强中学德育的效果

道德是一个人安身立命的根本，一个人没有道德不知其何为人，古语说"德者才之帅也"，因而加强中学生的道德教育，提升其道德品质意义深远。而目前在我国的教育中存在着重视智育，忽视学生道德品质发展的现象，结果造成了学生的文化知识水平很高，但是道德修养不高，这与立德树人的教育目标是背道而驰的。要改变这一现象，就要切实改善青少年德育工作，提升青少年道德品质。中学德育目的是促进受教育者道德水平的提高，促使中学生在道德发展方面由道德认知转化为相应的道德行为。目前，我国的德育工作已取得一定进展，但是仍存在一些问题。比如，一些中学生在道德认识与道德行为方面存在一定的反差，学校教育存在着重智育轻德育的现象，中学德育难以达到理想的效果。部分德育内容枯燥、教育方式落后，中学德育效果不理想，甚至引起学生的反感。特别是近来的校园暴力事件频出，使学校德育显得比较乏力，需要提升德育效果。中华传统文化内涵丰富，人文色彩浓厚，特别是所蕴含的教幼儿从小事做起，养成良好习惯的内容，可以为中学德育教学所借鉴，从而增加中学德育工作的效果。

五、中华传统文化融入中学德育工作的要求

（一）立德树人，全面融入

通过将中华传统文化融入中学德育工作，笔者认为，"融入的过程"就是引领当代中学生重新确立起他们的核心价值观的过程，也必须遵循价值引领这一原则。将中华传统文化融入中学德育工作，不是要另起炉灶，推翻以前中学德育工作已有的成果，而是兼容并蓄，将社会主义核心价值体系作为当代中学生的精神核心，将中华传统文化这一丰厚的历史遗产融入中学德育工作中，教育和引领中学生进一步坚定理想信念，树立社会主义核心价值观，增强民族自豪感，巩固他们的精神支柱，形成共同为社会主义事业做贡献的理想信念，进一步完善当代中学生正确的人生观、价值观。同时，要注意处理好中华传统文化在融入过程中与社会主义核心价值体系之间的关系，坚持继承与创新相结合，坚持有目的、有规律的结合，以社会主义核心价值体系为核心，以中华传统文化为主体，对中学德育工作进行整合与创新。

在将中华传统文化融入中学德育工作的过程中，最重要的是要以社会主义核心价值体系为指导，全面改进和创新中学德育工作，努力推动中学生德育教育工作的实践创新，既要在具体的实践活动中落实社会主义核心价值体系的基本要求，又要以实践活动将中华传统文化的文化因子融入中学德育工作中，同时还要以实践活动为载体，不断用中华传统文化的内容来丰富社会主义核心价值体系的基本内容。针对当代中学生而言，要提升中华传统文化对他们价值观的有效引领，就必须加快中华传统文化融入中学德育工作的速度，增强其对当代中学生价值观的整合力，这个整合工作必须结合中学德育工作的实践要求。也就是说，通过融入中华传统文化而整合形成的中学生价值观，既能符合中学生的基本需求，又能发挥其实际的引导作用。将中华传统文化融入中学德育工作，不断提高德育教育工作的针对性、实效性，积极探索新形势下中学德育工作的新途径，开创中学德育工作的新局面。"融入过程"的价值观整合引领也正是新时期中学德育工作实现创新发展的动力源泉。首先，"融入过程"的价值观整合引领是中学德育工作坚持正确政治方向的具体表现。中华传统文化融入中学德育工作，其融入过程中必将高举中国特色社会主义伟大旗帜，把培养中国特色社会主义事业的建设者和接班人作为根本任务，不断提高中学生的政治素质和文化修养。其次，"融入过程"

的价值观整合引领是中学德育工作内容不断丰富的体现。将中华传统文化这一宝贵历史、文化财富融入中学德育工作，在引领中学德育工作创新发展的同时，也把社会主义核心价值体系作为一个内涵丰富、逻辑严谨、意蕴深厚的有机整体，丰富了新时期中学德育工作的内容体系，使新时期中学德育工作具有鲜明的时代性、针对性和实效性。最后"融入过程"的价值观整合引领是中学德育工作途径不断创新拓展的重要体现，将中华传统文化融入贯穿到中学德育工作的各个方面，就是要不断拓展中学德育工作的途径、方法，以此来提高对当代中学生进行德育教育工作的效果，科学地将中华传统文化融入体现在中学德育工作的各个环节，形成理论与实践相统一，将中华传统文化融入中学生成长的各个方面，从而形成中学德育工作的良好氛围，从整体上引领中学生价值观的正确形成。

（二）继承精华，批判融入

我国有着五千年的悠久历史，传统文化在历史的长河中不断积累、发展流传到今日，并且将随着社会的变革发展，一直传承下去，将我们与过去、现在、未来连接在一起。

中华传统文化内涵丰富、外延宽泛，在将其融入中学德育工作时，我们要进行有选择性、批判性的继承与融入，要取其精华，去其糟粕，将传统文化中精华的部分融入中学德育工作中去，而不是进行一个笼统的、囊括性的融入。将中华传统文化融入中学德育工作是一个复杂的系统工程，在此过程中，我们要以马克思主义唯物历史观为指导，在社会主义核心价值体系的视野下，用融入实践活动来检验中华传统文化。中华传统文化的价值核心是"中和"，《中庸》说："中也者，天下之大本也；和也者，天下之达道也。致中和，天地位焉，万物育焉。"这是整个中华传统文化的核心价值，也是需要我们继承和发展的理念。要将中华传统文化批判地融入中学德育工作，要求我们做到以下三点：第一，发掘中华传统文化的家国情怀，提升当代中学生政治素养，增强国家认同感；第二，发掘中华传统文化的道德理想，完善学生道德修养，培育理想人格；第三，要求我们发掘中华传统文化的人文精神，丰富中学生人文素养，增强他们的创新意识。

（三）以文化人，渐进融入

中学德育工作不仅外延宽泛，而且会随着时代的变迁不断深化和变革，德育工作的教授者和接受者都有着各自不同的利益。所以，将中华传统文化融入中学德育工作的过程是一个长期的系统工程，面对新时期的中学生群体，在进行融入工作时也要把握好渐进融入的原则，主要包括以下几个方面。

一是针对性。在社会生活中，人们的社会地位不同，对社会的经济发展所持有的观点也不尽相同。也许，思想的多元化是社会发展总趋势的一种进步，但落实到具体情况中，思想的多元化会在一定程度造成社会思潮的复杂化，从而产生一定的负面影响。将中华传统文化融入中学德育工作的一个重要条件，就是必须有针对性地研究接收对象的群体，进行有的放矢地融入与引导，这样，才能在融入过程中，有力地增强中华传统文化的感召力与中学德育工作的凝聚力，把科学的理论转化为自觉的意识与行为。要适应多元文化交流交融交锋的特点，解决国外公民教育的重要原则，增强适应性。

二是自主性。时代在发展，社会在进步，时代的变革大大提高了人们进行自主选择的能力，扩大了选择的范围。在这一时代背景下，中学德育工作者应该考虑如何用中华传统文化教育和引导当代中学生，增强他们的科学世界观、人生观和价值观，从而使他们在信念、理想等方面的自主选择上，既具有充分的自由选择空间，又不会与社会主义核心价值体系发生背离，在复杂的社会背景下形成有利于提高德育工作质量，增强德育教育功能的强大力量。显然，这是将中华传统文化融入中学德育工作过程中必须高度重视的问题。

三是发展性。事物总是变化发展的，当代中学生思想活跃，容易受到新生事物的影响，他们的思想观念也从来没有停止变化。所以，在将中华传统文化融入中学德育工作的过程中，高校德育工作者必须深入研究当代中学生思维变化的发展规律，把握不同时间、不同地点、不同事件的思想观念和教育方法，用社会主义核心价值体系与中华传统文化的文化因子引导他们，不断与时俱进。否则，即便是将中华传统文化融入中学德育工作中去，也会因为没能认清当代中学生思想认识的变化而影响融入的效果，达不到德育工作育人的目的。

四是以人为本。这是科学发展观的要义，也是将中华传统文化融入中学德育工作的关键问题。以往的传统德育工作中，由于受到"官本位"思想的影响，中学德育工作者往往以管理者的身份自居，与中学生的关系也异化成管理者与被管理者的关系，使以往的中学德育工作僵化、死板、难以开展。所以，在将中华传统文化融入中学德育工作的过程中，一定要坚持以人为本这一原则，要最大限度地调动高校德育工作者与中学生的主观能动性，让人的潜力在社会主义核心价值体系和中华传统文化的感召下得到充分发挥，以中学生全面发展为主要目标，真正做到尊重人、理解人和关心人。要强调正面教育为主的原则，深入进行素质教育，加强中学生对德育工作的理解和对中华传统文化的学习，从而促进中学生思想道德素质、科学文化素质、健康素质和人文素质协调发展，引导中学生勤于学习、善于创造、甘于奉献，成为有理想、有道德、有文化、有纪律的合格的社会主义事业接班人。

（四）广拓渠道，立体融入

中华文化积淀了中华民族最深沉的精神追求，是中华民族生生不息、发展壮大的丰厚滋养；中华传统文化是中华民族的突出优势，是我国文化软实力最深厚的体现。将中华传统文化融入中学德育工作，我们应广拓渠道，打造立体式融入平台，而不应该将融入工作只局限于中学校园范围内，要积极动员全社会力量，可以采取以下具体措施：①政府、学校、社区、家庭要相互协作，营造重视中华传统文化的社会风气和良好氛围，形成开展中华传统文化教育、弘扬中华传统文化的合力。②要充分发挥大众传媒在中华传统文化教育中的引导、宣传和教育作用。尤其是充分运用移动互联网的实时传递功能，建立相关的技术平台，加强交流与资源共享，以此达到我们需要的宣传目标与效果。③整合各种社会资源。利用博物馆、纪念馆、美术馆、音乐厅、剧院、电影院、书画摄影展、民俗村、故居旧址、具有历史文化风貌的街区、名胜古迹、文化遗产等，建设一批中华传统文化教育教学和实践基地，组织学生进行实地考察，实地开展传统文化教学，集中进行历史文化教育。④通过多种渠道、多种途径，积极将中华传统文化融入中学德育工作，同时也要在全社会范围内形成学习传统文化、弘扬传统文化、继承传统文化、创新传统文化、发展传统文化的优良风气，要让中学生在浓厚的中华传统文化氛围中，自觉形成正确的世界观、人生观和价值观。⑤坚持中学德育课堂教育与社会实践体验相结合。既发挥课堂教学的主平台作用，又注重发挥课外活动和社会实践的平台作用，这样能根据不同层次学生的特点起到针对性教育的作用，区分层次，突出重点，加强整体衔接，在发挥学校德育教育作用的同时，也要加强与家庭、社会之间联系，从而形成教育合力，形成立体性融入平台，推动中华传统文化融入中学德育工作的进程。

第三节 中华传统文化融入中学德育的现状

一、现阶段中华传统文化融入中学德育的成效

目前，在国家的积极倡导下，中华传统文化在许多学校如火如荼地开展起来，在这一趋势和背景下，一些中学在德育教育中融入中华传统文化，使德育与中华传统文化的弘扬结合起来，中华传统文化融入中学德育工作取得了一定成效。

（一）提高了中学生的爱国主义精神

中华民族五千年的历史，爱国主义是中华文明呈现强大生命力的思想基础，是中华民族充满生机和活力的精神支柱。伟大的革命导师列宁曾经说："爱国主义就是千百年来巩固起来的对自己的祖国的一种最深厚的感情。"这就是说，爱国主义是热爱祖国、忠于祖国的思想、行为和情感，也就是对祖国深厚的感情和把这种感情化为无私的报国之举。爱国主义是中华民族凝聚成为牢不可破的民族大家庭的力量源泉，成为动员和鼓舞中国人民团结奋斗的一面神圣庄严的旗帜，是推动我国社会历史前进的巨大力量，是各族人民共同的精神支柱。但我们所提倡不是狭隘的爱国主义，也不是闭门造车，它应该是积极吸取世界各国的文明成果，并从中得到启发和支持。当代中学生树立爱国主义的思想，成为合格的社会主义现代化建设事业的可靠接班人，具有非常重要的意义。以前爱国主义是我们民族抵御外敌，奋发图强的精神支柱，现在和今后依然会成为提高国民精神素质，发展国家物质文明，以及发展我国社会主义事业建设的巨大精神支持。在目前这个新的历史时期，培养爱国主义感情，发扬爱国主义传统，弘扬民族精神，增强民族自信心，是时代赋予中学生的历史使命。调查发现，由于一直以来各中学普遍把爱国主义教育当作德育工作的重中之重，并始抓不懈，很多学校对中学生一直有序地进行中国历史及国情教育，使中学生增强了自身对我们国家和民族的历史认知，普遍能够对于爱国主义有正确深刻的认识，爱国主义意识也在不断增强。中学生够通过正确的方式表达自己的爱国情绪，这些都可以看成是中得到学在爱国主义教育中正确引导的结果。

（二）拓宽了中学德育工作的视野

现阶段，在中学德育工作中结合中华传统文化，拓宽了中学德育工作的视野，取得了一些效果。第一，许多中学面向中学生开设了讲述中华传统文化和中学德育关系的课程。中学生从中了解到中华民族先贤们的智慧结晶，从一些典故和事例中得到很多启发和收获，在道德养成和树立人生观方面有很大帮助。第二，国家对中华传统文化的重视为中学生了解和参与弘扬中华传统文化提供了更多机会。近年来，每逢重大传统节日或纪念日，国家以立法的形式增加了一些假期，全国各地都以各种形式或活动宣传中华传统文化，号召大家弘扬中华传统文化，很多中学生可以亲身参与到这些活动中来，亲身经历活动过程，感受活动效果，激发他们的爱国情怀和民族自豪感，促进中学德育工作。第三，很多中学借助校园文化这个平台用中华传统文化影响中学生，如利用名人雕塑、名言警句、传统文化讲座等方式，来启发和教导中学生知荣辱、明事理、学做人，这些方式虽然摆脱不了说教的成分，仍能起到一定的作用。

（三）提升了中学生思想道德修养

思想道德修养是人们共同生活的行动准则和规范，属于人们精神领域的素养。它主要是靠自律性，并不具有强制力对社会生活中的大众起约束作用。中学生不仅需要具备科学文化知识，还应具备较为完整的思想道德修养体系。两者的关系是相辅相成，不可分割的。中学生要在日常的学校生活学习中，以积极健康的思想来指导自身，以良好的道德水平来要求自己，这样才会成为有良好行为道德的优秀中学生。近年来，学校管理者对于中学生思想道德素质的重要意义有深刻的认识，中学德育工作的基本理念比较先进。对于中学的教育工作，尤其是中学德育工作，树立提升思想道德素质的理念是中学德育效果实现的重要支撑，把坚持因材施教的德育教育原则作为促进中学生个体成长的重要保障，提升了中学生思想道德修养。

二、中华传统文化融入中学德育存在的问题

（一）忽略了中华传统文化的德育价值

中华传统文化博大精深，具有重要的德育价值。中学德育的开展如果能借助中华传统文化必会增强德育的效果。然而一部分人对中华传统文化融入中学德育的重要性认识不足，中华传统文化融入中学德育在实际中遭遇了思想的阻力，这些阻力来自学校的教育工作者和中学生。在调查中，尽管大部分教师认为中华传统文化融入中学道德教育有必要性，但只有一部分教师会在本学科教学中融入与本学科有关的中华传统文化德育内容。也就是说，只有少部分教师会有意识地将本学科教学与中华传统文化融入中学德育相结合，大部分教师意识不强，少数教师意识不到，因而应进一步提高教师对中华传统文化融入中学德育的认识。在对学生进行调查时，部分学生不希望将传统文化作为一门课程开设，也有一些学生不希望教师在教学中插入与传统文化有关的德育内容。中华传统文化是中学德育的重要资源，其中蕴含的孝悌、礼让等德育内容，对于中学生良好的道德品质的形成与发展有着重要作用。然而，在实际的中学德育工作中，部分教师不注意发掘本学科中的育人因素，对于中华传统文化融入德育的重要性认识不足，忽视了自身的德育责任。同时，中学生对于中华传统文化的态度，也不得不引起我们的担忧。这些直接制约着中华传统文化融入中学德育的效果，影响着中华传统文化育人功能的发挥。

文以化人，文以载道，中华传统文化中蕴含的德育思想对于青少年的道德成长至关重要。教师不应忽视中华传统文化对中学生道德发展的作用，不应忽视了自身的育人职责。

（二）中华传统文化师资短缺

中华传统文化融入中学德育作为一项提升中学道德品质和传承中华五千年文明的教育，教师起着举足轻重的作用。自20世纪90年代的国学热以来，中华传统文化教育已经受到社会各界的高度重视，中华传统文化教育在一些学校已经开展起来，但是在进行的过程中存在的一个关键问题，就是中华传统文化师资短缺。中华传统文化融入中学德育，特别是通过各学科德育融入，需要任课教师不仅对所任教学科的知识有所了解，而且也需要对与本学科相关的中华传统文化德育内容有所了解，这样才能利用各学科德育途径，使学生更好地了解中华传统文化。由于现在的一些教师没有接受过系统的传统文化教育，中华传统文化知识储存量比较少，因而造成这样一种现象：一方面，中华传统文化较缺乏专任教师，这直接制约着中华传统文化融入中学德育的效果。同时，绝大部分教师认为应当配备专门的传统文化教师。另一方面，一些学校尽管有专门的中华传统文化教师，但都是其他科目教师兼任，并且一些兼任教师的传统文化素养令人担忧，有的教师甚至不知道基本的文化常识。由于教师对中华传统文化的内容了解不全面，教师在引用相关中华传统文化内容对青少年进行道德引导时，讲解不到位，达不到理想效果。从学科融入来看，一些教师在教学时对于本学科的中华传统文化内容了解不多，或者是容易忽视。因而中华传统文化教师的状况不太理想，师资比较紧缺，直接影响着中华传统文化在中学德育的实施效果。因此，增加中华传统文化教师的储备十分必要。

（三）中华传统文化融入中学德育的内容不加选择和辨别

中华传统文化融入中学德育内容的选取至关重要，直接关系着中华传统文化融入中学德育的效果如何。中学生品德形成发展是有规律与年龄特征的，因而中华传统文化内容的选取也要遵循这一规律，然而一些教育工作者在不了解中学生认知发展水平和道德成长特点的情况下，随意选取中华传统文化融入中学德育的内容，结果使学生对所选内容不感兴趣甚至反感。学生对教师融入的传统文化内容不感兴趣，有一些学生表示，教师讲的内容比较难，也有学生认为教师所讲的传统德育知识和故事，离自己的生活比较远以至于自己做不到。对于内容的选取超出青少年的接受范围，中华传统文化融入中学德育的内容与中学生的实际脱节，难以达到德育的预期效果。学生在教育和德育中起着主体作用，因而教育工作者在中华传统文化融入德育的过程中，所选内容和方式应与学生的承受力相符，选取内容应该有层次性和序列性。

（四）中华传统文化融入中学德育的模式和内容均无统一规定

目前，中华传统文化融入中学教育的途径多种多样，有结合学科教学融入的，有通过校本课程融入的，也有二者交叉进行的。通过调查，教师比较支持中华传统文化单独开设课程，或者是将中华传统文化融入其他科目。但是，中华传统文化单独开设又涉及学校课程安排的问题，课程开发和课程评价等一系列问题需要解决，目前这些问题都没有得到解决。中华传统文化在中学教育模式的不统一，也使中华传统文化在中学德育途径的不统一，途径的不统一使相关部门对中华传统文化融入中学德育的效果难以评估和提出改进意见。除了中华传统文化融入中学德育的途径不统一之外，中华传统文化融入中学德育的内容也没有统一的规定，目前学校中华传统文化教育的内容尚不统一。就学校使用的中华传统文化的教材来看，主要包括浙江古籍出版社的国学教材，人民教育出版社出版的北师大版《中华传统文化教育全国中学实验教材》等。这些教材所包含的优秀传统经典文化内容既有共性又有自己的个性。这些教材的开发为学校单独开设中华传统文化课程提供了教材资源，但是由于中华传统文化在学校单独开设涉及一些具体问题，因而也使这些教材在一定程度上只能在试验区使用。这些中华传统文化教材中的内容并不是都可以融入中学德育，只有蕴含德育资源和价值的才可以融入中学德育，对青少年进行道德教育。由于没有统一的内容，一些教师在借助中华传统文化对学生进行道德教育时，没有参照标准，因而会出现所选内容脱离学生的实际或所选内容不适合时代的发展。中华传统文化融入中学德育的内容与途径的不统一，也直接影响中华传统文化融入中学德育的效果。

（五）中华传统文化融入中学德育的效果不理想

中华传统文化蕴含丰富的德育资源，因而如果能够合理利用这一宝贵资源将会提高德育的效果。但是在实际调查中，学生认为通过中华传统文化融入中学德育的课程和活动，最大收获是知识收获。然而，学生品德的形成要经过知、情、意、信、行几个阶段，仅有对于德育知识的认知是远远不够的，必须经过情感这一关键阶段，才能较好地将某一道德要求转化为行动。绝大部分的教师认为，目前中华传统文化融入中学德育的情况一般，因而改善中华传统文化在中学德育的内容和方法显得尤为迫切。

三、中华传统文化融入中学德育形成问题的原因分析

（一）教师和学生对中华传统文化了解不全面

中华传统文化融入中学德育之所以会遇到思想上的阻力，一个很重要的原因是一些教师和学生对于中华传统文化的内涵了解不全面，或者对中华传统文化的德育价值了解不多。将中华传统文化的内容狭隘地理解为古代经典文献，或认为学习中华传统文化没有用，虽然高中生武亦姝在《中国诗词大会》上夺冠，但是她周围的同学仍然有人认为，与其花时间学习古诗词，不如背几个公式或单词。同时，有部分学生认为，中华传统文化融入学校教育，将会加重自身的学习负担。尽管有武亦姝、叶飞等青少年喜欢中华传统文化，但毕竟只是少数，有相当一部分国人对中华传统文化认识片面化，以至于一谈到中华传统文化，便片面地认为传统文化是封建残余思想。今天的许多家长、学生和教育工作者对于中华传统文化的了解不全面，所以对于在中学德育教育中渗透中华传统文化缺乏一定的认识。

（二）传统文化教师的培训制度尚未健全

中华传统文化师资短缺是制约中华传统文化融入中学德育的重要因素，而现实是我国能承担中华传统文化教育与传播的教师比较少，制约着中华传统文化融入中学德育的效果。产生这一问题的原因，主要是目前我国中华传统文化教师的培训制度尚未健全，教师培训中涉及的中华传统文化的内容比较少。教师培训一方面是为了提高教师的专业水平，提升教师的教学水平，另一方面是为了提升教师的文化素养，但是目前的教师培训过于注重技能培训，忽略了教师文化素养的提高。在教师培训的课程设置上，在职教师的培训课程专业性较强，而对于中华传统文化等课程的设置非常少，由于接受培训的大部分老师都有升学和应试教育的压力，因而在培训时更加关注所任教学科理论的学习和专业技能提升的技巧，这直接影响了教师进一步增加中华传统文化知识的可能。即使在储备教师资源的师范院校，也缺少对于师范生的中华传统文化教育，师范院校课程设置也存在着重专业忽视中华传统文化教育现象，即使有些师范院校设置了类似于中华传统文化的选修课，其选择人数也是寥寥无几。

（三）中华传统文化融入中学德育过于注重形式

中华传统文化融入中学德育的目的是通过中华传统文化的德育价值来提高德育的效果，进而提高青少年的道德品质与文化修养。但是，一些学校在举办中华传统文化与德育结合的活动上存在着只注重形式，而忽视内容的情

况。学校在举办中华传统文化融入中学德育的活动时，活动搞得轰轰烈烈，形式多样，既有歌舞又有朗诵等项目，但是在场的中学生不了解它的实质和内涵是什么，只是看"热闹"了。除此之外，目前的中华传统文化融入中学德育，仅停留在让学生记住或朗诵一些传统经典文章或典籍，而没有注重其德育价值，相关的知识没有讲解到位，没有让学生明白大致意思，所以成了不求甚解的记忆活动，而学生道德水平没有相应地提升。大部分教师对中华传统文化融入中学德育的建议是将中华传统文化融入德育与现实生活联系起来，还有一些学校将中华传统文化融入中学德育的目的不是为了提升学生的道德水平，而是为了自己学校的"特色"，为了将自己与其他学校区分开来，这些只注重形式而忽视内容，或者是忽略了活动的目的——提升中学生道德品质。人的道德行为是由一定的认知和情感等综合作用的结果，认知是前提，情感是认识转化为行为的中介，只有让中学生首先知晓一定的道德规范，并对道德规范在心理上产生认同，才能促使个体将认知层面的道德规范转化为一定的道德行为，但是中华传统文化融入中学德育只注重形式和表象，而不注重学生的道德情感，甚至是忽视学生的道德认知，不会提升学生道德品质，表现出一定的道德行为的预期，因而中华传统文化融入中学德育应与学生的实际体验相结合。

（四）优秀统文化教育的政策不完善

近年来，我国不断出台关于中华传统文化教育的文件和法规，特别是2014年教育部颁布的《完善中华传统文化教育指导纲要》，对学校开展中华传统文化教育的内容、师资队伍建设、条件保障等方面，从政策方面予以规定。2017年1月，首次以中共中央办公厅的名义印发的《关于实施中华传统文化传承发展工程的意见》，对学校中华传统文化教育又做了进一步说明，使中华传统文化教育的思路更为清晰和明朗。但是，中华传统文化融入学校教育仍有一些问题需要进一步说明，特别是对于中华传统文化教育所涉及的"中华传统文化教育融入学校教育的内容"和"如何向中学生进行中华传统文化教育"的两个核心问题，需要国家政策进一步说明。目前，对于中华传统文化融入中学的内容没有统一的规定，仅教材而言，目前全国至少存在四种教材，但是这些教材怎么用，是单设课程还是借助校本课程或是活动课程，都没有统一规定。尽管《关于实施中华传统文化传承发展工程的意见》和《完善中华传统文化教育指导纲要》提出，通过修改相关科目教材和课程标准，来推进学校中华传统文化教育。但是，对于如何融入教材和课程，并且如何处理目前存在的课程融入与单独开设中华传统文化教程的问题，并没有具体的相关解释，因而需要进一步完善相关政策，对相关问题进一步细化。这不仅是中华传统文化教育的核心问题，也是中华传统文化融入中学德育需要解决的难题。只有进一步完善中华传统文化教育的相关政策，对相关规定进行详细说明和解释，才能推动中华传统文化更好地融入中学德育。

（五）不了解中学生的德育发展规律

中学生道德的发展具有年龄阶段性，德育要取得时效性，就必须从青少年道德发展规律的年龄特征出发，来选取适合该年龄段的德育内容。因而，中华传统文化融入中学德育的内容选取要从青少年发展实际出发，使中华传统文化融入中学德育的内容符合广大青少年的接受能力。但是，在实际工作中，部分教师不了解中学生德育的发展规律，不了解青少年品德发展由自律到他律再到自由的发展规律，因而在选取相关内容时，存在着脱离个体实际的情况。这就要求教师了解学生品德发展规律与年龄特征，从而使中华传统文化内容融入德育的内容与方式，能够符合学生的实际，使学生对融入的内容深刻理解，提升中华传统文化融入中学德育的效果。

四、中华传统文化融入中学德育的方法

（一）将中华传统文化融入德育校本课程建设中

为了使学校中华传统美德教育保持长期的稳定性、系统化和规范化，学校可以通过德育校本课程的开发和实施，把中华传统美德的核心内容与道德行为的达成目标结合起来，逐步形成分年级、分层次的教育目标（见表1-1）。

表1-1 中华传统美德分年级的核心内容与道德行为达成目标相结合的要求

年级	核心内容	达成目标
初一年级	立志勤学的治学态度	勤学好问、刻苦磨炼——走好成才第一步
初二年级	修身冶情的人格标准	开阔视野、真诚交流——迈好青春第一步
初三年级	爱国爱民的奉献精神	和谐发展、立志报国——做个合格毕业生

（二）将中华传统文化融入学科教学中

学校发挥学科教学的主阵地、主渠道作用，坚持全员参与、全员落实，把传统美德教育融入学科教学中，有机地挖掘教材中蕴含的中华传统美德的元素。例如，政治组制定小公民道德培养的分年级目标（见表1-2）。

表 1-2 小公民道德培养分年级目标

年级	学科内容	行为规范养成目标
初一年级	心理品质教育	心理健康，争做阳光好少年
初二年级	法律常识教育	知法守法，争做法律小卫士
初三年级	责任意识教育	爱国报国，争做"四有"中学生

拓展课程中，政史地教研组结合热点问题，开展知识竞赛。利用中华民族的传统民俗节日开展形式多样的考察探究活动，辅导学生完成相关课题的研究，如以"与民俗亲密接触"为题的元宵节探究活动，通过引导学生对民俗文化的表象理解、深层思考，分析现状后，增强学生对民族文化的认同、内化与继承发扬。

（三）将中华传统文化融入主题教育活动中

学校可以"民族精神代代传"为主题，深入开展中华传统美德教育活动，及以红色之旅、文化之旅、书海之旅等为核心内容的系列主题教育活动。旨在让学生在以历史经典、红色经典、民族英雄的寻访活动为载体的道德体验中去感悟以爱国主义为核心的团结统一、爱好和平、勤劳勇敢、自强不息的伟大民族精神实质。在这些道德实践活动中，学生们与历史近距离接触，开阔了眼界、增长了见识，从而进一步提高了思想道德素质，坚定了报国爱民的理想及弘扬民族精神的信念。

（四）将中华传统文化融入社会实践过程中

学校遵循"学生思想品德的形成和发展是在实践活动中实现"的教育原则，充分挖掘社区资源，开展有效的社会实践活动，引导学生自主践行，自我完善，最终养成良好的道德和行为习惯。

例如，依托学校周围的景点，建立小导游实践活动基地；与交警大队协作，进行"小交警"课程教学社会化试点，组织学生参观有关纪念抗战胜利的大型主题展览等。让实践活动成为学生生活中的一部分，不仅进一步丰富了学生的课余生活，还拓展了学生的知识面，增强了学生的社会责任感。

（五）将中华传统文化融入校园文化环境建设中

学校积极开展校园文化环境建设，为中华传统文化德育工作营造良好的氛围。通过制作"班级网页""班训上墙"、建设"班级文化一角"、创作"班歌"和编写"班级座右铭"等实践活动，使学生学会学习，学会共融，学会关爱，懂得谦让，以实际行动积极构建和谐的班级集体、有效地维护良好的校园文明。在校园环境美化方面，做到"让每一面墙说话"—充分利用黑板报的宣传作用，让学生了解自己的祖国；用古今中外伟人的画像，用尊师敬老、立志勤学、爱国爱民的警句格言；用消除陋习的方法建议等营造浓浓的传统文化氛围，让身处其中的学生能修身冶情。

（六）将中华传统文化融入多种评价方式中

对学生在中华传统文化德育活动中的学习效果的评价，是由学校、家庭、社区共同完成的。在实践过程中，与《学生成长手册》的相关要求相结合、与学校德育部门设计的"学生社会实践活动手册"和"班级成长手册"相结合。通过多种评价方式，引导学生注重参与，注重过程，由"老师要求"变为"学生需求"，实现教育的内化。由于评价注重学校、家庭和社区的整合，因而这样的评价更全面、更公正。

第二章 中学文化德育工作概述

第一节 文化德育的内涵、提出背景和战略意义

一、文化德育的内涵

人类活动的文化性特征构成了德育文化存在的前提,因此文化对于德育的产生、创制及实现的巨大价值和功能是应当得到充分认识的。在这个意义上,文化是德育的本性之一。

文化德育是一个描述德育从泛政治化模式向文化德育模式转变的一个概念。从研究范式上它要实现从泛政治化思维向文化思维的转变;由过去的泛政治化导向实现德育目标转变为以文化样态实现的德育与人的精神成长需要、与社会文化发展之间的良性互动;从社会本位向以人为本的转变;从注重德育与社会存在的外在联系、德育单纯被政治决定的地位转变到更加注重德育自身的相对独立性和文化发展规律等,以文化方式实现德育求生存、求发展的宏大目标。

概念是理论的基石,文化德育是一个复合词,因此,对"文化"和"德育"的界定是理解文化德育的逻辑起点、前提和基础。

关于"德育"的界定,前面已经进行了系统的论述。

文化概念有几百种之多。概括地说,文化通常在广义和狭义两种意义上使用。广义文化或大文化观把文化理解为人化或社会化,即凡是经过人或社会加工改造过的东西都是文化,它体现为人类社会历史发展过程中物质文明、政治文明和精神文明所达到的程度和方式。在这个意义上,文化是人类在改造世界包括改造人自身的对象性活动中所展示的、体现出来的人的本质力量及其成果,是人的创造性本质、主体性力量的对象化,是人类所创造的"人工世界"及其人化形式。广义文化包括物质文化、制度文化和精神文化。严格地说,制度文化与精神文化可以统称为精神文化。精神文化分为实体形态的文化和观念形态的文化,制度文化是精神文化的实体形态,思想文化属于

精神文化的观念形态。广义文化与自然相对，广义文化的发展，标志着人类社会历史发展过程中物质文明、政治文明和精神文明所达到的程度和水平。

　　大文化观之所以把文化等同于人类社会，是就人类社会的属人性质而言的，人类社会是文化或"人化"的产物。李鹏程认为，文化包含了人类活动的意义，表现了人的一种"目的"和"追求"，这种文化活动就是人类的生活方式。文化不仅使自然人化，它也是人本身的自我成长、自我组织过程，人的社会从其本质上说是"文化"的，文化世界就是人的生活世界。人的活动、人的生命存在总是有意向的，意向性表现了人的生命存在的本质特点。文化世界是一个以人为本体的世界，是一个以人的意向性为动力和指向的世界，是一个以人的活动为基本运动方式的世界。文化的本质在于使人的生活不断得到优化，包括对人的生存条件和人自身的优化。文化的根本目的是人自身，优化人的存在是文化的根本使命。

　　狭义文化是指观念形态的精神文化，它与社会的经济、政治相对，是社会结构的重要组成部分。从特点上看，精神文化由特定符号（语言、文字等）传达传导，是人类在实践中创造的各种观念和社会生活行为规范的精神成果的总和。从实质上说，文化作为精神性的内在于主体世界的存在形式和思想建构能力则是文化更为根本的特征，文化归根到底是人类追求自觉、自由活动的内在精神和过程。

　　文化"就是'人化'——依'人'的价值，向'人'的理想美化、完善化。文化的发展有两个向度，或者说沿两个方向展开：一是外向扩张，即人按照'人'的需要和理想改变人以外的世界，以满足人生存发展的需要。这主要表现为人认识和改造客观世界的程度深化。二是内向完善，即人按照'人'的需要和理想优化、美化和完善自身，把我们的品质、思想、行为方式等提升到较为优雅、完美和高尚的程度……内向完善的向度无疑更体现文化或'人化'的本质，因为它最能体现人的品质的优化、人心的完善情形，最能把人性与兽性相区别；它代表了人在多高的程度上是'人'、人在多高的程度上'文明'了。"依此，我们可以把精神文化的构成内容划分为两个层面：一是包括科学技术及相关的教育等在内的智力因素的科学文化，二是包括思想、信念、道德和价值观以及事关这些方面教育在内的精神力量的人文文化。文化概念自产生，经过演化，狭义上的文化概念越来越被人们普遍接受。本书的文化定义特指狭义文化中的人文文化。其根据在于，论说文化，人们往往引申到精神领域，指文化有化育人类心灵、智慧、情操、风尚之义。

　　人文文化从结构层次看，由低到高可依次分为三个层次：风俗习惯、行为模式、道德风尚等社会心理层面的文化；政治法律思想、道德、艺术、宗教等思想层面的文化；思维方式和价值观层面的文化。其中，文化的最深层次和核心是文化思维方式和文化价值观。文化中的思维方式"是思想中的一支'看不见的手'，它以文化传统、思维模式、价值尺度、审美标准、生活信念、行为准则和终极关怀等方式而构成思想的逻辑支点。"思维方式对思想构成逻辑上的强制性。"文化价值指的就是主体的人对自身生命存在的文化意义的理解和确定。"文化价值观念表现出来的是主体人的追求、信念和理想，是主体人的精神生活最重要的内容。对于民族而言，它体现为一个民族的生存理想和对自己生活道路的选择，即文化价值观念表现为主体对自身的生命存在的"一种崇高的、伟大的价值"的认定，对主体生命存在具有根本作用的物的价值的认定。更为具体的是，我们可以把文化价值观念概括为"文化自身的价值"和"包含于文化自身当中的价值标准"。

  文化作为观念形态，它是人类精神生产的产物，体现在人们的精神生产、观念形态和思维形式中的文化，本质上是人类精神的一种自我确证。

  文化的内在本质在于它的精神性，精神的品质在于它的自主性、自觉性、目的性和超越性。文化是民族性与人类性的统一。文化是一个国家、一个民族的灵魂，文化德育坚守这一灵魂，具有鲜明的地域性、兼容性、时代性，它深深地扎根于古邑地域背景下的岭南乡土文化，又融合中华传统文化，放眼中外现代先进文化。在文化传承和弘扬的同时，它又有担当有为、包容开放、务实进取、改革创新的时代精神。学校要弘扬中国特色社会主义文化，以培育和践行社会主义核心价值观为导向，以立德树人为根本任务，结合我区的"上品教化"区域教育理念，有目的、有组织、有计划地开展文化德育活动，提高师生的文化自信，增强我区德育工作的时代性、科学性和实效性，促进道德品质和心理品质的健康和谐发展，为培养具有人文情怀、责任担当、优雅气质、乐观豁达的现代公民奠定坚实的素质基础。

  德育文化不是德育与文化的主观任意组合，而是两方面的合理因素交相中介，综合为一个整体性的理论。其理论研究旨趣是要增强德育的文化内涵，它代表着德育学科本身文化反省意识的觉醒。实现这一综合的基础是二者的叠加旨趣，即二者的精神文化本性及其功能的一致——人的内在德行的追求及在功能上"化人"的契合，这些共同点中介着德育与文化的关系。在这一视界中，德育是文化化的德育，文化是包含德育的文化，文化与德育本性一致，功能上互相承载，他们是一种辩证的互动或交互中介关系。如果为了使问题更清楚，我们可以把文化德育的概念形成表达为这样的演化过程：文化包括德育—文化中有德育—文化中的德育—文化德育。这种演化表明，德育由最初文化中的要素、分子逐渐发展成为文化的单元、分支，自成系统经历了一个过程。为了能够真实把握文化德育的内涵，需要对此做具体阐述。

按照世界观与方法论本质上一致的原则，文化德育包含两种基本含义：首先，确认德育的精神文化本性，把德育视为一种精神文化现象和精神文化存在。因为"文化是思想的载体，人们是通过文化的交流进行思想政治的宣传和教育的。提高全民族的思想道德素质和科学文化素质，形成健康向上的精神状态和社会风气，既是发展先进文化的根本要求，也是新时期党的思想政治工作的根本任务……从一定意义上说，思想政治工作就是运用先进文化去教育人和影响人，在思想政治观点层面上逐步消除分歧和隔阂，在文化认可之中接受并遵循正确的价值观念和理想信念。"因此，德育作为一种教育活动，本质上是一种文化建设活动，德育具有独特的精神文化价值和知识文化内涵。德育是文化的，德育是通过其精神文化品质和精神文化生产过程、通过对人的精神世界的建构体现其价值的。

概括地说，文化德育就是基于优秀文化的思想道德教育。文化德育站在文化高度，遵循文化规律，运用文化方式，用优秀文化熏陶人，用时代内涵引领人，以实现立德树人的根本任务。

文化德育具有鲜明的地域性、兼容性、时代性，它既深深地扎根于古邑地域背景下的岭南中华传统文化，又融合中华传统文化，放眼中外现代先进文化；在文化传承和弘扬的同时，它蕴含着担当有为、包容开放、务实进取、改革创新的岭南人时代精神内涵。

文化德育把关心人、爱护人、尊重人作为前提，把发展人、成就人作为目标，培养具有人文情怀、责任担当、优雅气质、乐观豁达的现代公民。注重从学生的生活和实际需要出发，思考发现、探索和领悟生活伦理要求和幸福真谛；注重呈现道德之美，激发学生的审美情感和道德情感，唤醒学生作为德育主体的内在自觉，造就完美的人格；注重生命成长与人生幸福，激发、唤醒和发展学生的积极心态、情绪智能和健全人格。

二、文化德育的提出背景和战略意义

（一）文化德育的提出背景

在知识经济、网络化支撑的全球化时代，人类生活的图景与文化境遇呈现出空前丰富的多样性特点。全球化主要体现在经济一体化和多样文化共存。清华大学人文社会学院教授万俊人说："经济全球化与文化多元论之间有着相互对应的内在关联，而隐含在这一内在关联中的是某种价值的紧张或冲突。"在风云激荡的文化冲突、竞争中，一个正在打破封闭、走出贫困、迈向进步的发展中国家，较之有着经济、技术优势的国家来说，其学校德育所面临的挑战尤为严峻。我国正处在前现代化向现代化转型的过程中，学校德育在缺乏充分现代化的社会条件下，面对全球化这一发展趋势，如何负重前行，走出低效乏力的尴尬局面，是每一个德育工作者应该严肃思考的问题。

1. 不断强化的努力与实效之间的反差

德育在个体发展与社会文明建设中的作用是显而易见的。党和政府对德育工作历来非常重视，特别是改革开放以来，面对国际、国内的新形势和学校德育状况，曾多次下发专门文件，要求加强和改进学校的思想政治教育工作。社会各界与教育部门在德育工作方面投入了大量的人力与物力，为提高德育效率付出了艰辛的努力。教育理论界发表、出版了数以万计的论文和上百种著作，对德育理论进行探讨，提出了无数的方案、经验和建议。但总的看来，学校德育低效乏力的状况没有根本的转变，表现为：德育应有的地位在当前学校工作中并未真正落实，"智实、德虚、美劳空"仍是很多学校工作的真实写照。学校德育越来越不适应新的形势，不少老问题依然存在并继续加剧，许多新问题又以十分复杂的面目迅速出现。德育理论看似热闹繁荣，大量实践难题却依然存在，改革步伐徘徊不前。学校德育处于一种尴尬局面。

科技教育挤压下人文教育的"空位"。20世纪以来，特别是近几十年来，科学知识爆炸性增长，科技成果不断涌现。迅猛发展的科学技术在社会生产和生活中广泛应用，使人们获得了充分的闲暇和物质享受。科学技术的工具性价值在国际政治、经济、军事竞争中彰显，使人们形成了一种"科技至上"的思想。这一思想反映在学校教育中，就是把科技教育摆在绝对优势的位置上。重视理科教学、关注智力开发与职业技能的培养，这在大多数国家成为共同的趋势。就我国而言，鸦片战争之后，救亡图存、追赶西方国家的发展水平，成为近、现代社会发展的根本性主题，使"科技至上"的思想不仅在我国精英人物的思想中占有相当的地位，在一般民众的观念中也很有市场。其必然的结果是，人文道德教育在科技教育的挤压下失去应有的地位，任其湮没在庞大的、完备的科技教育体系中。

多元文化形态下的价值迷失。随着改革开放的深入、国际交流的增加、信息技术的发展，我国思想文化领域出现了前所未有的多元化景观。文化形态的多元分立与冲突，引发了价值迷失现象。这种迷失主要表现在两个方面：一是主导价值观念的失落。我国一贯倡导以集体主义为社会的主导价值观，这一价值取向较好地反映了社会主义初级阶段个人与社会、个人与集体的利益关系。但是，在利益分化、重组异常频繁的社会大变革中，在西方个人主义思想影响下,集体主义价值观对人的价值选择实际支配力减弱。在现实生活中,利己主义大有市场,个人至上的现象也屡见不鲜。二是终极价值的迷失。文化具有超越性价值,人创造了文化,并希望借助这个具有超越性意义的世界来完成人自身的升华。文化的超越性体现为对生命意义、理想、信念等终极价值的叩问,体现为对人性进行严肃、深沉的反思。然而,现代社会激烈竞争所形成的超负荷、快节奏的生存环境和生存方式,导致了文化超越性功能的退化,甚至消失,从而造成了终极价值的失落。一切神圣性的观念遭到了无情的解构,理想、信念、人生意义等终极价值被无情颠覆。人们在忙于实利、忙于物质追求时逃避自我,逃避对人生意义的思考,人的终极关怀在大众文化所构建的平面化、侏儒化和享乐主义的精神世界中迷失。价值迷失现象在社会生活中有广泛的表现,在青少年中尤为突出。这一方面反映了青少年对社会人生缺乏真切的领悟和成熟的理解,另一方面反映了我们的教育面对扑朔迷离的社会现象和令人应接不暇的思潮缺乏必要的准备,反映了我们的教育对社会变迁和文化嬗变缺乏必要的敏感性和应变能力。我们的教育未能发挥其对文化的自觉选择和正确导向的作用,以致学生面临多种价值选择时无所适从,出现了价值观混乱现象。学生价值观的混乱,又使学校教育面临着更多的不确定性,更增加了学校德育的难度。原因与结果缠绕在一起,这就是学校德育在多元文化形态下面临的尴尬之一。

2. 对过去道德水平的怀念与现实道德状况的忧虑

很多学校德育教育处于一种尴尬的局面,恐怕已是不争的事实。如何走出尴尬?在讨论这个问题之前,有一个问题必须回答,即走出尴尬是否意味着应该回归,回归到过去某个年代的"理想"状态?

近些年来,"道德滑坡"的说法被一些人所提及,这种说法似乎包含着这样的判断,即过去的某个年代,社会的道德总体水准曾处于一种理想的状态,现在人们的道德水准较之前滑落低下了一些。因此,道德建设和道德教育的首要任务是重新提升人的道德水准,使人们的道德水平复归到过去的"理想"状态。"道德滑坡"的说法表现了人们对过去道德状况的怀念,对现实道德状况的忧虑。这种愿望无疑是善良和可以理解的,但主张"回归"是一种不切实际的幻想。

任何道德的存在都有其特定的历史条件和社会现实基础。道德作为折射生活基础的精神世界,当其存在的历史条件与社会基础发生了变化,其内容、形式迟早都会发生变化:一些过时的道德观念会被淘汰;一些传统的观念会被赋予新的内涵;更会出现一些符合时代要求的新的道德规范(如目前的生态道德规范、网络道德规范等)。与此一致,道德教育的内容体系、方法体系也会有新的调整。因此,完全"回归"是不可能的。

在多元文化形态下,道德状况确定表现出了某种"失范",但从积极方面来看,这种"失落"包含了超越旧道德、寻求新道德的进步性。在计划经济时代,社会道德确定比今天更"齐整"、更"一体化",道德教育也以权威的形式对学生施加无可争辩的影响,但那种状况是否是一种理想的状况值得研究。相反,经过市场经济洗礼的市场理念(如竞争意识、效率意识、独立意识)代替了与计划经济相一致的保护意识、依赖意识,能说不是一种进步吗?事实上,对多元文化宽容的本身就反映了社会的进步程度和开放程度。因此,回归到过去的"理想的道德境界"是不现实的,不科学的。

德育工作不可能照搬过去的观念和模式,必须立足于现实的土地,开拓创新。在多元文化共存的21世纪,学校德育要走出尴尬,唯一的选择就是走向改革,而改革需要全方位的探索和思考。基于此,文化德育应运而生。

(二)文化德育的战略意义

1. 文化德育是推进教育持续发展的时代新方略

习近平在十九大报告提出:"文化是一个国家、一个民族的灵魂。文化兴国运兴,文化强民族强。没有高度的文化自信,没有文化的繁荣兴盛,就没有中华民族伟大复兴。"这充分点明了文化在国家发展和民族振兴中的重要作用和深远意义。

教育部颁发的《中小学德育工作指南》在"德育目标"中也明确指出:培养学生爱党爱国爱人民,增强国家意识和社会责任意识,教育学生理解、认同和拥护国家政治制度,了解中华传统文化和革命文化、社会主义先进文化,增强中国特色社会主义道路自信、理论自信、制度自信、文化自信,引导学生准确理解和把握社会主义核心价值观的深刻内涵和实践要求,这是文化育人的新指引。显而易见,随着时代发展的需要,我国对中小学德育工作新发展也赋予了新方略,而发展核心就是文化,丰富的教育实践已经证明,文化是实现德育工作持续发展的动力。因为学生是生活在一定的文化之中的,文化作为学生道德成长的环境、空间,正在以强劲的势头介入到学生德育的内核里,从多个视角制约着学生道德成长的长度(道德的健全)、厚度(道德的力量)、高度(道德的境界),潜移默化地影响着学生道德成长。因此,在这个时期提出文化德育,既是促使德育持续发展的自身需求,又是我国中小学教育发展时代新方略所决定的。

2. 文化德育是推进教育特色发展的时代新需求

番禺有着2200多年的历史，农业颇具特色，工商业发达，为历代的通商口岸，是著名的"鱼米之乡"，也是岭南文化、广东音乐的发源地之一，文教鼎盛，素有"文化之乡"的美誉。近现代更涌现出一大批出类拔萃的学者、名流，有"人民音乐家"冼星海，开创岭南画派的画坛三杰高剑父、高奇峰、陈树人，诗、书、画名家叶恭绰、赵少昂、李天马、麦华三、周千秋，"中国离子交换树脂之父"何炳林，建筑工程界泰斗罗明燏，地质学家何杰，教育家许崇清等。古今文化在这里交融绽放，这里既有广府味浓郁的"沙湾古镇"、"余荫山房""莲峰圣境"等，又有着闻名世界、代表科技发展的"长隆集团""思科智慧城"等，优秀文化在这里积淀，厚积薄发，焕发出优秀文化与时代精神内涵相结合的新魅力。

深厚的优秀文化底蕴也使德育有着不一般的魅力。多年以来，岭南中华传统文化滋养着德育，也推动着德育不断向前发展。扎根于岭南中华传统文化，德育如鲜花般绚烂绽开，如沙湾的"和美教育"、石楼的"莲品育人"等。为了更好地打造这个特色品牌，我们以岭南中华传统文化为基点，站在时代的新视角下，融合中华传统文化乃至中外现代先进文化，建构德育新的生长点，打造德育特色品牌，探索新时代下"立德树人"发展新途径，"文化德育"应运而生。

3. 文化德育是实现教育全局发展的时代新使命

2009年，广州市番禺区确立了"上品教化"教育理念，提出"一体两翼"的发展策略，大力推行岭南校园文化建设和研学后教课堂教学改革，有力推动了从农村教育向城市教育、从传统教育向现代教育转变的历史跨越。经过多年的深耕细耘，"上品教化"教育理念让教育实现了跨越发展，并形成了科学的运行模式，成为国内独特的教育品牌。

文化德育是岭南校园文化建设的"升级版"。提出文化德育的发展战略，就是要借助优秀文化的力量，提升文化自信。这是在一个更大的历史坐标和文化使命上让中小学德育真正"落地""入心"，给"上品教化"教育理念注入更新的活力和开拓更高的视点。

我们期望以一个"核心"优秀文化推动教育的发展，产生更大的教育功效，实现教育的均衡发展、内涵发展、特色发展。从教育发展意义上来说，文化德育是教育新发展的战略任务，是实现教育全局发展的需要，是擦亮"上品教化"教育品牌的必由之路。

三、文化德育的指导思想和总体目标

（一）文化德育的指导思想

1. 以马克思主义、毛泽东思想和中国特色社会主义理论体系最新思想为总指导

马克思和恩格斯在《共产党宣言》中明确宣布："代替那存在着阶级和阶级对立的资产阶级旧社会，将是这样一个联合体，在那里，每个人的发展是一切人的自由发展的条件。"在《资本论》中马克思又进一步阐述取代资本主义的新社会将是"一个更高层次的、以每个人的全面发展为基本原则"。马克思主义关于人的全面发展学说的观点认为，人的全面发展与社会的发展是相关的，实现人的自由全面的发展，始终是马克思主义最基本的价值取向和最崇高的目标，是社会主义最本质的特征。在人的自由发展中，个人自由是极其重要的，人的德行发展又是人的自由发展的基础。

毛泽东强调，青年知识分子要走与工农相结合的成长道路，还在《关于正确处理内部矛盾的问题》一文中指出："我们的教育方针，应该使受教育者在德育、智育、体育几个方面都得到发展，就是要培养全面发展的人。"邓小平1985年指出："有一点要提醒大家，就是我们在建设具有中国特色社会主义时，一定要坚持发展物质文明和精神文明，坚持五讲、四美、三热爱，教育全国人民做到有理想、有道德、有文化、有纪律。"邓小平提出的"四有"要求，对德育发展具有重要的意义，体现了德育发展的总体要求。习近平在全国高校思想政治工作会议上指出："我们强调学校教育、育人为本，德智体美、德育为先，就是说高校要成为锻造优秀青年的大熔炉。要把社会主义核心价值观贯穿高校办学育人全过程，用社会主义核心价值观引领知识教育、引领师德建设，加强中华优秀传统文化和革命文化、社会主义先进文化教育，加强党史、国史、改革开放史、社会主义发展史教育，引导广大师生做社会主义核心价值观的坚定信仰者、积极传播者、模范践行者。"习近平在会见第四届全国文明城市、文明村镇、文明单位和未成年人思想道德建设工作先进代表时提道：大力弘扬中华民族优秀传统文化，大力加强党风政风、社风家风建设，特别是要让中华民族文化基因在广大青少年心中生根发芽。要充分发挥榜样的作用，领导干部、公众人物、先进模范都要为全社会做好表率、起好示范作用，引导和推动全体人民树立文明观念、争当文明公民、展示文明形象。

2. 构建以社会主义核心价值体系为基础的德育指导思想

社会主义核心价值体系是现代德育指导思想的基础，核心价值对每个社会成员的世界观、人生观、价值观都有着深刻的影响。社会主义核心价值体系包括马克思主义指导思想、中国特色社会主义共同理想、以爱国主义为核心的民族精神和以改革创新为核心的时代精神、社会主义荣辱观。社会主义核心价值体系既是丰富发展中国特色社会主义理论体系的需要，也是中国社会实际发展的需要。没有以核心价值体系为基础的德育指导思想的指引，社会的发展就会迷失方向、失去根本，导致信仰危机，进而影响着国家的发展。任何民族的力量和文明也全都依赖于这个民族集体确立起来的价值体系的发展水平，正是它构成了一个国家的安全稳定的基础，是一个民族的灵魂。社会价值体系的进化是一个漫长而艰难的过程，在此过程中，需要有那么一些人率先树立起一种较高的人格理想，并运用政治手段来灌输和影响社会风尚。

3. 构建21世纪有中国特色的德育指导思想

（1）为建设中国特色的经济服务在经济社会建设中，要切实以社会主义核心价值体系作为重要遵循来谋划发展、促进和谐。社会主义发展以人为本，把为人民发展、靠人民发展、确保发展成果惠及全体人民高度统一起来，充分体现了我们党坚持权为民所用、情为民所系、利为民所谋的执政理念，体现了马克思主义关于实现人的全面发展的最高目标，体现了实现全体人民共同富裕的社会主义本质要求，是马克思主义价值观的集中概括，是遵循经济社会发展的客观规律，坚持以人为本，着眼当代中国发展的大趋势，把中国特色社会主义的发展方向、全面协调可持续的发展道路、新型工业化的发展模式、为人民谋利造福的发展目的贯通起来，不断开拓现代化建设的新思路和新境界。应认真贯彻尊重劳动、尊重知识、尊重人才、尊重创造的方针，大力宣传具有时代特点、体现时代精神的模范人物和先进典型，积极推动形成与社会主义初级阶段基本经济制度相适应的创业机制，努力营造鼓励和支持人们干事创业的社会氛围。

（2）为建设中国特色的政治服务中国特色社会主义的政治是坚持党的领导、人民当家作主和依法治国的有机统一。依法治国就是在党的领导下，依照宪法和法律的规定，管理社会事务和经济文化事业。在建立社会主义道德体系的过程中，要将道德规范体系的建设与法律规范体系的建设结合起来。在花大力气建立和完善社会主义思想道德体系的同时，也要不断完善法律规范体系。借助法制的力量来推行道德、弘扬道德，借助政治思想、道德规范从"自律"的角度劝导、规范、调整社会成员的行为，使法治与德治相得益彰，彼此促进。人们高度关注食品安全，强烈谴责不道德的生产和经营行为，说明人们道德意识的充分觉醒，表现出更高的道德诉求，因而对不道德的行为表现出普遍的、强烈的谴责和愤慨。同时，道德意识的觉醒和道德标准的提高会进一步推动市场经济健康、快速地发展。

（3）为建设中国特色的文化服务。建设中国特色社会主义文化包含了社会主义道德建设，而社会主义道德体系也是中国特色社会主义理论体系的重要组成部分。党的十六大以来，中国共产党从中国特色社会主义文化建设的高度强调社会主义道德建设的战略地位，拓宽了视野，丰富了内涵，文化事业的快速发展为道德建设提供了有力支撑。中国特色社会主义市场经济不断发展完善，强化了道德意识，提高了道德标准。按照大力发展先进文化、支持健康有益文化、努力改造落后文化、坚决抵制腐朽文化的要求，繁荣发展文化市场，坚持进行扫黄打非，让健康的文化产品占领思想文化阵地。要切实加强和改进思想政治工作，有针对性地解决不同社会群体的思想疑虑和实际问题，着力统一思想、理顺情绪、化解矛盾、凝聚力量，最大限度地消除不和谐因素，引导全体人民为促进社会和谐、实现共同理想而努力奋斗。

（4）为建设和谐社会服务。把社会主义核心价值体系建设与深入贯彻公民道德建设实施纲要、大力实施公民道德建设工程结合起来，以创建和谐城市、和谐村镇、和谐社区、和谐单位、和谐家庭作为重要载体，广泛开展社会公德、职业道德、家庭美德教育，引导人们在社会做一个好公民，在单位做一个好建设者，在家庭做一个好成员，深化拓展精神文明创建活动的内涵。应把诚信建设作为社会主义核心价值体系建设的重点，深入开展"共铸诚信"活动，加强政务诚信、商务诚信、社会诚信建设，增强全社会诚实守信意识，推动社会信用体系建设。和谐社会除了需要从人际关系、资源配置、社会结构，即个人、群体、社会等方面建立机制、完善制度外，道德建设也是必不可少的途径，和谐的道德秩序是衡量社会和谐的重要指标。在符合社会发展对道德需要的基础上，直接增进人与自我、人与人、人与社会（集体）、人与自然之间的和谐。全民参与的德育价值取向对构建和谐社会具有重要的意义。

（二）文化德育的总体目标

文化德育的目标是以造就社会化人格为本位。德育目标的定位，是由历史发展的走向和德育自身的逻辑性所规定的。

从历史发展来看，中国近几千年来一直着眼于德育为社会制度的巩固、发展，为社会整体关系的协调服务，德育所要培养学生的各种品质也都是据此为出发点的。以此为出发点，德育目标的定位经历了从伦理本位到政治本位再到经济本位的转变,这种转变反映了社会发展的历程。但无论是伦理本位、政治本位还是经济本位的强调,德育都是把人作为工具来培养。强调德育的工具性价值在特定的历史条件下有它的合理性,但随着社会的进步,这种合理性的基础已经或正在发生变化:血缘家庭在社会组织中的地位与功能无可挽回地衰落;计划经济正被市场经济优势取代;体现多元利益的民主政治的建立是社会发展的趋势;各种文化的交流、融合将打破文化封闭,文化上的开放之势难以遏制。这些变化直接或间接地折射出社会发展的基本方向:个人的独立和解放,个人独立价值的确认,个人对自由、对独立价值的珍视,必然要求德育在个人的关系领域发挥作用;必然要求德育把人作为目的而不是作为工具来培养;必然要求对德育目标进行实质性的调整,即把人作为德育的出发点,把培养社会化人格作为归宿。

从德育自身的逻辑规定性来看,德育的本质意义就在于不断地塑造和完善道德人格。以培养社会化人格来定位学校德育的目的,德育才不会被受教育者视为一种"异己"的力量,而会视为一种解放的力量、一种创造力量。如果我们从德育本质意义出发来理解德育,学校德育就会把学生的严格要求与对他们个性、愿望的尊重结合起来,调动他们作为道德参与者的积极性;就会激发他们完善自我、改造社会的热情;就会唤起他们自我教育的欲求;就会鼓励他们不但做先进道德思想的理解者、接受者,而且做先进道德思想的探索者和实践者。

构建体现时代精神的主导价值体系。每个时代都需要一种能为社会绝大多数成员普遍认同的价值观,并以此作为人们行为的导向,去协调他们的行为,推动社会的稳定发展。在价值多元纷呈,甚至彼此冲突的情况下,更需要一种主导的价值观念系统,以使多元价值之间保持合理张力。就学校教育而言,构建一种符合时代要求的主导价值体系,有利于学生形成自己的价值核心,不至于在多元价值选择中产生迷失。

文化的多元性与经济的全球化是联系在一起的。后发的现代国家一方面无法抗拒经济繁荣的诱惑,另一方面又不可避免地要面对经济强势国家对其进行的文化渗透。后发的现代化国家既要追求经济上的繁荣,又不能丢掉自己文化的个性和传统,必须借助政治权威和教育的影响力,使其主导文化结构对外来文化保持必要的警惕性,以防止文化的多样性损害其对国民的精神号召力,这是学校教育必须构建主导价值的又一理由。

以发展学生道德判断能力与实践能力为重点。人的道德活动,一开始就遇到了"应该如何做"或"选择什么样的行为"一类的问题。道德理性的发展既不同于以求真为目的的认知发展,也不同于以获得情感愉悦为目的的审美的发展，而表现为在特定的道德情况下做出"应该如何做"的选择能力。因此，道德教育试图仅以讲解、说服、灌输等方式对学生进行道德知识灌输是远远不够的，甚至是无效的。道德教育必须以"批判性探究"为基本的教育方式，去促进学生道德思维能力的发展。在价值多元的现代社会中，强调德育应把发展学生的道德判断能力作为重点更有其特殊意义：通过道德教育，学生有了独立的道德判断能力和选择能力，不管他所面临的社会现象和具体的道德情境如何错综复杂、纷繁多样，都能十分敏锐地做出"谁是谁非"的善恶判断，都能超越感性现象、感性经验，直迫道德必然，做出明智的价值选择。

道德理性对现实世界的价值把握，最终都要落脚、效应于自身理想价值的实现。它的追求，最终也要归于发现和找到最大限度地完善自我、他人和社会的行为方式。它作为人最大限度地完善自我、他人和社会的理性力量，最终要落实于对现实世界的价值建构的实践活动之中。因此，道德理性并非是探索、验证和论证某种"客观真理"的抽象思维能力，也不是纯粹的抽象思辨能力，而是一种发现和选择最佳的行为方向（即价值取向）和行为方式的能力。既然道德是一种实践理性，道德教育就应把培养学生的道德实践能力作为重点，而不仅是道德知识、道德观念的传授。

第二节 中学校园文化德育功能解读

改革应试教育、推行素质教育是当前教育改革的重要任务。学校是培养德、智、体、美全面发展之人才的重要基地。作为统领地位的德育，是学校教育的重点。但在应试教育弊端的影响下，一些学校把注意力集中在升学率上，重智育、轻德育。就目前情况来看，不少学校忽视了校园文化建设，认为教育本身就是一种特殊的文化活动，把抓紧教育教学和构建校园文化混同起来，不能自觉地专门性地开展校园文化建设，没能形成良好的学风和校风。

文化是一种教育"场"，它不仅能陶冶人的情操，规范人的行为，激发人对组织的目标、准则的认同感和作为其中一员的使命感、归属感，形成强烈的向心力、凝聚力和群体意识，还能对成员起到潜移默化的教育作用。校园文化是一种特殊的社会文化现象，它是以建设有中国特色的社会主义文化为根基，以学校文化活动为主体，由全校师生员工共同创建的，充满时代气息和校园特点的人文氛围。校园文化以良好的校风和校园精神为标志，校园文化氛围一旦形成，将和社会主导文化一样，产生巨大的能量，成为培育"四有"新人的重要手段和深化教育改革的强劲动力。

校园文化对校园中每一个人的影响和制约正好与管理的导向、凝聚、激励、约束等功能相吻合。所以，要解决前文提到的问题，增强学校德育的实效性，基于校园文化建设的德育这种新型的学校德育管理模式值得一试。

一、中学校园文化的内涵及特征

（一）中学校园文化的内涵

人们对一种事物的定义往往遵循逻辑定义法的原则，即定义＝种差＋属。"种差"是指被定义对象区别于其他对象的本质属性，"属"是指同一领域的类概念。根据这一原则，我们把"校园文化"定义为在学校教育的特定环境下自然生成的，稳定地支配着学校成员内心世界的价值体系和学校成员的精神力量，能动地作用于学校各种客观对象的一切显性证据。简言之，校园文化是学校及其成员的存在方式。在这个定义中，"校园文化是在学校教育的特定环境下自然生成的（文化）"，是校园文化的种差，是校园文化区别于其他文化的根本属性；"稳定地支配着学校成员内心世界的价值体系"反映着校园文化的精神形态；"学校成员的精神力量能动地作用于学校各种客观对象的一切显性证据"则描述校园文化的物质形态。这个定义不仅揭示了校园文化的内涵：学校成员所共有的价值体系及其在物质、精神两个层面上体现出来的文化形态，如校园物质文化、校园精神文化、校园组织制度文化、校园课程文化等主流文化样式，还关涉更加微观的舆论文化、礼仪文化、服饰文化、体育文化、设计文化等校园文化的所有外延。

（二）中学校园文化的基本特征

1. 内隐性与外显性

校园文化内聚为学校成员的心理结构，外显于活动、现象和实体。学校成员的自觉意识、思维方式、观念体系、价值取向、理性良知、情趣修养、原创精神等构成了学校成员生存的内在依据，表现出校园文化的内隐性特征。学校成员的文化心理通过活动、实践和创造不断向外展开，从而形成校园文明和校园具象，表现出校园文化的外显性特征。文化现象是文化心理的外展、阐释、放大和形式化。文化心理决定着文化现象的表现形式或样式。学校通过教育的手段，使师生把教育法规、教学目的、知识成果、集体纪律、道德规范、法律规则等不断向其内心世界内化，再通过能动作用把内化的成果不断向外释放，从而产生自觉的和理性的行动。学校正是以师生的这种内心世界和行为方式（即内化与外展）相向文化活动的过程与结果来体现着自身的存在。

2. 选择性与认同性

选择性体现在两个方面，一是校园文化对社会文化的选择。尽管校园文化常被视为一种社会形态的亚文化，但它作为一个独立的文明体系，其创造与传播、产生与发展有着自身客观的运动规律，它对社会文化进行有选择的接受和吸纳。二是学校成员对校园文化的选择，每一个人对于人生和自己所处的文化环境的内心体验、感受是不同的。在学校共同体内，个人的追求、兴趣、理想、创造欲望、价值判断、精神信念、情感倾向、生活习俗等文化心理的深层结构各异，导致了个人对文化因素和文化行为的自主选择。师生通过对文化精神和文化活动的选择和反思，形成个体独立的人格、鲜明的个性和蓬勃的活力，创造出丰富多彩的校园文化。集体认同性是校园文化的最基本特征。首先，法理原则和校园制度文化是师生共同认同的契约与规范，是超越个人权威和意志的普遍公理，每一个人的最基本活动都受集体的习惯、准则、法规和义务的约束，从而赋予公共生活以秩序与和谐。其次，校园生活是在精神文化的支配下展开的，校园文化作为人们行为的潜在指南和宪章支配着学校成员的活动。师生只有立足对校园文化的基本认同，才能获得尊重与信任，实现自我。在集体生活环境下，人与人之间需要亲情、同情、友情和爱心等基本情感的关怀，在此基础上，人们的思想通过健康、进步的文化熏陶和作用，逐渐升华到对生命价值的深刻思考，对国家命运的深切关注和对人类世界的终极关怀，从而产生共同的意志、信念、目标和追求，并基于这种认同而产生自觉意识和共同的行动。

3. 继承性与超越性

人类创造的一切文明成果、一个民族在漫长的历史中积淀的优良品德、师生共同秉持的价值观念和师生在学校文明体系内所形成的共同信仰等，被学校成员自觉地继承下来，在相当长的时间内，对人们的生活、学习和工作产生作用，支配着人们的日常行为，赋予校园文化在时空上的稳定性和延续性，这就是校园文化的继承性特点和作用。校园文化的超越性特征，首先表现在它的时代性，任何一种文化模式在其形成之后，并不是一成不变的，它得跟随时代的步伐由低级向高级不断发展。因此，不同的时代都具有不同的文化形态和不同的文化成就。其次表现在它的批判性，在人类素质不断提升和人的全面发展规律的影响下，人们一方面尊重和继承优秀文化，另一方面对落后和腐朽的文化持批判和否定态度，以追求更先进、更合理的文化境界。最后表现在它的可创性，文化创造是产生文化价值的基本人类活动，没有文化创造就没有人类文化的产生和发展。学校正是这样在继承、批判和超越的哲学道路上永不止息地创造着欣欣向荣的时代文化。

二、中学校园文化的德育功能

校园文化是学校师生通过教育教学活动所创造和形成的精神财富、文化氛围以及承载这些精神财富、文化氛围的活动形式和物质形态。它主要是通过营造一种氛围,对学生进行一种潜在的隐性的教育,在不知不觉中内化为学生的道德认识、道德情感、道德意志和道德行为。而德育是学校有计划的教育活动,对学生品德形成的影响是主观的、深刻的和有针对性的。两者形式不同,但目的是一致的。因此,我们要重视校园文化,充分发挥它的德育功能,积极开发利用其资源。

(一)校园物质文化的德育功能

校园物质文化是指按照学校教育目的及具体化的教育目标而建设的学校物理环境。校园物质文化作为学校教育资源的重要组成部分,是构成校园文化的基础,是学校形象的载体,是一种特殊的文化景观。它包括教学科研设施、工作生活场所以及校园绿化环境等。

一方面,富有文化底蕴、格调雅洁的校园物质文化有利于传播社会的主流价值观念,体现学校理想和人文精神。可以通过创设和培育一种环境,将学校所倡导的价值、理想等蕴涵其中,让学生身临其境地体验和感受这种文化氛围,启发道德认识。

另一方面,校园物质文化有利于激发学生美好的道德情感。情感是思想品德形成的催化剂和内驱力,而情感不会随着对教材的认识而自动产生,它的重要特征是情境性和体验性。校园物质文化恰恰提供了现实的情境让学生去体验、感悟。柏拉图说过:"应该寻找一些有本领的艺术家,把自然的方面描绘出来,使我们的青年们像住在风和日暖的地带一样,四周一切都对健康有益,天天耳濡目染于优美的作品,像从一种清幽境界呼吸一阵清风,来呼吸它们的好影响,使他们不知不觉地从小就培养起融美于心灵的习惯。"

可见,这种原本没有生命的情感经过精心设计的环境,能够滋养并渗透学生心灵,激发学生自觉追求美的道德情感,实现德育主体的外在对象和内在对象的结合和互动。

(二)校园制度文化的德育功能

制度是人类维系个性生活及社会关系的各种规章、法则和体制,学校作为微观的社会系统也存在各种制度。校园制度文化包括了学校内部的各种规章制度、行为规范、公约守则和建立在这些规章制度基础上的各种组织,它们既是自觉纪律和法制教育的结果，也是学生进行自我教育和相互教育的手段。

学校要培养学生良好的集体理念，必须依靠一定组织和规则来调控和维持，不管是校规、班规，还是学生会、社团的规定，也不论是正式的或非正式的、成文的或心理约定的，这些科学合理的制度一旦形成，就成为权威的、客观的力量，成为集体价值理念，使生活于其中的学生自主地接受它。正如马卡连柯所说："我们应当把有组织的教育影响针对着集体，同时我们相信，对个人的最实际的工作方式是把个人保留在集体内。"校园制度文化还有利于促进学生的自我管理。高质量的学校管理制度是推进学校德育工作开展、促进学生素质发展的重要保证。学生既是被管理者，更是自我管理者。学生自我管理的获得与学校制度化建设紧密联系，学生自我管理的内容受学校各项制度影响，具有科学性、可操作性，使学生对外在的集体要求和对内在的自我认识通过调节和控制达到和谐统一，强化学生内在对象的要求，实现自我管理。

（三）校园精神文化的德育功能

校园精神文化是校园文化的深层内核，它不仅具体外化为校园其他层次的文化，还是一种独立的精神存在。

一般说来，它包括学校的历史传统、价值体系、理想信念、人文氛围、思维模式、校风学风、集体舆论等，这些都是学校最具凝聚力、向心力的东西，它们最深刻、最稳定地反映出学校的精神文化氛围。校园精神文化可以有效地满足学生的心理发展，引导学生的思想意识，消除学生个体内在形式与学校外部世界的紧张对立状态，同时极具渗透力地给学生注入丰富的教育理念和道德信念，唤起他们高尚的道德情操，使其产生强烈的归属感、自尊感和使命感，促进学生的道德发展。

综上所述，做好德育工作并非一朝一夕、一蹴而就，而是不断适应时代要求，与时俱进，长期培养教育、点滴积累的结果。抓好校园文化建设并充分发挥其巨大的德育功能是时代的要求，更是促进学校各项工作健康稳步发展的前提。

第三节　文化融入中学德育的基本原则和实施途径

一、中学文化德育的基本原则

（一）坚持用马克思主义指导的原则

近年来，随着国学热的兴起，中学德育的教育工作者应该注意与厘清中华传统文化与马克思主义的关系，这是一个方向问题。要理解这一问题，可以用习近平的一段讲话来说明，"中国共产党人是马克思主义者，坚持马克思主义的科学学说，坚持和发展中国特色社会主义，但中国共产党人不是历史虚无主义者，也不是文化虚无主义者……中国共产党始终是中华传统文化的忠实继承者与弘扬者"，这段话对于中华传统文化与马克思主义的关系进行了很好的诠释，即马克思主义是我们的指导思想与行动指南，是中国人民用生命的代价所得出的正确结论，这一点不能动摇。推进马克思主义中国化必须从中华传统文化中汲取营养成分，才能使马克思主义符合中国特点。中华传统文化的弘扬必须在马克思主义的指导下进行，我们既不能由于中华传统文化的巨大作用，而将传统文化的作用无限放大，也不能全盘否定中华传统文化，因为马克思主义根植于中华传统文化的土壤，马克思主义中国化的过程就是使马克思主义符合中国国情，其中就包括符合中国文化实际。马克思主义是方向和旗帜，中华传统文化为马克思主义提供丰富的营养。

（二）坚持古为今用创造性转化的原则

文化一旦形成便具有超越性，即一些基本文化内容具有相对稳定性，并不只是适用于当时的时代发展，有的可以超越时空的限制，在数百年乃至数千年后仍会发挥作用，如儒家学说中的因材施教思想今天仍然有价值。中华传统文化是中国古代社会的产物，时代变化了，中华传统文化的内容也应被赋予符合时代发展的新的内涵，在坚持基本精神不变的基础上，将中华传统文化的内容做出符合现代社会的阐释，使中华传统文化内容与现代社会相符合，否则中华传统文化将无法适应社会的发展。中华传统文化发展至今，它的一些基本思想没有变化，但是所代表的实际内涵应随时代的发展而有所发展，因而对待中华传统文化应该坚持推陈出新、革故鼎新的态度，使中华传统文化精神代代相传，如在古代有些封建等级的糟粕思想，是今天进行德育教育需要舍弃的，但是有些封建社会的爱国思想在今天还是有必要的，其内涵已经转变为热爱祖国、拥护中国共产党的领导和拥护祖国统一，这就是爱国主义的时代内涵。比如，礼的教育，在古代是指带有封建专制思想的等级制度的礼，在今天则是指人与人的交往礼仪和尊重他人的文明礼貌。因而，中华传统文化融入中学德育应当注意中华传统文化的时代性，对中华传统文化做出现代阐释，应与当代学生的日常内容联系起来，不能止步不前。

（三）坚持融会贯通的原则

进行中华传统文化教育，使中华传统文化融入中学德育，并不是故步自封、闭关自守，而是要吸收人类一切优秀文明成果来进行中学德育教育。任何优秀文化都有共性，都有值得学习的地方，虽然中外文化存在一定的差异性，但二者也包括了更多的普遍性和相同点，如对于诚信的推崇、对于美好生活的向往等。因而，中华传统文化融入中学德育不排斥外来文化，相反要善于从外来文化中找到值得我们学习的地方，不能孤芳自赏。进行中华传统文化教育并不是不让孩子接触外来事物，不看外国动漫和电影，相反我们要通过分析西方圣诞节、平安夜等外来节日受中国年轻一代欢迎的原因，从而为中华传统文化的弘扬与传播提供经验。强调中华传统文化是为了让青少年对本民族的文化有所认同与了解，不忘自己的文化根基。要让中学生分一些时间和精力在本土文化上，理性对待外来文化。而中华传统文化融入中学德育还有更深一层意义，即塑造中学生的人格，提高其道德素质。

（四）坚持批判继承的原则

中华传统文化曾经在中华民族的历史上起了巨大作用，对于中华民族的形成与巩固、国人性格的形成起着重要的作用。中华传统文化融入中学德育，有助于青少年良好品德和修养的提升，这是毋庸置疑的。也正是中华传统文化的巨大作用，因而有一种思想认为中华传统文化是拯救目前中国问题的万能药即"传统文化万能论"，特别是受英国历史学家汤恩比的影响，认为目前中国必须重新复兴传统文化。与这种观点相反的是传统文化的无用论，认为传统文化是封建社会的产物，与现代社会的发展格格不入，因而中国要往前走，必须彻底抛弃传统。这两种观点，对于中华传统文化融入中学德育都是有害的，"文化万能论"会导致在融入过程中，不加辨别的将传统文化的内容原封不动地拿来对中学生进行道德引导，结果只能事与愿违，社会存在决定社会意识，社会存在的变化决定社会意识的变化，传统文化是中国传统社会的产物，其内容产生于古代的社会，其中的一些内容必然是不符合现代社会甚至是阻碍社会发展的，对于这些必然要抛弃。因而，要坚决抵制传统文化的糟粕内容，防止糟粕封建性内容进入校园。即便是其中的一些基本精神实质不变，但所代表的具体内容在今天也已经发生了变化，因而中学德育所运用的中华传统文化内容，要根据时代的发展，适当变更其内容。而文化无用论的说法同样也是有害的，只会使中学生逐渐淡化历史文化，对中华文化缺乏认同感。

对待传统文化应该坚持马克思主义的辩证否定观，既有所批判又有所继承，理性对待传统文化。要认真分析传统文化中的精华与糟粕，不应良莠不齐的全部吸收，应当取其精华去其糟粕，正如毛泽东在如何对待中国古代文化时所指，我们必须尊重自己的历史，绝不能割断。是辩证的尊重，是给予历史合理评价的尊重。不能因为大力弘扬传统文化，而将传统文化的作用无限夸大，也不能彻底否定传统文化，要看到传统文化的精华。

中华传统文化融入中学德育的内容是传统文化中的精华部分，是有利于中学生品德发展的"己所不欲，勿施于人"的优秀部分。应坚持扬弃批判的态度，一分为二地看待传统文化，极力扩大中学德育工作的效果。

（五）坚持以人为本的教育原则

"思想政治教育工作说到底是做人的工作，必须坚持'以人为本'。既要坚持教育人、引领人、鼓励人、鞭策人，又要做到尊重人、关心人、帮助人。"

中国传统文化融入中学德育工作，坚持以人为本，就是坚持以学生为本。首先，必须树立服务于学生成长成才的根本理念，这就要求在教育工作中，不能将中国传统文化融入中学德育工作简单看成是一项政治任务，看成是一项应景之作，而应根据中学生的心理发展特点，对学生们的实际需求积极响应，对学生们希望成长成才的愿望积极响应，深入解决影响学生成长成才的深层次问题，为提高教育效果奠定良好的基础。其次，中国传统文化融入中学德育工作，坚持以学生为本，必须把教育活动与解决同学们的利益诉求结合起来。例如，对待贫困学生，可以通过奖学金、助学金、贷款、减免、补贴等多种形式缓解和解决其学习生活困难；在日常工作中，要关心学生的精神及心理状况，加强对学生的人文关怀和心理疏导，解决学生实际存在的心理问题和思想问题。

（六）显性教育与隐形教育相结合的原则

中国传统文化融入中学德育工作是一项综合性、系统性的教育实践活动，需要调配多方教育资源，协调各方教育力量，搭建多方教育平台，必须把显性教育与隐形教育贯彻在具体的教育活动中。在显性教育方面，教育活动要充分发挥思想政治理论课的优势；在隐形教育方面，要充分发挥社会实践、校园文化、制度建设、保障机制等软环境的育人作用。同时，更要坚持显性教育与隐形教育相结合，坚持"我中有你，你中有我"，坚持"春风化雨，润物无声",实现教育资源的充分利用、教育过程的无缝链接、教育效果的集成优化,最大限度地提高中国传统文化的融入性、渗透性、亲和力,极力扩大中学德育工作的效果。

(七)先进性与层次性相结合的原则

中国传统文化融入中学德育工作不仅要保证中学德育工作内容的先进性,还要体现其内容相互联系、相互促进、逐层递进的层次性要求,这就要求在教育工作中坚持先进性与层次性的协调统一。首先,要挖掘先进,以点带面。在中国传统文化融入中学德育工作中,要充分发挥模范榜样的示范作用,引导整个中学生群体融入中国传统文化德育工作体系。其次,要分出层次,因人施教。由于年龄、年级、职务、政治面貌的差别,中学生认同与践行社会主义核心价值体系存在典型的层次化特征,这就要求中国传统文化融入中学德育工作要制定多层次、多样化的教育目标,制定不同的考核评价办法,从而推动全体中学生中国传统文化德育上层次、上水平。

(八)自我发展与社会教育相结合的原则

中学生正处于人生的成长期、成才期,还未真正走入社会,各方面还不成熟,很容易受到周边环境与各种社会现象的影响和诱惑。与此同时,中学生处于青春期,独立意识与叛逆性强,因此中国传统文化融入中学德育工作必须坚持自我发展与社会教育相结合的原则。首先,充分发挥育人合力。要整合学校、家庭与社会三方面的育人资源,实现中国传统文化育人的整体性与协作性,力求发挥育人合力。在中国传统文化融入中学德育工作中,既要坚持学校教育的主导性,也要使教育向家庭延伸、向社会拓展,家庭、学校、社会共同构筑中国传统文化德育网络,实现教育资源网格化。其次,要充分发挥学生自我发展、自我教育的作用。要注重发挥学生社团、学生宿舍的育人功能,要加强中国传统文化进社团、进宿舍活动,通过举办社团文化艺术节、宿舍文化设计大赛等丰富多彩的自我教育活动,达到自己教育自己、提高自己的目的。

二、中学文化德育的途径

(一)让学生在自主活动中体验和感悟道德境界

德育最重要的是研究人的德性形成规律。人的德性必须在自然的活动中形成,这是德性形成的一个基本规律,抽象的道德戒律光靠说教是不能深入人的心灵的,是不能为人所掌握的。

德育可通过让学生体验生活，在体验中感悟道德境界。体验是调动和利用学生主体意识获得道德认识、道德情感、道德意识，感受道德行为的最有效的方法之一。体验可分为直接体验与间接体验。直接体验是由学生亲身经历而获得的，其优点在于学生直接处在相对真实的社会关系中，对道德关系理解更为深刻，对某些道德观念有切身的体会，可以让学生在参加社会公益活动中形成热衷公益的健康情操，可以让学生在校园文化生活中形成以礼待人、团结协助的优良品质，作为教育者应尽力且有目的地为学生提供情感体验的机会、行为实践的舞台。间接体验是指教育者通过叙述他人的人生故事，使学生在他人的经历中理解社会真实的道德角色和道德关系，感受道德情感等一系列心理活动因素并感知道德行为的结果。在此要指出的是，教育者是个广义的概念，除了教师，还应有家长、社会人士的参与，学生的体验才更深刻、更真切，才能避免生硬空洞的说教。

（二）通过辩论，激活学生思维，在辩论中明白是非观念

辩论是价值澄清学派倡导的一种德育方法，近几年来广泛被学校所采用，由于辩论能够让学生充分参与，其过程充满竞争性和互动性，所以深受学生欢迎。在现实的学校德育实践中，为使讨论的结果与教育者预设的目标相符，避免辩论内容走题或使学生变得毫无兴趣，有以下几点要求。

（1）论题本身要有可辩性。教师在设计题目时要注意选择能激起学生思维对撞的论题，这对教师的相关知识和逻辑思维是一个挑战。

（2）教师对辩论设计考虑尽可能周全些，对过程可能存在问题要事先做好预设。有些教师可能认为讨论主要由学生参与，教师只要给题目就可以了，所以对讨论过程没费心思考虑。事实上，中小学生的辩论与成人或大学的辩论有许多不同之处，需要教师的精心设计，充分考虑每一步骤可能存在的问题，这样才有可能达到预期目标。但应注意的是，这里所说的预设只是过程的预设，不是价值的预设和结果预设。

（3）讨论过程要有效引导。充满激情的语言，真实的事例，看似矛盾的论点都是教育者引导辩论走向深入的巧妙之处。

（三）加强学生社团建设，是创新和深化德育工作的重要途径

学生社团是学生依据兴趣爱好自愿组成，按照章程自主开展活动的学生组织，在提升学生综合素质、培养学生活动能力等方面发挥着重要作用。加强中学生社团建设，是新形势下有效凝聚学生、开展道德工作的重要形式。

随着社会经济的发展，要求学校德育工作在继承优良传统的基础上，必须从学生实际出发，与时俱进，积极创新，拿出更有效的方法。作为学校职

能部门，政教处要充分发挥中学生社团的群体凝聚思想功能，开展融思想性、知识性、趣味性于一体，寓教于乐的活动。要加强学生社团的指导，把中学生共同的兴趣和重要性充分调动起来，发挥潜移默化的作用，增强学校德育工作的互动性、针对性和实效性。

加强中学生社团建设，发挥传承和培育校园文化效能。校园文化是学校广大师生在特定环境中创造的一种与社会、时代紧密相关，又有校园特色的人文氛围、校园精神和生存环境。一所学校长期形成的文化积淀、办学理念和人文精神可以通过中学生社团加以传承，反映不同学派和社会思维的社团活动能给校园文化建设带来生机和活力，促进校园文化多渠道、深层次、高质量的发展，丰富多彩的社团活动也为不同特长的人才提供了活动的舞台，提高了学生综合素质，反映了学校的人文品位。

加强中学生社团建设，是增强中学生团组织凝聚力的重要载体。共青团组织作为广大青少年学生向往的组织，要将中学生社团组织纳入共青团的工作体系，进行资源整合，优势互补，使中学生社团成为学校团组织开展工作的有力帮手，逐步在中学生中形成团委、学生会、学生社团"一体两翼"的工作格局。要更好地发挥学生社团实现自我教育、自我管理、自我服务的功能，增强自身特有的政治优势、组织优势和活动优势，承担起引导和管理社团使之健康发展的重任，更好地服务于广大中学生的健康成长。

学生社团活动都是由学生从自己兴趣、爱好出发，结合学习、生活的实际，自愿选择的对象性活动，是学生认识世界、改造世界以及探索人生的重要实践活动。放眼全国，各地学生社团近年来也如雨后春笋般发展起来，中学生社团已经成为校园中先进文化的前进方向，成为中学生实现素质教育的载体，也成为新时期学校德育工作的高效途径。

（四）成立读书俱乐部，与书本为伍，与大师对话升华人格

读书，是学生净化灵魂、升华人格的一个重要途径。凡是读书多的孩子，一般说来，其视野必然开阔，其精神必然充实，其志向必然高远，其追求必然执着。一个人的精神发展史，就是这个人的读书史。

通过读书来净化学生的心灵，则是强调把道德体验和道德的感悟升华为道德的理性层次，上升到一种自觉的境界。其实，许多的文学著作和社会科学作品本身就具有强大的感染力，渗透着一种无形的德育力量。

通过阅读一些优秀的文学作品，必然会给学生以强烈的心灵撞击，学生会把书中弘扬的道德境界作为自己的一种自觉追求。如若一个孩子热爱读书，那么他会从书籍中得到生活的榜样，从书籍中得以净化自己的心灵，书中的人物往往成为他生活的旗帜，书中的道理往往成为他人生的坐标。

（五）为学生寻找生活的榜样，培养学生的英雄主义精神

一个人德性的形成，很高程度上取决于他生活中的榜样。当我们了解世界上伟大的人物时，就会发现，他们成功轨迹中有形无形地刻印着英雄的影响痕迹。正因为如此，我们才有必要寻找英雄事迹，让生活中的英雄影响我们的学生。

（六）实行心理辅导导师制

传统德育主要运用理论灌输、说服教育、榜样教育、榜样引导、行为评价的方法来提高学生的道德认识，培养和发展学生的道德品质，激发学生道德情感，指导学生的道德行为。在平时的德育工作中常表现为"三多三少"，即居高临下说教多，平起平坐交流少；批评多，表扬少；禁堵多，疏导少。这种以灌输、说服为主的教育方法，针对的是众多的学生，在教育过程中只能注意到共性，很难细致地照顾到每一个具体的学生，不能有效解决个体面临的实际问题。榜样引导的方法往往是具有固定的模式，有些事例严重脱离学生实际生活，难以取得学生的认同，难以为学生提供行为榜样。行为评价是对学生的行为进行正确与否的判断，对的就应该去遵守、去实践，错误的就要反对、改正。学生在接受评价和再次进行道德行为的实践时，往往是被动的，缺少自觉性、主动性，很难达到道德行为的有效内化。德育方法上存在的这些问题在当前很难一下子解决，而心理辅导导师制是学校德育工作在方法上的创新与发展。

它是指由学生与班级任课教师通过双向选择，每位教师有针对性地选定具有学习困难、情绪困扰或问题行为的学生，与他们结成对子或者学生自己选老师作为谈心对象。通过聊天、谈心的方式与学生沟通，通过心理辅导导师制这一途径将基础道德教育和心理健康教育整合，使二者形成合力，对学校德育和心理健康教育工作的顺利开展是有利的。在心理健康教育中，教育者的地位由主导者、权威者变为协助者和治疗者。因此，教育者可以根据精神分析、行为分析和认知分析等具体方法，如疏泄、自由联想、暗示、心理训练、个别辅导等来发掘学生心理中的潜意识能量，注重调动并依靠学生自身的力量解决自己面临的困难，提供应对能力。特别是心理咨询，多涉及个人的心理困惑甚至隐私问题，更多地采取个别交谈的方式。在心理咨询中，来访者是中心人物，咨询员处于辅助地位。围绕来访者的心理问题，咨询员只提供建设性意见，或改变来访者的认知，或疏导来访者的情绪，或扶助来访者采取行动，促成来访者的成长。心理咨询突出的是服务性，通过与来访者面对面的单独交流，尽可能给予来访者理解和支持，共同磋商解决问题，

以此提高来访者的自助能力，使其能够自主地决定自己的行为。在德育过程中，借鉴一些心理健康教育，特别是心理咨询活动的方法，可以做到点面结合，既注意到一般学生的普遍问题，又注意到个别学生的特殊问题；既重视学校教育，又重视自我教育，增强了德育工作的科学性、预见性、针对性、有效性和自觉性。心理辅导导师制为德育和心理健康教育的有机结合提供了一个平台。作为一种亲情化、个性化的德育模式——心理辅导导师制是学校德育工作在方法上的创新与发展。在这个过程中，"导师"有意识地将心理健康教育的若干理论和操作技巧运用到德育中，运用行为科学的可操作性技术来矫正学生的问题行为，采取个案辅导，共同商量、制定、执行行为矫正的方案，帮助他们解决问题，改善人际关系，培养学生的健全人格。心理辅导导师不仅是学生树立人生理想的指导者，是学生思想成长的培育者，也是学生心理健康的维护者，是学生多方面发展的辅导者。在这个模式中，关键是需要对被选为导师的教师进行心理教育培训，提高他们心理教育的技巧和理论水平，更好地服务于学生。这种方法对于我国目前缺乏心理健康教育专业的教师无疑是一个有益的补充。

（七）开展心理健康和心理咨询

有人做过一个形象的比喻，心理健康教育就似打地基，德育就似在地基上建立高楼大厦。如果说高耸入云的大厦好比高尚的道德情操，那么心理健康便是牢固的地基了。心理健康教育所实施的教育内容极为广泛，不仅与德育内容相互融合，它所包含的社会适应、学习心理、自我意识、性心理、人际交往、应付挫折、情绪调适、择业指导、人格发展等内容更为传统德育提供了补充。德育的内容以世界观、人生观、价值观和社会主义、爱国主义、集体主义教育为主，但由于其内容理论性较强，中学生在接受教育的过程中总感觉这些内容离自己十分遥远，是虚的。心理健康教育则以学生日常生活、学习、工作中遇到的或即将遇到的问题为主要内容，把"三观"和"三主义"教育具体化，与现实紧密结合，内容针对性强，学生感兴趣、想了解，学习时更具有主动性。此外，心理健康教育具有预见性、超前性的特点，它所实施的内容是为预防心理疾病的产生服务的，在内容设置上侧重于心理层面，通过对众多心理案例和中学生易出现的心理问题的分析，引导中学生树立正确的认知，提高心理健康水平和行为选择的能力。而传统德育的内容侧重于思想层面，以思想意识的发展为教育主线，往往忽略了心理层面。心理健康教育的内容正好弥补了这一不足，使德育内容更细致、更有预见性和科学性。

第三章　建构一体化的中学文化德育管理模式

第一节　新形势下中学德育管理新思路、新机制的思考

一、新形势下中学德育工作面临的问题与挑战

（一）挑战

1. 社会文化转型所带来的挑战

在多元化的文化体系之下，社会道德也必然是多元化的，因为社会主义市场经济就是主体经济，是弘扬人的主体性的经济。在这个新时期，虽然主流道德仍然是共产主义道德，但和它并存的有全人类的普遍道德、西方的个体主义道德、我国的传统道德，以及各种宗教道德等。这种多元道德的并存状态，是不以任何人的意志为转移的，无法改变的，是由社会经济体制所决定的。

这就给中学的德育管理带来了巨大的矛盾与挑战，尤其是加入世贸组织，实际上就是我国新时期参加世界竞争的开始。当今世界经济格局最显著的特点是经济全球化。经济全球化既有可能形成国际范围内生产要素的最优配置，又使发展中国家面临更加严峻的挑战。经济全球化以后，世界多元经济和多元文化不可避免地对青年学生产生重要影响，西方国家的思想、文化产品（如影视、互联网等）必将随着我国文化市场的开放而冲击学校德育的管理工作。西方的人生观、价值观、世界观等都将首先影响到中学生，挑战我国的德育管理。例如，国家下达的对学生进行主流道德教育的任务与社会上存在的多元道德影响的矛盾；国家教育方针中规定的道德教育目标与社会经济发展造成的社会对学生走上社会之后的实际道德信念和道德行为要求之间的矛盾；一元化的道德教育方式、方法与学生多元化的道德信息接收渠道之间的矛盾；教师的道德价值观念与学生的道德观念之间的各种冲突和矛盾；迅速脱离主流道德的家庭教育与学校主流道德教育之间的矛盾等。

2. 以数码技术和互联网为代表的新技术载体对德育管理的挑战

如今，数码技术和互联网等已全面进入我们的生活与工作，可以说，人类已迈进了新技术的时代。以数码技术和互联网为代表的信息革命将彻底改变我们的生产方式、生活方式、工作方式、学习方式、思维方式及价值观念等。互联网之所以能改变人类的一切有两个重要原因：一是网络运行的特性是许多物质所不具备的；二是它具有超越时空性、虚拟现实性、信息共享性、反权威性、符号互换性、人机互动性等一系列特性。这就给学校德育管理带来了许多挑战。首先，是对意识形态防御能力的挑战。因为互联网作为一个自发的信息网络，它没有所有者，不从属于任何人、任何机构。用户可以从网上得到各种所需要的信息。在网络信息方面，来自西方发达资本主义国家的信息多，而发展中国家信息少。西方国家要利用他们在网络上的种种优势推行其政治思想和文化价值观念、宣扬西方的民主、自由和人权，对我国进行意识形态上的渗透，甚至发布攻击性信息等。其次，网络色情、网络垃圾、网络黑客都给我们提出了新的管理课题，这就需要学校德育管理改变以往的那种"层层设防"、"处处设防"的德育工作方式。

（二）问题

1. 德育目标的失衡性

新中国成立以来，我们在制定和表述中学的德育目标时，一直存在着理想化的倾向。德育目标要求过高，超越了社会发展阶段和青少年的身心发展水平，这样的目标必然使人感到无法遵循而难以实现，有时甚至带来一些不良后果。德育的阶段性目标不明显，没有相应的评价措施。

2. 德育过程简单化

主要表现：①以管理代替引导，高压式管理的德育，无法真正将教育要求转化为学生的信念和行为品质，容易形成双重人格的现象——在校服从一切制度，出了校门便"解脱"了，为所欲为；②主客体颠倒，德育过程不从社会发展实际和学生的需要出发确定方法、手段，而是简单地把学生作为教育对象进行说教，使学生产生逆反心理而不愿接受或接受不多；③德育过程形式化明显，德育过程具有功利性倾向，漠视学生在知、情、意、行各方面的变化。

3. 德育工作者的素质不能适应时代的要求

德育和其他各育相比，对教师的知识素质、人格要求是较全面的。由于多方面的原因，教师队伍的整体素质不容乐观，队伍也存在着年龄结构偏高、知识结构不合理、业务水平较低的问题。其效果可想而知。以上问题的客观存在与新时期德育目标的素质化要求形成了巨大的反差，改革现行的中学德育管理体制成为当务之急，因为它是学校德育工作运作的核心，不仅事关学校德育工作的全局，而且对整个学校教职员工起着导向、动力和保证作用。

二、文化构建中学生德育管理新思路、新机制

（一）文化构建中学生德育管理新思路

1."志道"——中华传统文化是学校办学理念之渊

"弘扬工程"不仅是一个教育活动，更是重要的办学指导方针之一。学校把儒家"有为精进、道德人格"等思想与道家的"清静无为"（不浮躁、不妄为）、"天人合一"的大智慧大视野融汇于学校各项工作之中，指导学校各项工作的开展。其要义就是要用中和之道的原则待人、处事、办学、修身、治学，使每个人都在各自岗位上，健康地发育、生长、发展。

2."据德"——中华传统文化是学校经营管理之基

遵循"致中和"思想，学校应该坚守"向管理要效率、让管理显文化"的理念，在管理上强调用"思想"去统领，而不是用"权力"去指挥；要靠群众经验开路，而不是靠一般号召发动；学校每一阶段都要有一个主旋律思想。坚持思想挂帅，让正面道理、身边榜样、高尚情操、爱生爱校的凡人小事不断熏陶与感染全体教师，让整个校园洋溢正气向上的思想氛围，不断追求以文化立校的更高境界。

3."明义"——中华传统文化是学校工作方法之据

"实干与巧干结合的原则""微调渐进原则""扬长激励原则"等，这些方法无不充满浸润着中华传统文化哲理思想的睿智，成为师生攀登求索、改革创新的重要思维方法和内在动力，使不断吸收先进教育理念、积淀优秀文化、注重学以致用成为一种常态与习惯。

学校要坚持育人为本、德育为先，形成顺畅的运行机制和完整的操作序列，实现课程化、系列化，有力地推动学校的校风、学风、教风建设，有效地促进学校学生的健康成长，切实促进学校的发展。

（二）文化构建中学生德育管理新机制

学校在学校管理的机制探索、办学育人的思路拓展和德育工作的路径建设中都要注重以人文精神贯穿始终，特别是将传统文化的精髓全面地融入学校工作的顶层设计中，以传统文化为血脉，构建中学的办学机制。

脱身于西方企业管理的现代学校管理理论引入我国以来，虽然在推动我国学校建设正规化、制度化、高效化上起到了巨大的作用，但是这样的教育管理模式过多地注重效率及其"量化考核"，忽视了"人"的价值及能动性。学校管理是一种科学，也是一种艺术，更是一种文化，它应该是民族文化在学校行为中的表现。忽视民族文化、片面模仿西方管理的必然结果是，不仅学不好西方的管理科学，最后连自家的珍宝也会丢失，给教育造成难以挽回的损失。重拾中华传统文化中的精华，可以为当代的学校管理变革提供有益的价值理念和指导策略。

无论是在德育课程还是主题实践活动中，都密切联系中华传统文化，开设中华传统美德教育序列化课程，开展丰富的主题实践活动，是目前中学德育工作对中华传统文化教育漠视或忽视的现状的转变与改进。从德育课程和德育主题实践活动方面，对已有的学校道德教育进行了系统化的梳理，并进行总结和改善，这是构建现代学校管理实践体系的学校德育子系统的应有之义，也是本体系构建中的重中之重。

在探讨了中华传统文化对学校管理可资借鉴的若干维度后，那么如何在中华传统文化指导下开展学校管理变革呢。可以从以下几个方面着手。

1. 彰显"以人为本"

传统东方管理文化哲学是以人为核心的。孔子的主要思想之一是"仁"，"仁者爱人""以人为本"。这里的"人"首先是处在学校管理系统之中的人，即师生员工。"以人为本"在学校管理层面至少涉及师生关系、人及学校领导与教职员工的关系。

（1）学校教育者对待学生的"以人为本"。我们的教育对象是有生命的人，作为"个体"的人的解放、发展和完善是教育活动的根本出发点，所以在教育实践中要充分尊重学生个性，发展学生个性，培养学生的创新精神和创新能力。人的个性，是群体丰富性的表现，是人的自我独立意识产生和存在的前提，人的个性越强，越是受到社会的尊重，自我独立意识也就越浓厚，对于群体和他人的遵从性就越小，怀疑精神就越强，创新精神和创新能力就越强。一个人如果缺乏个性，就会盲目遵从他人，过分服从群体意识，对事物认识就容易随波逐流，难以产生对事物的独特看法，难以产生超越的动机和欲望。一个群体中缺乏丰富多彩的个性，就会缺乏生机，缺乏创造力。所以，在人才培养过程中，要充分尊重学生个性发展要求，为学生的个性发展和发挥创造一个自由活泼的环境，把学生培养成为社会所要求的、具有全面综合素质的、富有主体精神和创造力的人。在对学生的日常管理工作中，要平等对待学生，尊重他们的人格，满足他们的合理要求和兴趣爱好。

（2）管理者对待教职员工的"以人为本"。

①管理者要真正地依靠教职员工。管理者必须把教职员工看作一切活动、一切关系的主体、前提、动力和目的，积极培养和激发他们的主人翁意识。同时，又不能消极地迁就教职员工，管理者应该有更高的战略眼光，能够有效地消除市场经济对教职员工发展的负面影响。

②要建立平等、和谐的工作环境。传统的管理模式较多地表现管制、监控、指示、命令，这在一定程度上束缚了人的个性和创造才能。现代学校管理要树立"以师为本"的办学思想，尊重知识，尊重教师，营造民主和谐、人和政通的管理氛围。首先，要建立良好的人际关系，使人与人之间感情融洽，心情舒畅，相互产生积极的影响。其次，学校领导要主动与教师交往，做老师的知心朋友，应给予教师充分的信任，不要事必躬亲。这样，教师就可以怀着一种快乐的心情工作，自上而下实现学校的自动化管理。

③完善科学有效的评估体系。学校教育质量的高低，从根本上取决于教师队伍素质的高低和教师的生存状态，特别是人格发展状况。这就要求对教师的评价要体现"以人为本"的理念，给教师自我评价和自我发展的空间。不是为了检查而评估，而是为了发展教师评估。

2. 追求"以文化人"

现代学校管理中追求"以文化人"主要体现在两个方面：一是以塑造文化氛围来凝聚人心，形成和谐整体。二是利用中华传统文化直接对人（主要是学生）进行教育，化育人心。

（1）以文化凝聚人。传统东方管理文化重人伦秩序管理的因素被吸收进现代管理中，促进了管理伦理学的产生。用管理伦理学的观点来看，领导和管理已不单是一种制度，更重要的，它是一种行为方式，一种伦理精神，一种信念，一种价值观。这一理论运用在中小学学校管理方面再合适不过，因为中小学学校管理的成败优劣，很高程度上依赖下属的文化条件和所处的文化背景，管理的主要目的也就是要贯彻某种信念和价值观，要形成某种伦理精神和原则运用于中小学管理，就是要努力创造和谐宽松的工作环境，因为中小学校无论是教师的教学、科研或者是学生的学习，都是一种智力的活动，只有在和谐、宽松的心境下，才能最大限度地发挥积极性和创造性。传统东方管理文化中的家庭本位的特点是将国家和社会视为一个大家庭，因而主张将孝慈友情之类的家庭道德推广开来，用以处理个人与社会、个人与他人的关系，使整个社会形成一个和谐整体。到了宋代的儒家那里，则更有"民胞物与""仁者与物浑然同体"之说，将个人、社会、自然三者统一起来，形成了一个更为广大的和谐的整体。

（2）以文化塑造人。一方面，学校可以重视环境对少年儿童的熏陶，将环境文化建设作为潜在的课程进行研究和开发，有条件的学校（有历史底蕴的）可以在风格上追求建筑的古朴、典雅，在内容和方式上用实物再现历史，用文物（复制品）承载文化。在功能和作用上，以课程的方式解读历史、品味文化，使学校每一个栏目设计、每一幅墙壁、每一块园地都能体现学校的办学思想、教育目标。

另一方面，学校可以充分挖掘学校周边的珍贵的文化资源，给传统文化注入时代的内涵，全面融合社会主义核心价值观念，总结、提炼出新的学校文化精神，并进行拓展创新，让传统文化浸润师生，用深厚的文化底蕴和人文精神引领学校的内涵发展，用优秀文化引领未成年人健康发展，弘扬和培育以爱国主义为核心的民族精神，引导未成年人了解民族精神的内涵，感受民族精神的伟大力量，提高他们的思想道德素质。

3. 倡导"和同思维"

中华传统文化非常注重"和谐"，即追求统一、一致，但同时也强调"君子和而不同"。君子的"和而不同"就是有可有否，该肯定的肯定，该否定的否定，看到多样性，强调按客观规律办事。在现代学校管理中，倡导"和同思维"主要体现两个层面：一是办学目标上要强调培养全面和谐发展而又具有个性的学生；二是通过"和而不同"引导学生树立正确的认知和思维方式，最终实现创新和创造。

（1）培养全面发展及个性发展的学生。在学校管理过程中重视"和谐教育"，追求人的全面发展，是时代的要求，也是建设和谐校园的根本。当今，社会观念、生活节奏、社会体制都发生着较大变化，信息日益丰富，竞争日益激烈，要想成为一名合格的社会成员，很好地适应社会发展，就必须在身心素质方面和谐发展。作为教育的主导力量，学校必须培养学生的身心各方面的素质。学校办学要追求教育目标的和谐，从满足社会发展和师生身心健康需要的统一实现出发，发展个性，通过"和谐发展"，逐步达到每个学生德、智、体、美、劳等素质的全面和谐发展的理想目的，让学生真正成为具有优良品德、灵活知识、创造能力、文雅举止、健康心理、健壮体魄的和谐社会需要的人才。

同时，人的全面发展和社会的全面发展是密不可分的，人必须适应社会并改造社会，社会也必须符合人的发展要求，最终达到和谐互动。因而，和谐教育首先要尊重人的个性、弘扬人的个性。在今天，教育只有赢得了个性和个性发展，才能赢得社会发展的未来。瑞士伟大的民主主义教育家裴斯泰洛齐认为：教育的目的在于促进人的一切天赋能力和力量的全面、和谐发展。

（2）以"和而不同"引导学生树立正确的观念。学校管理中，可以通过倡导"和而不同"引导学生树立正确的观念，把握"和"的尺度，正确处理好个体与他人、个人与集体、个人与国家的关系，客观地认识矛盾和差异，注意从矛盾和差异中把握统一与平衡。正确认识"同"的危害，不能一味排斥差异，抹杀矛盾。如果一味追求同一、单一、专一，只能导致停滞、僵化，不能塑造学生良好的创新思维和创新人格，引导学生实现创新和创造。

第二节　中学德育管理模式一体化的思考

一、中学一体化德育管理模式的内涵及意义

（一）德育管理模式的内涵

1. 德育

关于德育，从广义上来讲涵盖比较广，包括社会德育、社区德育、学校德育和家庭德育等方面，即所有有目的、有计划地对社会成员在政治、思想与道德等方面施加影响的活动都称为德育。但现在德育讲得最多的还是学校德育，是指教育者按照一定的社会或阶级要求，有目的、有计划、有系统地对受教育者施加思想、政治和道德等方面的影响，并通过受教育者积极的认识、体验与践行，使其形成一定社会与阶级所需要的品德的教育活动，即教育者有目的地培养受教育者品德的活动。

2. 德育管理

从当前对德育的反思来看，人们谈及最多的便是实效性的问题。要提高德育的实效性，涉及道德教育的方方面面，如德育的目的、内容、方法、途径及组织方式等，是一个关乎德育工作全局性的问题。实践证明，提高中学德育的实效从德育管理入手是一条捷径。因为德育管理的重要职能之一是有效地将学校道德教育的各种因素通过计划、组织、指挥、协调与控制，最大限度地发挥道德教育的效率和效果。

3. 德育管理模式

模式是一种方法系统，是一种相对稳定的、较为系统的、有典型意义的，并将其抽象化、结构化形成的特殊的理论形态。模式除了包括目标、内容、方法、评价等要求之外，还包括一定的理论基础。德育管理模式主要是指学校德育管理工作的方法系统，以一定的德育理论和管理理论为基础，由学校

德育管理的人员与机构、目标和内容，管理方法和技巧以及管理评价所构成的有机系统，且主要解决操作层面的效率和质量问题。

（二）一体化德育管理模式的内涵

"一体化"，现代汉语词典解释为：关系密切，如同一个整体。因为研究内容不同，一体化德育管理模式的名称也不同。

1. 大中小一体化德育管理模式

该模式强调德育是全面发展教育中的主导部分，德育在小学、中学、大学三个阶段的本质属性是相同的，但在不同阶段应体现不同的层次和要求。开展大中小学德育课程一体化研究和试点，完善大中小学德育顶层内容体系教育序列，推进大中小学德育内容和工作体系一体化具有十分重要的现实意义。

2. 学校、社区、家庭一体化德育管理模式

提出该模式是基于学校在提供个体独立自主地进行道德实践能力锻炼的机会很少，难以使学生获得道德自主能力经验的获得与提升，而社会生活的影响力强于学校影响力。因此，德育不能完全依靠学校，德育教育需要校外教育进行补充和延伸，需要学校、家庭和社会合力进行，为此要构建"学校—家庭—社区"三位一体的德育工作新模式。

3. 德育与教学一体化管理模式

该模式强调课堂教学的两大功能：教书和育人。两者不可分割，教学的过程中应该贯彻学校教育育人的根本目的。教学是育人的手段之一，育人是教学的最终目的，要进行德育管理，需与教学结合起来，即德育与教学一体化管理。

以上管理模式的名称虽不同，但内涵是一致的，就是提出德育过程是一个相互衔接的有机整体。因为学生生活在社会、家庭、学校这个大环境下，品德的形成和发展是阶段性和连续性的统一，人为地划分出初中德育和高中德育两个阵营，打破了德育过程的一体化。

为此，基于完全中学的特点，建立起初、高中一体化的德育管理模式，让中学内部德育过程的要素完整、循序渐进、逐层递进，实现初、高中德育内容的有效衔接。

（三）实施一体化德育管理模式的意义

1. 从国家战略的需要来看，"立德树人"是教育的根本任务

当前，我国已进入社会发展的关键时期和综合国力提升的攻坚时期，未来发展越来越需要人才，教育的基础性作用正在不断凸显，其中尤其需要解决好"培养什么人、怎样培养人"这一重大问题。党的十八大报告指出："教育是民族振兴和社会进步的基石。要坚持教育优先发展，全面贯彻党的教育方针，坚持教育为社会主义现代化建设服务、为人民服务，把立德树人作为教育的根本任务，培养德智体美全面发展的社会主义建设者和接班人。"以习近平同志为核心的党中央从全局和战略高度出发，强调坚持育人为本、德育为先，必须把立德树人作为教育的根本任务。

2. 从德育工作的困境来看，提高德育实效性的关键在于协同整合

近年来，全国各地围绕将社会主义核心价值体系融入国民教育全过程这一重要要求，努力探索把德育融入学校课堂教学、学生管理、学生生活全过程的途径，已取得显著成效。从德育工作的现实困境来看，目前中小学各学段之间德育管理一体化建设能力不足，中小学德育"各自为政""各负其责"，造成德育管理的目标内容脱节、越位、简单重复、与学生身心发展的匹配性不够等现象普遍存在。要破解这一难题，关键就在于提高德育工作的实效性，改变过去各自为政、各抓一段的现状，实现不同学段德育管理模式之间的有效沟通、衔接、协同、整合，以提高中小学德育管理的整体效能。

3. 从学校发展的现实来看，初、高中德育管理模式一体化更是实现特色发展的必然选择

首先，探索初、高中一体化的德育管理模式是学校文化的题中之意，源自学校的文化自信和文化自觉。每个人摆正自己的位置，担负起应负的责任，大家都正位、当位、到位，达到个体健康发育生长和化育发展的目的。可见，作为一所完全中学的文化价值中自然地蕴含着初、高中德育管理的理念，并在各守其位的基础上和谐呼应、自成一体。其次，探索初、高中一体化的德育管理模式是学校特色发展的必然选择。《国家中长期教育改革和发展规划纲要（2010—2020年）》提出"推动普通高中多样化发展"的要求。探索初、高中一体化的德育管理模式既能有效解决德育管理工作的实际问题，其经验成效也很容易成为学校进一步发展的特色。

二、中学一体化德育管理模式的目标及主要内容

（一）中学一体化德育管理模式的目标

1. 目标体系一体化

德育目标关系到德育过程中德育内容的安排、德育方法和途径的选择、队伍的建设以及评价等问题，制约影响着整个德育过程，对德育管理工作的顺利开展起指引作用。德育目标一体化，就是指初中、高中要始终坚持中学德育的总目标，两个学段中的各项具体目标都应以德育总目标为指针，保证各德育要素在各个教育阶段的完整性和连贯性，才能有利于完整德育的培养。儿童在成长过程中，道德发展具有阶段性。为此，德育管理工作既要有总目标，也应该有分阶段目标，即德育目标的设置，应根据青少年的认识水平和接受能力分类、分层，形成序列，使德育目标的层次和序列符合受教育者心理发展水平和实际接受能力。

2. 内容体系一体化

德育内容是依据德育目标要求安排各项具体教育内容，相对来说，德育内容更具有稳定性，但是不同年龄阶段学生思想品德和政治观念的形成与发展呈现出阶段性特征，并遵循一定的规律，即个体从小到大形成的各种思想观念、道德品质具有先后次序和相对应的水平，逐步由低级到高级，呈现出螺旋式上升的发展状态。为此，要准确把握初、高中阶段德育内容的深浅，科学设置德育内容，保证初、高中的德育内容既能相互衔接，又能合理过渡，符合中学生思想品德形成发展规律。

3. 队伍建设与管理一体化

建立一支教师队伍是很重要，但更重要的是如何管理和使用好，实现人尽其才，发挥其应有的效用。队伍建设与管理一体化，就是要在一体化管理体制下对教师进行统一管理、统一调配和统一使用。统一管理，就是制定统一的管理制度，采用统一的管理办法和考核办法，使用统一的考核标准。统一调度，就是把原来分散的、各自为战的调度统一起来，协调运行。统一使用，就是在深入分析所有教师的素质结构、能力水平的基础上，将其安排到可以充分发挥其潜能的岗位上去。这样可克服条块分割的弊端，形成资源共享，实现效益最大化。

学校的发展急需不同层面、不同类型、不同专长的优秀教师脱颖而出。为此，学校可构架一个适合现代教育需求、结构合理的人才梯队。第一，学校根据教师的教龄、学科、能力、性格、特长、优势等，对其专业发展进行

正确定位，寻找每个人最近发展区与最适合发展目标。第二，每个岗位都是学校发展的需要，每学期的工作安排是综合学校全面发展、个人近期中长期发展、个人意愿等多种因素，经过反复论证，制定出相对比较成熟的方案。第三，教师安心岗位，立足本职，能够把学校的需要作为自己成长的舞台，实现学校发展与个人成长的互动共振。第四，学校发展需要从应对升学压力的粗放型时期，跨越到不仅要满足升学需求，还要满足个性发展、特长培养的效率型时期，学校开始打造一专一能、一专多能的复合型教师。

4. 评价机制的一体化

德育是项系统工程，必须构建德育评价体系。科学的德育评价体系的构建，一方面要尊重党和国家的教育方针、政策，从社会的发展需求出发。另一方面要考虑到学生身心发展的阶段性特点，根据学生的年龄特点制定具有学段层次的德育评价指标体系。科学的德育评价体系，不仅能为中学德育目标的制定、德育内容的安排、队伍建设与管理等提供依据，发挥导向和质量监督作用，还能促进中学生思想品德健康发展，有利于中学德育的效果与价值得到外化，获得社会的承认。

（二）中学一体化德育管理模式的主要内容

1. 一体化校内德育管理模式

在实践中，逐步把"目标体系一体化""内容体系一体化""队伍建设与管理的一体化""评价机制的一体化"转化为三个实实在在的抓手，即"责任教育""中华传统美德教育""党团队一体化"，因为上述四个方面很难脱离实际的校本德育活动而单独存在。在三个抓手为主导的立德树人工作实践中，都有意识地以上述四个方面开展工作，实际上也等于在具体的主题德育活动中探索实践了上述四个方面的内容。

（1）以"责任教育"为引导，为学生树立正确的人生观、价值观、世界观。根据学校的办学宗旨，从初、高中学生的身心特点、认知规律、接受意趣出发，以"责任教育"为核心抓手，构建分层递进的一体化的，涵盖初、高中各学段的德育实施体系，当中也渗透了"政治认同""国家意识""公民人格"的核心素养。

一是责任教育的内涵设计。责任教育的根本目标是让学生学会负责，让学生形成自主观念，学会自主选择，对个人、家庭和集体负责；形成正确的人生观、价值观和国家观，意识到责任的重要性，对国家兴亡负责，对人民负责；形成和谐共生、人与自然和谐相处的重要性，对自然负责。通过对学生责任意识的强化，培养责任行为，养成责任习惯。从责任教育的内涵框架上看，包含着对自己、对他人（集体）、对社会和对国家四个主要方面。

二是责任教育的德育目标。近年来，随着"责任感缺失"问题的日益凸显以及响应有关学生责任教育的号召，在德育中着重强调中学生责任意识、责任情感、责任能力和责任行为的培养，以责任教育为主线，不断完善德育实践工作。在长期探索的基础上，对各个年级的教育主题进行了细化、深入的研究，旨在探索建立符合"学段衔接、螺旋上升；资源整合、途径贯通；过程互动，全面保障"标准的德育内容体系。

确立了各年级的德育目标结构，内化为"发愤、乐学""自立、奋斗""敬业、自强""定位、立志""挫折、磨炼""学会负责"六个主题与爱国、进取、求知、生活紧密结合，初步形成从初一到高三责任教育的框架。根据各年级的分目标设定活动，在活动中"以知促情，以情促意，以意导行"，达到知、情、意、行的有效统一。对初一和高一年级学生，着重进行遵守规则的养成训练，对初二、初三学生着重进行仪容仪表的礼貌教育，对高二、高三学生着重进行文明文雅的气质熏陶等行为训练。使学生在人际交往中，在社会生活中自觉地用道德规范、法律规范约束自己，逐步确立诚信意识、规则意识和法律意识达到学会做人的教育目标。具体内容见表3-1。

责任教育的德育内容：①发愤、乐学。该单元的主要德育内容包括"学习是青少年的重要任务""学习之乐""梳理正确的苦乐观"和"发愤乐学"，旨在实现培育学生勤奋乐学、对自己负责的德育目标。②奋斗、自立。该单元的主要德育内容包括"攀登精神""团队精神"和"大任精神"，旨在培育学生独立自主、奋斗自强的主人翁意识，勇于攀登、讲求合作以及"天将降大任于斯人也"的大任精神。③自信、自强。该单元的主要德育内容包括"敬业精神""自强不息"和"我的中国心"，旨在培养学生的敬业精神，使之成为自强、自立、自理和自律的人，对他人和社会负责。④定位、立志。该单元的主要德育内容包括"找准定位""立志成才"和"修身锤炼"，旨在促使学生树立正确的人生观、价值观，找准人生的意义，立志成才，修身治国。⑤挫折、磨炼。该单元的主要德育内容包括"挫折教育"和"自信自励"，旨在培养学生增强面对挫折的勇气，掌握克服挫折的方法，心怀社会责任感和历史使命感。⑥学会负责。该单元的主要德育内容包括"全面负责""主动承担""反思微调"和"坚持到底"，旨在培育学生全面负责的意识和行为。

表 3-1 责任教育的德育目标

总目标	年段	年级德育主题	情感目标	行为目标
培育高尚人格，修炼健康性格	初一年级	发愤、乐学，树立正确的苦乐观	学会自律，爱学习	（1）尊敬国旗，升国旗时肃立，大声唱国歌，行礼规范； （2）学会预习，复习，上课专心听讲； （3）积极思考，勇于提问； （4）独立学习，养成良好的学习习惯与生活习惯
	初二年级	奋斗、自立，迈好青春第一步	学会独立，学会合作，爱同学	（1）尊敬国旗，升国旗时肃立，大声唱国歌，行礼规范； （2）自觉遵守学校规章制度； （3）真诚待人，认真做事，守规则，懂谦让
	初三年级	敬业、自强，完美完成义务制阶段的任务	学会进取，爱学校	（1）尊敬国旗，升国旗时肃立，大声唱国歌，行礼规范； （2）诚信处事，举止大方
	高一年级	立志、定位，站在人生新的起跑线上	学会反思，爱生活	（1）尊敬国旗，升国旗时肃立，大声唱国歌，行礼规范； （2）主动学习，善于思考； （3）懂得总结与反思，有主见
	高二年级	挫折、磨炼，成才的最好学校	学会坚强，爱自己	（1）尊敬国旗，升国旗时肃立，大声唱国歌，行礼规范； （2）会调节生活、学习的方式； （3）健康生活，对自己、对他人、对国家、对社会负责
	高三年级	人生负责，做一个堂堂正正的中国人	学会负责，爱祖国	

三是责任教育系列活动体系。针对每个年级的主题，依托学校固有的资源和平台，可形成系列化的活动体系。①发愤、乐学——树立正确的苦乐观系列活动。用切身体会畅谈"学习之苦与乐"；学习传统美德语录中100句有关好学、勤学、乐学、善学的部分；调查、采访父母或者亲友中因勤学好学而取得成就的故事；交流讨论（有班级内部讨论也有跨年级经验分享）学习之乐，如正确的学习方法、复习方法、阅读方法等；学习上互帮互助活动，鼓励敢问、敢争、敢试。②奋斗、自立——迈好青春的第一步系列活动。阅读有关"奋斗、自立"的格言；调查和采访有关"奋斗成才""奋斗成功""团队合作"的故事；有重点地剖析种种不健康人生观的错误与危害；给父母的一封信，讲述自己即将告别童年、少年时代的感受和对步入青年时代的打算；"迈好青春第一步"演讲比赛或者诗歌朗诵会；名人故居参观或者企业参观；交流讨论我们为何需要奋斗？"天下兴亡，匹夫有责"，我们如何行动？③敬业、自强——完美完成义务制教育阶段任务系列活动。围绕"敬业""自

强"主题展开学习、讨论，弄清其内涵、意义；调查行业中"敬业""自强"的楷模；校友分享何谓敬业、自强精神及其重要性；交流讨论敬业自强与报效祖国。④定位、立志——站在人生新的起跑线上系列活动。收集有关"立志""定位""修身"的语录；调查行业中"立志""定位""修身"的楷模；高年级同学经验分享高中学习生活的特点；列出在学习中遇到的"不适应""不顺心"的种种情况，分析原因、统一认识、研究对策；在总体开展活动的基础上，根据实际情况，围绕主题展开教育活动。⑤挫折、磨炼——成才的最好学校系列活动。学习古今中外有关"挫折""磨炼"的论述；通过一轮辩论，明确顺境、逆境的辩证关系，讨论如何科学合理地自我加压、解压；从亲友以及社区中调查积极面对挫折磨炼的好榜样；交流以往经受挫折磨炼的感受和体会，围绕耐受力和排解力分析现实情况，研究对应措施；联系班集体的现状，研讨如何搞好班风建设，增强排解挫折的集体力量；围绕"把各人的心态调节到最佳状态"的主题，讲心得、谈体会、议办法。⑥学会负责——做一个堂堂正正的中国人系列活动。弄清学会负责的意义、内涵、思想基础、根本关键等有关问题；在亲友中、老师中、同学中寻找榜样，从他们的事迹和精神中领会"什么是负责精神""怎么样培育负责精神"；向老师、同学倾吐心中的矛盾，一起谈心、沟通和疏导；开展18岁成人的系列活动；围绕"做一个现代中国人"的主题，开展多侧面的讨论。

四是责任教育的途径与形式。在落实责任教育过程中能够充分地利用学校、社区和家长意愿，构建起学校、社区、家庭三方联动的责任教育机制，并通过系列活动、榜样教育、格言背诵、基地学习、人文讲坛、交流讨论及年级活动等多种形式推进责任教育实效的提升。①以德育课程为阵地推进行规教育。充分把握德育课程，如升旗仪式、午会课、校（班）会，从整体出发，落实行规教育与礼仪教育。升旗仪式：整体规划、结合时势宣传行规教育。午会课：每周行规总结。利用卫生广播、心理广播、团广播、"红领巾广播""校园三人行"以及倾听时间等，多角度落实行为规范的养成训练，鼓动学生学习行规、重视习惯、遵守校纪。利用社团课、选修课开展美学课堂、礼仪课堂等，多角度提升学生的基本礼仪及素养。②以家庭教育为阵地推进行规教育。把家长委员会和家长学校作为学校与家庭联系的纽带，及时传递教育信息，聘请家长建立讲师团，参与学校的行规教育。通过部分同学家长座谈会和家访，实现学生在家生活习惯与在校一日常规的对接，有针对性地解决学生在校、在家的行规问题。③以国际教育交流为阵地推进行规教育。组织学生出国考察，学习国外学校文明礼仪，倡导学生在校内遵守校纪校规、校外遵守社会公德，在国外尊重民族差异、文化习俗，遵守国际准则。④以无声课堂为阵地推进行规教育。开展以年级为单位的"无声课堂"特色主题活动，譬如，初一的《弟子规》，初二、初三年级的《大道行思》，高一年级《明德小语》，高二年级《行者无疆》，高三年级《美文欣赏与感悟》以及青年党校的《旗帜》等，通过无声阅读的形式，打开一个无声的德育课堂模式，以阅读式和启发式教育方法，形成有针对性、系列化、递进式的教育模式。⑤以社会实践为阵地推进行规教育。以社团、团支部的组织形式，组成学生志愿者服务队，与学区内多所单位结成共建单位进行社会实践，定期、定点地开展各项服务活动，把精神文明的种子在周边地区广泛传播。这些活动让学生将认知与实践相结合，培养积极乐观的人生态度，并主动参与社会风气的改善，对提升社区的精神文明状况、促进和谐起到了积极作用，更对学生行为规范养成产生了助推的动力。

多年的实践工作启示我们：第一，中学生责任教育成效的取得绝非一朝一夕之功，需要具体、持续地实践。学生是责任教育的对象，同时也是责任教育的主体性力量，必须充分激发学生在责任教育培育过程中的积极性、主动性，为学生创设多种教育情境和活动机会，责任教育才有可能真有成效。第二，学生责任意识的培养也不是空洞的说教能做到的，它需要多种形式、多种活动和多种情境持续不断地发挥共振。其中，学生最真实的体验才是促使学生产生反应，并愿意付出责任行为的关键性因素。因此，要发挥教师的引导和触动作用，关注学生的学习体验，不断促进学生学习体验内化至关重要。

（2）以"中华传统美德教育"为滋养，完善学生和谐人格。伴随着社会飞速发展、多元经济并存及多元文化碰撞，某些学生漠视中华传统文化、缺乏民族自信心与自豪感、缺少国家意识和民族归属感等问题日益突出，我们深深感到学校德育工作应当回归到中华民族传统美德中去，让我们的学生植根于博大精深的传统文化，培养具有"中国心、现代脑、世界眼"和责任感的优秀人才。

①传统美德教育内容框架的制定。根据各年级责任教育目标和内容，并与爱国、进取、求知、生活紧密结合，初步形成从初一到高三年级的中华传统美德教育框架，如表3-2所示。

表3-2 传统美德教育框架

内容	年级	分层目标	传统美德教育内容	总目标
弘扬传统美德，培育时代新人	初一年级	发愤、乐学——树立正确苦乐观	立志勤学 团结友爱教育	培育高尚人格，修炼健康性格
	初二年级	奋斗、自立——迈好青春第一步	勤奋节俭 求索创新教育	
	初三年级	敬业、自强——完成义务教育阶段任务	敬业尽责 自强不息教育	
	高一年级	定位、立志——站在人生新的起跑线上	诚实守信 爱国爱民教育	
	高二年级	挫折、磨炼——成才的最好学校	人贵有耻 整洁健身教育	
	高三年级	学会负责——做一个堂堂正正的中国人	严己宽人、清正廉洁 天下为公教育	

②学科中实施传统美德教育内容。我们从学科教学中挖掘传统美德教育资源，形成三种比较有效的传统美德学科教学方法。

a.课程化。作为学校教育系统中的"软件"，课程是学校教育改革最重要、最核心的部分，是学校内涵发展的关键所在。我们力图通过德育的课程化，全面挖掘传统美德精神的丰富内涵，形成良好的德育氛围，切实将民族精神的弘扬与培育纳入教育的全过程。

在发挥政治课弘扬和培育民族精神过程中的主导作用的同时，全面挖掘和发挥其他各学科在民族精神教育过程中的独特价值，在"课课有德育，人人是德育工作者"的理念指导下，广泛开展课堂教学渗透传统美德教育的尝试，打磨出众多成功的典型课例。例如，在初一年级英语课文《At the Airport》的讲解过程中，教师借由提出"当老人要乘飞机外出，作为家中的小辈，在老人临行前要帮助老人打点些什么"这一问题，展现中华民族尊老爱老的优良传统。在初二物理《物态变化——溶化、汽化》一课中，教师用晶体的熔化来揭示团队精神、集体意识，用液体的汽化来体现奉献精神。在初三语文课文《向中国人脱帽》的教学中，教师结合议论文单元《谈骨气》的教学，进一步向学生诠释中华民族自尊自强的民族精神。在这些课例的示范、辐射下，全体教师积极投身构建传统美德教育课内体系，形成了实施民族精神教育的长效机制。

在聚焦学科教学中的传统美德教育的基础上，扩充各项专题教育课程，进一步充实和发展了德育课程如开设专题教育讲座，开设"国际形势报告""社会热点辨析""时政分析"等具有时代内涵的德育课程等，更高程度满足学生个性特长发展的不同需求，促进学生的全面和谐发展。

此外，注重主题活动隐性课程的设计，将传统美德作为专题来设计团、队、班级等活动，要求有方案、有内容、有地点、有教师、有总结。形式主要有主题班会、中队会、故事会、升旗仪式、重大节日活动、各种文艺演出、社会实践、辩论赛等。在运用主题活动方法前，要做充分的准备和组织工作，注意内容与形式的统一、思想与方法的结合。使用这种方法不仅要注意反复、长期训练，还要注意要求适当。对行为表现好的学生可以提出更高的要求，对行为表现较差的学生则应该提出基本要求。经过一定训练之后，再根据不同情况提出高一层次的要求。

b. 主体化。教师固然是德育工作中不可或缺的主体，发挥着重要的引领和垂范作用，但学生的主体地位并不能因此被忽略，更应受到重视。因为只有学生在道德品质和行为习惯上的提高，才能真正彰显德育本身的价值。

为提升传统美德教育的实效性，要注重学生在整个德育过程中的自主体验，在课内以问题教学法广泛开展探究性学习活动的基础上，课外积极组织学生参加社会实践活动。例如，语文教师在课堂教学渗透德育的基础上，向学生推荐一些能帮助他们塑造人格、打上精神底色的好书，让学生"多读书、读好书"，鼓励学生"多思多写"，在思和写的过程中陶冶性情，产生内在的道德认知，达到升华人格的目的。政治教师在课堂教学的基础上，组织学生开展富有趣味性、哲理性的"卡耐基交往训练"活动，让学生在体验中养成创新意识，发掘自身创造潜能，懂得人际交往中的诚信、合作等的重要性；组织以"了解家乡、走向社会、认清国情"为主题的社会考察活动，激发学生的爱国热情；设计开放性的题目，指导学生深入社会调查研究有关社会问题，通过亲身实践，体会党的路线、方针和政策，深刻理解改革开放的现实，明确历史使命。化学教师在课堂教学渗透德育的基础上，组织学生开展科学实验及课外实践活动，使学生在实验中体会科学与生活的关系，培养务实、勤劳、勤思的精神，并在科学实验的过程中体会和理解失败与成功的辩证关系等。

c. 制度化。传统美德教育实践是一项需要长期坚持的工作，其体系的构建是一个庞大的工程，需要有效的制度保证和正确的方向把握。

政教处和教导处通过年级组、教研组双管齐下，对备课组实践推进传统美德教育体系进行指导、考核与评价，就是一种制度保障和方向把握。两处对不同学科提出的不同要求，具有指导性意义：要求思想政治课在弘扬中华传统美德的教育过程中发挥主导作用，充实传统美德教育的丰富内涵，增加内容的时代性、鲜活性，构建具有时代特点、满足学生发展需要、贴近学生生活实际的思想道德教育内容体系，要求各政治备课组根据不同学段学生的接受意趣，不断改进课堂教学方法，充分发挥学生的主体作用，形成教学互动，提高教学效果；要求语文、历史、地理、音乐、美术、体育等课程充分发挥人文精神的优势，加大民族传统文化精华的教育比重，让学生在"赏心""悦目"中体验我国民族历史文化的经久魅力；要求数学、物理、化学、信息技术、劳动技术、科学、生命科学等课程加强以科学知识、科学方法、科学思想和科学精神为主要内容的教育，体现中华传统美德在中华文明发展进程中的重要作用，同时培养学生开拓创新、刻苦钻研、团结协作的精神，提高学生的科学素养。

建立教师德育工作考核标准，将教师民族精神教育的能力和工作成果与评优、评职挂钩，促使教师不断发掘学科内容蕴含的丰富民族精神内涵，自觉培养和增强自身传授民族精神的意识和能力，承担起培养具有高尚思想品质和良好道德修养的合格建设者和可靠接班人的德育重责。

③传统美德教育的德育管理模式。德育管理是达到德育目标不可忽视的关键性环节。通过多年的认真实践和研究，确定"整体设计，凸显层次；分层负责，全员参与；相互渗透，动态递进；家校联动，资源整合；科研推进，反思微调"的德育管理模式。

第一，整体设计，凸显层次。传统美德教育工作有不同的内容和选择，但相互渗透，形成整体合力，才能使学生思想道德品质有所提高。要求在每个教育环节上，有本年级的特点，符合学生年龄特点，凸显各层德育目标的特色。

第二，分层负责，全员参与。在学校德育工作领导小组领导下，建立一套德育工作网络，按校级、年级、班级有序开展。分管校长和政教处全面布置、协调和检查，并及时做好资料收集和理论总结。年级分管领导和年级组长具体设计本年级传统美德实施计划，班主任和任课教师具体落实，全体教师通读传统美德校本教材，使其渗透到学科教学中，增强教育意识。

第三，相互渗透，动态递进。各层目标既有区别又相互渗透和衔接。在德育内容上，为了考虑整体性、系统性，专门设计"月主题"活动，每个学生参与，使德育工作具有整体性；为了兼顾年级的差异性，对于同一项教育内容按各年级不同的要求，分别设计活动载体和教育形式。

第四，家校联动，资源整合。组织好家长委员会，办好家长学校，让家长参与办学，在学生家长中大力宣传中华民族传统美德的内容。聘请部分家长成立讲师团，为学生开设传统美德系列讲座。要求每位家长在每学年做到"五个一"：参加一次传统美德教育专题家长会、与孩子谈心一次、给孩子写一封信、帮助孩子做一次社会调查、填一张教育反馈表。

第五，科研推进，反思微调。学校可从浩繁的资料中，精选出古代传统美德名言100句，现代名人语录30句，两相对照编印成册，学生人手一份。同时，学校科研室积极参与传统美德教育研究。

（3）以"党团队一体化"为机制，形成德育协同合力党团队一体化是中学德育在教育实现转型发展大背景下的一个带有探索性、前瞻性课题。

①厘清思路，规划"一体化"框架。建立党团队一体化的教育平台，即努力实现党、团、队三位一体教育，努力强化其互动性、层次性、连贯性，凸显其操作规范化与系列化。

党团队一体化教育的关键在于团队之间与党团之间，能够顺利衔接与过渡，办好团校与党校正是实现其无缝对接的重要纽带，可以充分实现高、初中联动，高、初中教师适度对流，尽力发挥高中学生对初中学生的示范引领作用，为实现党团队一体化提供有力保障。

②整合资源，拓宽"一体化"渠道。整合好各方资源，实现多向良性互动，是党团队一体的责任教育深入、持久、有效开展的重要保证。通过整合资源，努力优化党校师资队伍，拓展党团队教育活动渠道，不断丰富志愿者活动内涵，并充分利用家长力量，把日常教育与当前社会热点、重大节日结合开展专题教育。

③合力推进，优化"一体化"操作。在推进团队"一体化"德育过程中，尤其注重发扬团队精神，形成整体合力，强化精品意识，力求生动有效。在团与队的联动与衔接上，紧紧依托"少年团校"这个载体，充分体现"自主招生""自主管理"的特点，让有一定经验的优秀学生团员在校团委宏观指导下，既独立自主又能有计划、有创意地完成招生、教学、考评等一系列工作，增强其责任使命感，提高独立工作能力。

2. 一体化学区办学德育管理模式

面对学区化改革的创新探索，学校的中华传统文化教育不断与时俱进，把校特色德育课程上升为学区特色德育课程，并不断思考两者的结合点及开展这一创新举措的意义和价值。

（1）把握主导思想，寻求合作共赢。

①目标导向与问题导向相结合。学区化办学是中华传统文化教育学校教育的重要内容，以目标导向与问题导向相结合的思路，以学理研究所得出的实施体系构建的内在逻辑为起点，通过对内容系统构架、课程系统融入、教师系统培养、校内校外联动等方面的深入研究，形成学区化推进中华传统文化教育的实施体系。在系统构建该体系的同时，重点关注如何解决中华优秀

文化教育中存在的突出问题和瓶颈难题，期望通过整体性、系统性的体系建立，能够有效地解决这些问题。

②学区一体化推进与学校多样化发展相结合。所谓"一体化"，是学区内各个学校与社区相关单位在传统文化教育结构上的一体化与管理上的一体化，就每一个学校而言，应该是各有优势与特点，不是一枝独秀，而是要多元发展，百花齐放。在项目推进中，本着这一思想，在充分尊重和保留各校中华传统文化教育特色的基础上，通过顶层设计，形成一体化的学区协同推进机制，力求实现同一学区里"不一样的学校，一样的精彩"，实现中华传统文化教育的整体效应。

③责任自觉与合作共享相结合。学区内中小学幼儿园，团区委、街道党工委、团工委以及学区内的科研院所和文化单位参与了学区化办学项目。在当前公共治理模式下，学校、家庭、社区组成了一个教育共同体，共同体内的每一个成员对学生的成长都负有各自的责任与义务，也都是教育资源的建设者和受益者。来自不同领域的单位都应该主动地参与项目的推进，对遇到的共同问题进行探索实践，积极寻求合作方式，以实现社区各类资源的整合利用，实现资源共享、智慧共享。

④学理研究与实践研究相结合。在学区化办学实施过程中，在调查研究和学理研究的基础上，形成学区中华传统文化教育目标的系统化顶层设计，使行动更具有明确的方向和清晰的思路，而且的认识在实践中也不断深化，充分体现出理论研究探索与实践行动良性互动的综合研究范式。

（2）整合文化资源，建构协同机制。

①以学区协同机制建设为龙头，推进中华传统文化教育工作机制。在学区化推进中华传统文化教育中，各学校之间以及学区内各单位之间良性的合作、协调的工作方式至关重要，因此在项目推进中，首先成立由学区教育局相关领导、社区领导、学区各学校领导和分管负责同志组成的学区协同推进中华传统文化教育工作委员会。委员会定期召开联席工作会议，审议、制定学区协同推进中华传统文化教育的各项重大事宜，积极推动活动开展并保障活动的长效推进。

②以学生发展为本，架构中华传统文化教育目标框架。项目组以尊重学生主体、遵循教育规律为指导原则，根据教育部颁布的《完善中华传统文化教育指导纲要》的要求，结合不同学段学生身心发展特点，初步构建了各学段学生中华传统文化教育目标架构，为课程开发以及各类活动的设计提供了基础。

③中华传统文化教育的精品课程体系。建设涵盖学区各学段的一门中华传统文化教育精品课程，并在此基础上梳理、总结各校现有的传统文化教育课程的优势与特点，逐步开发国学经典、道德礼仪、文学艺术、节庆民俗、传统技艺等不同主题的特色课程群。

④合作推进三类基地建设，实现基地的统筹化联合共享。学校、社区和校外教育机构推进三类基地建设，实现资源共享：一是设立学校特色基地，将各校特色项目向全学区开放；二是利用学区内的资源建设教育基地进行中华传统文化的当代价值展示教育；三是利用学区丰富的人文资源，如与文化局联动设立校外实践教育体验基地。

⑤积聚学区内优质育人资源，打造多样化平台。力求整合学区内优质资源，探索学区一体化的活动衔接机制和多种活动平台，如以每年中华传统节庆活动的协调实施，促进展示交流活动的一体化，逐步形成主题多样、内容丰富、形式活泼的社区中华传统文化教育大课堂。

⑥组织中华传统文化教育师资的专题化共同研修。优秀的师资是教育质量的保障，积极探索有效的学区中华传统文化教育师资共享和研修机制，鼓励教师跨校开设选修课程。通过多个专题的教学观摩与研讨活动，实现学区内教师的柔性流动，共享教育智慧。

第三节 中华传统文化寓于一体化德育管理模式的探索

一、当前中华传统文化寓于一体化德育管理模式存在的问题

实际工作中，学校虽然对一体化德育管理模式的重要意义有深刻的认识，但由于受到管理体制和传统观念的禁锢，一体化德育管理模式效果并不尽人意，部分教师、学生乃至社会大众对现行的中华传统文化和一体化德育管理模式的融合状况评价不高。中华传统文化寓于中学一体化德育管理模式存在着被否定、流于形式和被外来文化冲击等严重问题，并且由于当代中学生理想信念、价值取向等方面存在的固有缺陷，使此类问题雪上加霜。概括起来主要有以下几方面。

（一）忽视或否认中华传统文化具有强大的德育功能

日常生活中，人们普遍认同"中国是一个具有五千年文化传统的文明古国，几千年的文明史铸就了中国人民的民族品格和民族精神"这样的观点，但不少人忽视了"几千年的文明史是我们民族伦理道德的重要文化资源，具

有强大的德育功能"，甚至对这样的观点持否定态度。我们倡导的爱国主义、集体主义、社会主义教育，倡导的富强、民主、文明、和谐，倡导的自由、平等、公正、法治，倡导的爱国、敬业、诚信、友善等，都可以从中华传统文化宝库中追根溯源。立足基本国情，继承和发扬中华传统文化，加强道德建设，发挥传统文化的德育功能刻不容缓。

（二）中华传统文化寓于中学一体化德育管理模式受到严峻挑战

常规的学校一体化德育管理模式很容易停留在宣传说教的表面，而对各类德育资源的整合不足，加之中华传统文化的德育功能受到质疑，与一体化德育管理模式的融合受到严峻的挑战。中学生道德素养的培育和提升应以深厚的德育文化为基础，借鉴优秀的德育资源，在与我国中学教育实际相适应的背景下加以创造性改造和发挥，创新一体化德育管理模式，这是中华传统文化与一体化德育管理模式相融合的根本价值所在。

（三）中华传统文化受到外来文化冲击

我国正处在实现中华民族伟大复兴的历史时期，各种不良思潮打着"学术"的旗号持续冲击广大涉世未深的中学生，校园安全稳定工作面临着许多新的挑战，中华传统文化和中学一体化德育管理模式受到严重冲击，在经济全球化和文化多样化的背景下，面临道德资源严重不足的困境。吸收中华传统文化精华，避免或限制现代化、多样化带来的消极效应，践行社会主义核心价值体系成为树立正确民族道德观念和价值观念的根本保证。

（四）当代中学生理想信念模糊和价值取向多元化

随着文化多元化的推进，社会矛盾和各类不良现象不可避免地产生，广大中学生涉世未深，容易出现理想信念模糊、道德意识淡薄和价值观念扭曲等问题，中学一体化德育管理模式面临严峻挑战。相当一部分学生，由于家庭教育、成长环境和社会影响等原因，以自我为中心意识严重，缺乏社会责任感，校园中不文明现象增多，诚信履约意识淡薄，毕业后将这些问题带入社会，造成更大范围的影响，必须引起高度重视。

二、中华传统文化寓于一体化德育管理模式中的意义

中华传统文化是学校德育工作宝贵的精神资源，积淀着中华民族最根本的精神追求。遵循当代中学生身心成长的规律，对中华传统文化进行有机整合，挖掘千百年来蕴含在其中的德育价值，使之与学校德育工作有机结合起来，对推动创新型人才培养，提升立德树人实践成效将会起到有力的作用。

中华传统文化是中华民族文明演化进程中汇集成的反映民族特质和精神风貌的优秀民族文化，是中华民族发展史上各种思想文化、风土人情、传统习俗、生活方式、文学艺术、价值观念等的总体表现。中华文明源远流长，是举世公认的世界上最古老的文明之一，也是世界上持续时间最长的文明之一。在上下五千年发展历程中，中华传统文化是中华民族的灵魂，推动着历史不断前进，也是高校德育工作宝贵的精神资源，对学生优良品质的培养有着积极的现实意义。当前，有关"中国梦"的系列讨论和思考成为社会热点，已牢牢扎根于广大人民群众心中，但实现"中国梦"的道路是曲折和充满艰辛的。当今时代，政治经济高速发展，但是矛盾并没有完全消除，广大人民的需求和现实生活中的不协调因素还有很多，要梦想成真，离不开全社会、全体人民共同努力。将中华传统文化寓于一体化德育管理模式中，将极大地拓展学校德育发展的空间，有效促使中学生传承中华民族优秀的人格品质，树立正确的世界观，开启宝贵的智慧和创新精神，培育优秀的文化品格和道德素质，为投身社会主义现代化建设更好地贡献自己的力量。

三、将中华传统文化寓于中学一体化德育管理模式的建议

中学一体化德育管理模式是学生思想道德建设的基础工程，中学生的思想道德品质直接关系到国家的前途和命运。习近平深刻指出："中华传统文化是中华民族的突出优势，是我们最深厚的文化软实力。"博大精深的中华传统文化内容丰富、体系恢宏，其基本精神和思想旨趣融贯百家、一脉相延，伴随着民族复兴进程的纵深推进，人们逐渐深刻地认识到中华传统文化的时代价值。在当今社会发展进程中，中学一体化德育管理模式面临着许多新的现实问题，要妥善解决思想道德问题，不能企盼外来思潮或仅依靠空洞的说教，只有传承和发扬中华传统文化，复兴中华文明，才能在强国如林的当今时代做好中学一体化德育管理模式，从根本上教育引导广大中学生，把中国建设成经济强国、文明之邦。

（一）承认其深厚的德育价值，与日常思想政治教育工作相结合

各中学结合现有课程，都在开展"中国梦"宣传教育，开展中国特色社会主义宣传教育，开展社会主义核心价值观宣传教育，开展创新型人才培养宣传教育，但教育形式主要以课堂讲授为主，教育内容基本离不开教科书，常停留在完成教学任务阶段，忽视了与实践的结合，更忽视了与中华传统文化的有机融合。中华传统文化首推《周易》，它是中国传统思想文化中自然哲学与人文实践的理论根源，是古代汉民族思想、智慧的结晶，被誉为"大

道之源"。内容极其丰富，以最简单的原理说明宇宙的来源、万物的始生及人类社会的进化法则，对中国几千年来的政治、经济、文化等各个领域都产生了极其深刻的影响，其精华部分在过去、现在以至将来都会在人们的生活中发挥很大的作用。当前中学教育所提倡的培养中学生的创新精神，便是源自《周易》的真义和精神。中华传统文化中的爱国主义思想对当代中学生人生价值的选择也是很好的教材，如屈原、李商隐、杜甫、白居易、岳飞、文天祥、苏轼、陆游等留下的千古绝句后世永存。广大中学生从优秀的传统文化中既能吸取知识，更能陶冶高尚的情操，激励他们树立正确的人生观和价值观，一展抱负。

（二）深入发掘传统文化中的德育价值，以传统艺术升华学生气质

中华传统文化凝聚着古人崇高的审美理想和新颖的审美情趣，中华民族的爱国爱民、艰苦奋斗、诚实守信、勤劳节俭、谦虚礼貌、尊老爱幼等传统美德，在当今仍有很强的现实意义。中华传统文化中包含有知行合一的观点，自强不息的奋斗精神；有爱国主义精神，重视人的精神生活；有团结互助、尊老爱幼的伦理规范；有追求真理、勇于奉献的精神品质。传统文化中的"富贵不能淫，贫贱不能移，威武不能屈"所描述的坚定不移的信念和操守、"天行健，君子以自强不息"的坚强意志、"海纳百川，有容乃大"的广阔胸襟等，会对学生产生潜移默化的德育作用，激励学生提升涵养，做文明诚信、爱国守法的现代人。中华传统文化承载历史、传承文明，蕴含中华民族的传统美德和民族精神。将其与中学一体化德育管理模式有机融合，必须要理清当代中学生的认知规律和身心发展特点，挖掘中华传统文化中的德育价值，让学生在传统文化的熏陶下勤劳奋进，努力做到文化知识基础扎实，举止行为端庄优雅，言行修养文明礼貌，从而终身受益无穷。

同时，艺术活动对净化人的心灵、促进人们身心全面健康发展起着重要的补足作用，中学应高度重视，提高活动开展的针对性，加速德育内化过程。具体说来，可依托重要传统假日，结合艺术活动的开展，促进一体化德育管理模式的推进。中国有各种各样的传统节日，有各种礼仪规范和民族习俗，仅汉民族传统节日便将近50个。春节、元宵节、清明节、端午节、七夕节、中秋节、重阳节、冬至节、腊八节、小年、除夕等对全国人民来说都是十分重要的传统节日。中学应点面结合，充分利用中华传统文化资源，有序开展各类艺术活动，使学生在愉悦的艺术体验中净化心灵，汲取知识，培养蓬勃向上、勇于实践的自强精神和坚定不移、积极进取的自信品质，达到"以艺育德"的目标。近年来，各中学都广泛开展"传统艺术进校园"活动，将京

剧、昆曲、书法、服饰、绘画、古典音乐等引进到校园文化活动中，成为介绍和传播中华传统文化的重要手段，让学生置身于高品位的精神文化氛围中，较好地树立了自信、陶冶了情操，对促进学生身心健康和全面发展起到了较好的作用。

（三）有效解决"内忧"和"外患"

党的十八大报告指出："文化是民族的血脉，是人民的精神家园，要建设中华传统文化承传体系，弘扬时代新风。"中华传统文化源远流长、博大精深，是中华民族的精神支柱、民族之魂，是发展社会主义先进文化的深厚基础、建设中华民族共有精神家园的重要支撑。随着当今社会的发展，文化的竞争已成为国家间软实力的较量，并将在未来构架国家综合实力方面起到更大、更强的作用。近年来，我国传统文化受到来自外部文化的影响和自身传承方面的部分流失双重挑战，使中华传统文化与中学一体化德育管理模式的融合阻碍重重。

1. 部分国家对我国传统文化的影响

当今社会，文化软实力较量成为国与国竞争的重要形式，其复杂态势与日俱增。随着改革开放的推进，国外不少思潮和习俗涌入中国，在有效促进我国政治、经济、文化快速发展的同时，也出现了一些负面因素。各类"洋节"热潮不断，快餐文化盛行，日本卡通动漫、美国电影、韩国电视剧、海外综艺娱乐节目等外国文化产品大量引进，部分受众潜移默化地接受了他们的思想行为和价值观念，却对潜藏在文化商业市场中的巨大文化危机浑然不觉。

2. 传统文化传承中的"内忧"问题

我国有丰富的传统文化，不少外国人都觉得不可思议而"眼红"，但我们却没有进行很好的保护和利用，加之缺乏人力资本、文化产业界限不明和文化产业观念落后等原因，使我们缺少将宝贵资源优势转变为经济优势的能力。

针对以上"外患"和"内忧"，将中华传统文化寓于中学一体化德育管理模式，必须要转变思想观念，逐步认识中华传统文化教育的重要意义，正确处理好保护与发展、开发与利用、传承与引进、中央与地方、全局与局部、当前与今后的协调关系；要将中学生的传统文化教育与校园文化建设、课堂教学紧密结合，采取各种措施，促使中学生将对传统文化的兴趣与自身发展需求自觉结合，真正做到文化自信。

（四）着力培养学生的社会责任意识

中华文明在世界文明史上独一无二，中学要创造条件，发挥学生的主体作用，以中华传统文化中自强不息的观念引导广大中学生正确面对生活中的挑战，使中学生充分认识中华传统文化，感受中华文明的独特魅力，激发他们的爱国热情，勇于承担社会责任，自强不息，锐意进取，以艰苦奋斗的拼搏精神始终不屈不挠，树立正确的人生观、世界观和价值观，为成为社会主义现代化的合格建设者和可靠接班人奠定良好的基础。

（五）加强课程建设和改革力度，将中华传统文化更好地寓于德育课堂

除常规的思政课之外，中学应开设专门的传统文化课程，充分发挥中华传统文化的价值观引导作用，并注意与思政课教学的有机融合，营造形式多样、内涵丰富的教学环境，于无形中起到德育教化的作用。同时，要加强传统文化教育师资队伍建设，充分发挥教师的模范引领作用。任课教师要对中华传统文化有独到的见解，自身素质过硬，并且要具备较高的思想道德水平，爱国爱党，诚实守信，敬业爱生，自觉地表现出较高的文化素养和高尚的人格魅力，做好中学生的思想引领。此外，要重视中学学生社团建设工作，加强对学生社团的指导，充分发挥学生的创新意识，定期不定期开展独具特色的传统文化活动，让学生亲身参与其中，体会中华传统文化的独特魅力，培养他们的审美情趣，增强民族自豪感。

总而言之，学校教育，育人为本；德智体美，德育为先。学校教育的根本任务是立德树人，从现实意义方面来看，就是要让中华民族崇真、向善的精神在广大中学生中传承，充分依靠他们学识丰富、生命力强的优势，为社会主义现代化建设更好地贡献自己的力量，促成美好"中国梦"的顺利实现。中华传统文化具有鲜明的民族特色，历史悠久，内涵博大精深，传统优良，弘扬中华传统文化根本目的在于振奋我们的民族精神，增强民族自豪感和民族责任感，提高民族自尊心和民族自信心。中学是传承创新中华传统文化的重要场所，是国家精神文明和文化软实力建设的重要阵地，是创新型人才培养的根本依托。要顺应当前复杂多变的形势，以中华传统文化的独特魅力和德育功能为切入点，选取对中华民族宝贵精神的形成和发展产生过重要作用，并在目前和今后的现实生活中仍然包含着积极因素的中华传统文化为研究对象，使之寓于中学一体化德育管理模式，提高一体化德育管理模式的科学性和有效性，这是中学有效开展立德树人实践的内在要求，也是中学有力提升一体化德育管理模式成效、助推社会主义文化强国建设的根本要求和必然选择。

四、一体化中学德育管理下的文化育人推进策略

（一）一体化中学德育管理下的班级文化育人

"班级文化"是指班级全体成员或部分成员习得且共同具有的思想观念和行为方式。班级文化是班级成员共同创造的群体文化，寄托着他们共同的理想和追求，体现着他们共同的心理意识、价值观念和文化习性。一个班级一旦形成了一种文化，就必然会在文化与产生这种文化的环境之间存在一个相互作用的范围——"班级文化场"。在同一班级文化场中，师生的知识、技能、思想、道德、行为都是互相影响、互相交融、互相激励、互相渗透的，有利于形成正确的学习态度，良好的学习习惯和统一的、科学的价值判断标准及伦理道德规范。

1. 营造优质教室环境，发挥班级文化的熏陶功能

教室的卫生状况和班容班貌的建设，构成了班级文化的特殊氛围。教室是学生学习的主要空间，是学生生活时间较长、影响较大的一种环境，良好的班级环境、高雅的班级文化是一部立体的、多彩的、富有吸引力和约束力的教科书。这就要求教室的环境必须达到以下两点。

（1）窗明几净、干净整洁的教室环境是班级文化的基础。一个班级好不好，首先是看这个班级的卫生怎样做，正所谓"一屋不扫何以扫天下"，要求全体成员每天坚持轮流卫生扫除，同时要求全体成员有公德心和文明行为，禁止乱丢乱放，要像爱护自己的脸面一样爱护教室的整洁。久而久之，学生们逐步感到了自己在保护环境中的重要性。这不仅是一个环保意识的培育过程，更是一个提高学生文明修养的过程。

（2）独具创意的教室环境是班级文化的重要组成。学生是班级的主人，班级是学生的班级，班主任应带领学生用自己的聪明和双手布置教室，要把教育的意向、教育的目标等通过具体物化的环境设计和布置充分表现出来，达到在班级文化建设中教育人、培养人和熏陶人的目的。

2. 建立规范有序的管理机制，发挥班级文化的制约功能

"无规矩则不能成方圆"，培养优良的班集体必须从常规管理入手。首先，班主任要向学生说明常规管理的作用和意义，使学生明白在校该做什么，在班该怎样做，要求学生从点滴做起，从小事做起，逐步培养学生的规范意识。其次，落实班级工作岗位责任制，使班级常规工作有人负责，并通过班委会的定期检查和比较，及时地总结存在问题，提出改正意见，并监督其改正，以此逐步规范学生的行为。在管理过程中，班主任要始终坚持以表扬、鼓励

为主的指导思想，使犯错的学生能在师生的热情帮助下自觉地改正缺点。让学生学会自我约束，自我教育，并逐步内化成为自主自觉的行为。德性的班规是学生自由发展的底线，在合理规范的基础上，实现学生的自由发展，是班规的终极目标。班主任应在研究学生心理和行为的基础上，采用非强制性方式，在学生心目中产生一种潜在的说服力，从而把班集体意志变成学生自觉行为的管理思想和管理方法，在管理中始终充满着互相尊重、理解、信任、奉献等人文精神。

3. 培养优良的班风，发挥班级文化的教育功能

学生从入学开始就生活在班集体中，优秀的班集体有一种良好的班风，是教育人的一种手段，也是自我教育的一种氛围，这是班主任老师和全体同学共同努力所形成的。良好的班风主要表现为一致的舆论和积极向上、团结友爱、关心集体、朝气蓬勃、拼搏进取的精神，对学生产生潜移默化的影响，能催人奋进，促使学生努力进取，使他们学会学习，善于学习，也有利于培养他们适应社会、适应环境的能力。同时，班主任要努力打造班级学习文化，形成良好的学风。使学生从"要我学"到"我要学""我会学"，激发同学们的进取心。

在优秀班风的影响下，在文化气息浓郁的氛围中，学生学习积极性就高，学习就刻苦，学习成绩就好，相应地也养成了努力学习、谦逊好问的习惯，积极进取，善于思考，大胆创新，勤俭节约，互相帮助的性格和庄重整洁、朝气蓬勃的学子风度。学生在班级文化的熏陶下，养成良好的形象和学习生活习惯，对建设班级文化场也具有推动作用。

4. 优化人际关系，发挥班级文化的凝聚功能

人际关系，一般是指人与人之间的社会关系和心理关系，在人们相互交往过程中所形成的比较稳定而又持久的关系。班级人际关系主要包括教师与学生之间的关系和学生与学生之间的关系。班主任是一个班级的领导者、组织者、管理者及服务者，是班级的形象象征，一个优秀的班主任要有高尚的师德和美好的人格、渊博的知识和高超的教学艺术，富有创新知识，善于沟通交流，衣着大方得体，言谈举止文明。教师要热爱学生，尊重学生，做学生的知心朋友，善待每一位学生的过错，用放大镜去发现学生身上的闪光点，以发展的目标看待学生，还要敢于承认错误，以理服人，取信于人，同时要求学生尊敬老师，勤学守纪，在此基础上，才能建立和谐的师生关系，出现乐教乐学的生动画面。老师要有目地引导同学克服嫉妒、自卑、自傲、自私等不良心理，提倡同学之间团结友爱，相互尊重，相互帮助，相互督促，共同提高，引导学生建立宽松健康的人际关系，凝聚班集体的向心力。

5. 精心开展班级活动，发挥班级文化的激励功能

喜爱活动是学生的天性，成功的班级活动往往在学生的记忆中留下难以磨灭的印象，它对学生来说，既可以拓宽视野、获取信息、丰富学生的精神，又使学生从中获得满足和展示，更能得到锻炼和提高，使学生学会交往，学会做人，形成良好的个性。对班主任来说，既可以发现平时难以发现的某些学生的长处，又可以培养学生的集体主义精神，更重要的是能获得教育的良机，取得良好的教育成效，如刚组建班集体时，学生有相互了解、寻找新朋友的需要，班主任可以组织一些类似"向你介绍我""难忘的军训"等主题班会；班委会竞选、班级布置等班务活动；班级优秀学生介绍学习经验、"互帮互助同进步"的手拉手结对子；还可以组织"班级夏令营"联谊活动。使同学之间加强了解，在交往中培养起健康的、丰富的感情，学会处理各种人际关系，更重要的是大家会发现自己所在的班级是一个充满活力、生机勃勃的集体，增强了集体荣誉感。班主任还应通过各种活动，使学生发展兴趣爱好，发挥特长，并在各种创造性活动中挖掘学生个体的潜在能力，使其充分认识自我，体验成功，增强自信心，如组建体育兴趣小组、书画歌舞兴趣小组，还可以开展读书比赛、知识竞赛、主题演讲、文艺晚会、体育比赛等。通过一系列文化活动的开展，让学生在紧张的学习之余，有丰富的课余文化生活，陶冶学生的情操，提高学生的精神境界、文化素养和审美能力。

充满朝气的班级文化氛围，能使学生的心灵得到净化，心态得到改善，情操得到陶冶，视野得到拓宽，品位得到提升。因此，加强班级文化建设，努力营造积极、健康向上的班级文化，已成为班主任提高班级管理水平和促进学生发展的一个重要举措。

（二）一体化中学德育管理下的学校文化育人

1. 价值引导

文化的意义在于价值引导。理念价值，如办学理念、校训等，是学校文化的核心和精髓，决定着学生的发展方向，左右着学生的价值判断、思维方式和行为习惯，是每一个学生深层次的精神追求和应严格遵循的行为准则；引导学生找寻自己的精神家园，形成正确的人生观、世界观和价值观，会对其产生终身的影响。办学理念是学校的主导性理念，是对办学中的基本问题的理性认识、价值判断和理想追求，具有很强的实践指导性。例如，南开中学校长张伯苓提出了"公能"办学理念，强调"公能"育人，指出：唯"公"才能化私化散，爱护团体，有为公牺牲之精神；唯"能"才能去愚去弱，团结合作，有为公服务之能力。办学理念要求先进、简明，关键在于真实。这就要求，学校要把办学理念有机渗透到学校教育的方方面面，真正落实到学校的办学细节和师生的日常行为之中。南开中学之所以成功地为国家培养出一大批栋梁之材，端赖其"公能"理念的正确先进和其实践的全面深入。校训则是一所学校的"精神之气"和"育人之纲"，是学校文化精神的凝练，是师生立身处世的指引，亦是价值信念的传承。对校训概念的一种解释为："学校为训育上之便利，选若干德目制成匾额，悬之校中公见之地""其目的在使个人随时注意而实践之"。好的校训既体现学校特点，也契合教育理念，它给学生以深刻的印象，甚至会影响其一生，如南通中学的"诚恒"、常州高级中学的"存诚、能贱"等。作为文化育人的一种独特方式和手段，应将校训教育落实到学校教育的全过程，把校训精神日常化和具体化。学校应将校训精神转化并细化为学生的品行、能力等方面的要求，并与学生的综合素质评价挂钩，切实发挥评价的导向作用。

2. 环境熏陶

校园环境是重要的隐性课程，蕴含着丰富的教育资源，具有重要的教育价值。为培养全面和谐发展的人，我们应着眼于教育，积极主动为学生创设一个有利于其身心发展的校园环境，并赋予其丰富的文化内涵，让校园处处成为育人的场所。中小学校园的建筑设施不应追求高端豪华、博人眼球，而重在安全健康、温馨舒适，尤其要体现其内在的教育导向、文化意蕴。我们力求创设一个富有教育寓意的学校环境，让校园内的一草一木、一砖一瓦都体现教育的引导和熏陶，让每一面墙壁都"说话"、让每一寸土地都育人。因为"孩子在他周围——学校走廊的墙壁上、教室里、活动室里——经常看到的一切，对于他精神面貌的形成具有重大的意义。这里的任何东西不应当是随便安排的，孩子周围的环境应当对他有所诱导，有所启示"。从文化育人的高度来审视，即使校园里的树木也不是随意种植的，而是应该被赋予文化内涵，如松柏的精神、竹子的风格，苦楝树寓意苦练、槐树寓意胸怀、桉树有随遇而安之意、枫树有君子之风等，学生走在林荫道上也能深受陶冶。

学校是读书学习的地方，应散发出浓郁的书香气息。"一种热爱书、尊重书、崇拜书的气氛，乃是学校和教育工作的实质所在。"一所学校如果什么都齐全，但唯独缺少书，或者大家不喜欢读书，就很难称得上是一所真正的学校。师生如果不经常置身于书的海洋，那么其精神生活将是贫乏的，后果也将是十分可怕的。雅斯贝尔斯曾说过，教育过程首先是一个精神成长过程。苏霍姆林斯基也认为，教育在广义上说，就是师生在精神上不断丰富、不断更新的过程。一个人的精神发育史就是他的阅读史，而经典阅读显得尤为重要。经典阅读能获得先贤哲人的思想精髓，汲取人类历史上的文化精华，提升自我的人生境界，修炼谦逊高尚的人生品格。要大力推进书香校园建设，鼓励学生多读书、读好书，与经典相伴、与大师为伍，使学生拥有丰富的内心、优秀的精神和高贵的灵魂。

3. 风气驱使

古人云："蓬生麻中，不扶自直""入芝兰之室，久而自芳"。同样，办学办的是"氛围"，育人靠的是"风气"。基于从众心理效应，学校风气能形成引导全体学生积极向上、共同进步的巨大精神力量。校风是一所学校所特有的占主导地位的行为习惯和群体风尚，体现为一种独特的心理环境，它稳定而具有导向性。在一所学校里，校风的力量最大、影响最广，它对于学校生活的影响可以说无微不至。学生置身其中，会在不知不觉中受到感染和影响，从而表现出与学校倡导的大多数人相一致的观念或行为，这便是所谓的"风化"。陶行知认为，现在青年人不肯努力求学是由于学校里缺乏学问上熏染和督促的力量。在学校里，熏染和督促两种力量比较起来，尤以熏染为更重要。因为"好学是传染的，一人好学，可以带动许多人好学"。因此，学校里最要紧的是要养成良好的校风，驱使全校学生于不知不觉中随之亦好，引导学生求真、向善、臻美和创新。教师是良好校风的塑造者和维护者，应做到积学和热心，以自己的人格魅力和学术魅力去影响和感染学生。"教师具有一个双重的作用：他以自己的人格和个性激起学生的热情，同时创造具有更广泛的知识和更坚定的目的的环境。"身教重于言教，正所谓："学校犹水也，师生犹鱼也，其行动犹游泳也，大鱼前导，小鱼尾随，是从游也，从游既久，其濡染观摩之效，自不求而至，不为而成。"学生是良好校风的建设者和受益者，要有良好的校风须有良好的班风，而良好的班风离不开班级文化建设。班级文化建设应凸显学生的主体作用，如鼓励学生自主设计班名、班训、班级口号、班级公约、班徽、班歌等，并关注其背后的价值追求。学校还要通过检查、评比和展示，促使班级文化内化于心、外化于行，弘扬新风尚，激发正能量，增强凝聚力。

4. 意义赋予

学校文化是师生共同分享的意义世界。象征性活动是学校文化的重要表现形式，学校的期望、肯定、支持、否定、惩罚等态度都可以通过象征性活动来表达。仪典、故事、英雄等都是学校的重要象征因素，象征性活动的开展就是意义生成和意义赋予的过程。任何仪式和典礼都是有目的的活动，为学校的日常运作赋予更深层次的意义和价值，让每个人都有机会思考什么是重要的，使普通的经历成为不普通的事件，对参与者产生积极正向和潜移默化的影响。开学和毕业是学校生活的重要节点，它见证着学生的成长、进步和友情。学校应高度重视开学和毕业仪典，鼓励学生积极参与仪典活动设计，赋予其丰富的教育内涵，使学校文化得以充分展现，给学生留下刻骨铭心的学校印记。"以塑造文化为宗旨的交流方式，其最高级的形式就是讲故事。"文化中最有生命力的内容就是故事，讲述生动的学校故事，传递深刻的价值理念，说者娓娓道来，听者回味无穷。以故事来诉说和传播文化，是一种很好的学校文化建设方式。故事中有价值观念，还有真情实感和具体情节，这些都比抽象的概念更能深入人心。因此，学校应注重发掘并传播生动的学校故事，让故事温暖学生的心灵，彰明学校的价值，烛照学校的精神。英雄是组织文化的构成要素之一，没有楷模人物的学校文化是不完备的，也是难以被传播和传递的。学校英雄是学校价值观的积极践行者，对内提供角色榜样，对外代表学校形象，并设定了激励学校成员去努力达到的标准。"如果不经常目睹伟大崇高，道德教育便无从谈起。"因此，学校应发动师生挖掘各个领域的学校英雄，并利用多种形式塑造学校英雄，充分发挥模范人物的榜样作用，实现少数影响多数、个别带动一般，尤其要善于发现每个学生的闪光点，让每个学生都成为身边的榜样。

5. 网络优化

随着互联网应用的普及深入，它在给人们的学习、工作和生活带来极大便利的同时，也给中小学常态的德育工作带来极其严峻的挑战。它对尚不具备判断力和自制力的青少年，在身心健康发育和成长方面，可能产生极其不利的影响。我们应该清醒地认识到：网络平台不仅是一个技术平台，而且是一个思想阵地和育人场所。学校要加强网络安全和网络法规的普及教育，通过典型案例的剖析使学生认识到网络应用不当的危害性，增强网络安全隐患的防范能力，自觉筑牢网络安全防火墙。教师应利用信息技术课程教会学生分辨网上有害信息的知识技能，提升其网络素养，增强自身的"抵抗力"。《中小学德育工作指南》指出，学校要积极建设校园绿色网络，开发网络德育资源，利用网络平台开展主题班（队）会、夏（冬）令营等活动，引导学生学会合理使用网络，避免沉溺于网络游戏，营造清朗的校园网络空间。学校要发挥校园网的网络文化主阵地作用，积极开发网络文化资源，注重扩充知识信息，提升思想内涵，增强参与互动，升级服务功能，彰显其吸引力和感染力，可设立"网上校史馆""菁菁校园""学科天地""世界名校"等学生喜爱的栏目。

6. 创新取胜

学校要从学生关心的校园生活切入，抓住开学季、毕业季、儿童节、成人仪式等重要时间节点，发动学生利用自身特长和所学知识，积极创作网络文章、微电影、微视频等多种表现形式的优秀网络文化作品，并通过学校官网、"双微"平台等进行宣传报道，以学生乐于接受的方式传播网络"正能量"，唱响网上思想文化的主旋律，在潜移默化中引导学生树立正确的价值观念和理想信念。

第四章　中学文化德育校本课程的研发

第一节　传统文化中德育校本课程的育人价值及传统文化德育资源

一、传统文化中德育校本课程的育人价值

（一）传统文化中校本课程能够培养中学生强烈的爱国主义精神

中华传统文化中关于爱国的实例比比皆是。"天下兴亡，匹夫有责""先天下之忧而忧，后天下之乐而乐""为中华之崛起而读书"……无数先辈和前人用他们的行动教育中学生何为爱国、何为忠诚。校本课程中融入中华民族传统文化，对于培养中学生爱国主义精神具有非常重要的意义，能让中学生充分了解到爱国的内涵，树立为国家和民族奋斗不止、自强不息的志向，将中华传统文化发扬光大。

此外，有利于传承历史发扬光大中华民族精神。西方一些敌对势力不仅在政治上、军事上、经济上妄想扼杀中国，更寄希望于用"文化"来统治中国，因此加强传统文化中校本课程的建设有利于中学生抵制"西化"和"非中国化"。中华民族传统美德是历史的沉淀，更是一笔宝贵的精神财富。作为四大文明古国，中华民族传统美德自然打上了"中国"这一深深的烙印，这也正是中华民族生生不息，薪火相传的历史原因，因此作为炎黄子孙，继承祖先的历史，保持民族精神，并为中华民族的强盛而努力就责无旁贷，筑起中华民族精神长城，让中华民族永远屹立在世界的前方，加强中华传统美德教育就显得更为迫切。教育是人类文化产生发展的生命机制，中华民族传统美德教育是"中华之根"和"中华魂"的教育，是"血统"与"传统"的整合。

（二）传统文化中校本课程能够培养中学生高尚的素质

高尚的道德修养和素质是教育的重要目标之一。中学生思想价值观还不成熟，中学德育教育是培养中学生正确价值观和高尚素质的重要课程，将中

华传统文化应用到校本课程中，将二者有机地结合起来，能够有效地培养具有高尚素质的中学生。在德育课上充分向学生传递优秀的传统文化，利用经典的传统故事启发学生，能够不断培养中学生的高尚素质和修养，避免中学生误入歧途，形成错误的思想价值观。

同时，有利于加强对学生德育教育的效果。空洞的说教和枯燥的理论对于中学生来说没有实在效果，因此要加强传统文化中校本课程的建设，必须符合中学生的身心特点，必须加强有效性、针对性，增加生动可感性。中华美德教育的一些名人格言、真实生动的故事、家喻户晓的典故对中学生来说更易于接受，更便于效仿，更具有说服力。

（三）传统文化中校本课程能够培养中学生良好的道德品质

中华传统文化中所谓的"仁"，是以孔孟为代表的儒家思想的理念，是一种含义极广的道德观念，其核心是指人与人之间的相亲相爱。孔子把"仁"作为人生道德的最高境界，《论语》出现了一些重要的道德范畴和术语，如"克己复礼为仁""见贤思齐，见不贤而内自省""为政以德""仁者爱人""己所不欲勿施于人"。孟子的《鱼我所欲也》讲的是古代道德文化，指出知礼义，懂廉耻，方能舍生取义，有礼义的人对义看得比生命更宝贵。方苞《左忠毅公逸事》表现了左公识才、惜才的识见和为国选才的品德以及一心为国、临危不惧的精神，将国家、民族利益置于个人生死、荣辱之上以及始终不忘师恩和遵循恩师教诲的尊师重道的传统美德。"仁"是中华民族传统美德的精髓。在中国社会长期的历史发展进程中，长期作为官方意识形态的儒家思想成为中国封建社会的统治根本，对中国文化产生了广泛而深刻的影响。儒家学派成为中华传统文化上的思想主流，逐渐形成了一系列以"仁"为核心理念的文化素养。中华传统文化崇尚"以和为贵"的思想，对于社会各界构建和谐的人际关系有积极的推动作用。"和"同时也是儒家经典文化中的重要内容。《中庸》说："中也者，天下之大本也；和也者，天下之达道也。"《论语》中涉及"和"的概念达到100多处，而且强调"礼之用，和为贵"。老子的《道德经》第二十五章中有"人法地，地法天，天法道，道法自然"的天人合一说。道家推崇的"无为"，儒家追求的"大同"等思想，无一不在追求"自然的和谐""人际关系的和谐""人与社会的和谐"，实现社会的和谐稳定，这种思想构成了社会上"普遍和谐"的观点。今天，这种思想对社会成员形成互相尊重、互相宽容的和谐精神，持续推进和谐社会的建设，依然具有重要的影响和启示意义。

中国以"孝"作为中华民族道德精神的一个象征，并建立了中国的哲学体系。《论语》中说："其为人孝悌，而好犯上者，鲜矣；不好犯上，而好作乱者，未之有也。君子务本，本立而道生；孝悌也者，其为仁之本与。"《孟子·梁惠王上》中说："老吾老，以及人之老；幼吾幼，以及人之幼。"2000余年守孝悌精神的无限传承，使"仁"作为儒家思想的核心内涵，时时刻刻体现在对国家、对社会、对人类的博爱之上。它的思想内容在中国历史上传承几千年，它的思维方式为历朝历代文人所继承，它的价值取向成为中华民族的道德风尚。

（四）传统文化中校本课程有利于对中学生人生观的教育

《诗经·召南·采蘩》中写道："被之僮僮，夙夜在公。""夙夜在公"说明从早到晚，一直不事休息，忙于公事。《治安策》提出的"国耳忘家，公耳忘私"，林则徐的"苟利国家生死以，岂因祸福避趋之"，都说明了国家、公事在先，个人、家事在后的人生态度和道德取向。中国历代的仁人志士无一不把外在的道德标准化转为内在情感的自然流露，使道德和情欲的冲突得以融合消解，变成对自己的自觉要求，从而产生了一种"以天下为己任"的强烈的历史使命感与社会责任意识。文天祥"人生自古谁无死，留取丹心照汗青"的明志是古代进步知识分子最可贵的精神品质，也是中华民族的灵魂所在。一个人有了这种强烈的责任感和使命感，无论做什么事，都是出于对国家、民族利益的维护，从而不屈服于外在的压力，更不受客观条件的驱动。"道"是个体人格的外现，更为看重的是精神上的满足，所以外界毁誉对其影响有限。正是出于这种自觉的生命要求，才有"先天下之忧而忧，后天下之乐而乐"的范仲淹；有"眷顾楚国，系心怀王"，一心"存君兴国"的屈原；有提出"天下兴亡，匹夫有责"的顾炎武，这些正表现了在我国传统文化的熏陶下，在民族利益的大爱下，在传统人生观的渲染下的为人民的奉献精神，为国家的献身精神。传统人生观教育的内容就是要培养学生对国家和社会的责任感，勇于承担责任，自觉履行对国家和社会应尽的义务。爱国是传统文化的核心内容，我们应将这类教育作为中学传统文化教育的重中之重。

（五）传统文化中校本课程有利于对中学生价值观的教育

人类在漫长的文明进化史中，通过对社会生产生活的组织和不断的实践，形成了许多各具特色、自成系统的生命价值观，我们可以把这种价值观念分成个人价值和社会价值两大类。中国古代社会传统的价值观，获取功名荣禄与报效国家是相互联系的，并以此作为自己毕生奋斗的目标。这种通过报效国家实现个人价值的思想一直贯穿于中国整个历史进程中，有历史记载的事例不胜枚举。"天行健，君子以自强不息；地势坤，君子以厚德载物。"反映了中华民族自强不息、不断进取、刚健有为的民族精神。南宋抗金将领岳飞的《满江红》中"驾长车,踏破贺兰山阙。壮志饥餐胡虏肉,笑谈渴饮匈奴血。"把个人的荣辱与报效祖国、献身抗金和复国大业等紧紧联系起来,是何等的气势恢宏。在这种民族精神的感召下,构建了岳飞为国家、为民族、为人民奋斗终生、死而后已的理想信念。所谓"为天地立心,为生命立民,为往圣继绝学,为万世开太平""志士仁人,无求生以害仁,有杀身以成仁",无一不表现出中国古代优秀知识分子注重内心修养、坚守道德底线的高尚情怀。"富贵不能淫,贫贱不能移,威武不能屈,此之谓大丈夫也""士穷节乃见""君子固穷"等价值观念,成了中国古代仁人志士立身处世的准则,要求自己有气节的人,即便在艰难困苦的环境中,也要特别注意保持特行独立的品格操守。梁启超的《少年中国说》一文中写道:"故今日之责任,不在他人,而全在我少年,少年智则国智,少年富则国富,少年强则国强,少年独立则国独立,少年自由则国自由,少年进步则国进步,少年胜于欧洲,则国胜于欧洲,少年雄于地球则国雄于地球。"中学生正处在价值观形成的关键阶段,因此用中华传统文化培养他们形成正确的价值观,培养他们形成顽强拼搏的进取观,对中华民族的伟大复兴有着十分深远的意义。

二、中学德育校本课程中的传统文化德育资源

(一)中华传统文化蕴涵着"刚健有为,自强不息"的进取精神

"刚健有为,自强不息"是中华民族千百年来形成的民族精神,深藏于中华传统文化之中,是中华传统文化最基本的精神,是中国人的积极人生态度最集中的理论概括和价值提炼。《周易》中"天行健,君子以自强不息";孔子倡导"士不可以不弘毅,任重而道远";老子强调"知人者智,自知者明;胜人者有力,胜己者强;知足者富,强行者有志;不失其所者久,死而不亡者寿",都体现了中华民族积极进取、奋发向上、自强不息的精神。这种坚韧不拔的精神也是现代成功者必备的条件,对今天的大学生具有特别重要的意义。

(二)中华传统文化蕴涵着"国家兴亡,匹夫有责"的爱国情怀

在中华民族悠久的历史中,一直强调民族至上、国家为本的爱国主义精神和社会责任意识,倡导"天下为公""国而忘家,公而忘私"。这种爱国主义情怀是中华优秀传统文化中最可贵的精华,也是海内外炎黄子孙民族凝聚力的源泉。从孟子的"以天下为己任",到林则徐的"苟利国家生死以,岂因祸福避趋之";从范仲淹的"先天下之忧而忧,后天下之乐而乐",到

东林书院的"风声雨声读书声，声声入耳；家事国事天下事，事事关心"等，都是爱国主义精神的集中体现。深入挖掘这一资源，可以促使学生以前人为榜样，懂得爱国家、爱民族、爱人民是一个人的基本品德，从而自觉地以热爱祖国为荣，以危害祖国为耻。

（三）中华传统文化蕴涵着"和而不同，执两用中"的处事原则

"和"是中国传统文化的内在精神和显著特征，它的基本含义是和谐，主张"和为贵""天下一家""以和为贵""持中守和"等思想，一直是中国传统文化所追求的美好境界。孔子强调的"允执其中"告诉人们，"持中"就能"和"。"中和"观念已积淀成为中国人的一种心理定式和特有品格，并造就了中国人处世性格的鲜明特点。挖掘这些文化资源，既可以帮助学生以一颗平常心面对纷繁复杂的世界，又可以帮助学生在多元世界中学会包容和体谅。

（四）中华传统文化蕴涵着"厚德载物，仁者爱人"的宽厚之道

主张宽厚，推崇"仁爱"，是中国传统文化的重要思想。《周易》说"地势坤，君子以厚德载物"，老子讲"报怨以德""心底无私天地宽"，孟子提倡"爱人者，人恒爱之；敬人者，人恒敬之""老吾老以及人之老，幼吾幼以及人之幼"等都包含了理解、宽容、善待他人的精神。这种宽厚之道经过漫长的历史发展，已融入中国人的思想观念和性格情感，支配着人们的行为方式和价值取向，成为中国文化精神的重要内容。挖掘这一资源，对于大学生培养良好道德品质，协调各种人际关系有着积极的意义。

（五）中华传统文化蕴涵着"见利思义，坚守气节"的思想境界

中国传统文化鄙视只顾一己利益的行为，主张"见利思义""义然后取""不义而富且贵，于我如浮云"。在获取个人利益时，主张要考虑是否符合"取之有道"的原则，先义后利，义以为上，必要时"舍生取义"，不能为了物质利益而牺牲自己的道德人格。孔子主张"杀身成仁""三军可夺帅也，匹夫不可夺志也"，孟子强调"富贵不能淫、贫贱不能移、威武不能屈"，都是重视气节和人格的体现。千百年来，这种坚守气节、"士可杀不可辱"的浩然正气激励了一代又一代的中国人，造就了一批又一批的仁人志士，铸造了中华民族的脊梁。挖掘这一资源，对大学生树立科学的人生价值观，培养自尊自立的现代人格提供了有力保证。

（六）中华传统文化蕴涵着"以诚相待，言而有信"的优良品德

以诚相待，言而有信是中国人的道德信条和优良传统。以诚相待，言而

有信，敢于对自己的言行负责，这是一个人人格必备之义，也是人际交往的必要条件。人无诚信不立，家无诚信不和睦，业无诚信不兴旺，国无诚信不稳定，世无诚信不安定。古人说"人而不信，不知其可也""自古皆有死，民无信不立"。

（七）中华传统文化蕴涵着"慎独内省，见贤思齐"的修养方法

修身养性，重视人的道德修养是中国的优秀文化传统，而且形成了丰富的内容。儒家特别重视心理感化对道德修养的作用，认为加强道德修养的基本方法就是"慎独"和"内省"。"慎独"是指一人在独处，无人监督的情况下，仍能自觉地遵守道德操守。"内省"是指经常反省自己的言行，通过自觉的"省察"使自己日臻完善。一个人良好品德的形成，应该通过慎独内省、见贤思齐的修养方法，把道德由外在的约束转化为内心的自觉，把道德认识转化为道德实践，从而较好地解决知与行的问题。

第二节 传统文化中德育校本课程的设计要求和实施路径

一、以传统文化构建德育校本课程的设计要求

（一）德育目标的立体化

文化德育站在文化高度，遵循文化规律，运用文化方式，用优秀文化熏陶人，用时代内涵引领人，以实现立德树人的根本任务；坚持以学生发展为本，传承和弘扬优秀文化，夯实民族文化根基；注重优秀文化的引领，使学生主动、有效地吸收优秀文化，激发文化自觉，增强文化自信，树立文化追求，培育学生良好思想品德和健全人格。实施文化德育，是教育新发展的战略任务，是实现德育全局性、特色性、时代性发展的需要。

德育目标的立体化充分体现在以下两个方面。

1. 从传统到现代

不应局限在已有的传统文化中，而是通过持续的研究，萃取传统文化中的精华，并将其赋予现代意义，使其始终保有现代价值。

2. 从中国到世界

我们鼓励学生以开放的眼光来看待世界上的优秀成果。因此，在德育教育的内容、教育方法和实施路径上，我们借鉴了国内外优秀的成果，并为我

们所用。

（二）教育内容序列化

围绕德育目标，对德育内容体系进行研究，并秉承"遵循规律、分层递进、动态衔接"的原则细化、开发德育内容。具体而言，德育内容的序列化体现在以年级为单位的教育内容序列化以及德育课程序列化两方面。

1. 确定以年级为单位的序列化德育目标

真正有效和有意义的学习，必须建立在对学生需求的挖掘与满足基础上。在德育课程体系设计过程中，我们紧密围绕每个年龄段学生心理特点，有针对性地设计德育目标与内容。

例如，初一年级学生身体生长发育迅速、体力增强、精力旺盛、充满好奇，但越发显露出身心发展不够同步、不够协调。刚迈进青春期，理性思维发展有限，看问题偏于直观和感性，容易受外界影响。缺乏克服困难的勇气和毅力，依赖性强。我们确定了"发愤、乐学——树立正确苦乐观"这个教育主题，以知学、善学、乐学为学习重点，帮助初一学生克服困难，塑造良好学习与生活习惯。

2. 围绕年级德育目标开发系列化配套课程资源

在各年级德育目标确定的基础上，我们对各年级德育内容进一步完善与纳新，实现大主题不断完善、小目标不断细化。例如，针对初一年级"发愤乐学"大主题，设计了立志勤学、团结友爱的小目标。基于德育分目标，能够开发相应教材，并对教育特色活动进行设计。中华传统文化德育课程参考设计如表4-1所示。

表4-1 中华传统文化德育课程参考设计（初中阶段）

年级	教育目标	教材	重点与特色教育活动	资源利用与开发
初一年级	主题：发愤、乐学 分目标： （1）知学 （2）善学 （3）乐学	（1）弘扬中华传统文化系列讲座第二讲：发愤、乐学——树立正确苦乐观； （2）重点格言8条，古今中外榜样5个； （3）自编教材《五常新说》第五讲至第八讲； （4）自编教材《古文选编初中》第二单元4篇	（1）名人发愤乐学故事会； （2）家长榜样进课堂（寒假家长榜样采访）； （3）学哥学姐与我们"面对面"； （4）"自修课的自我管理"讨论会； （5）拿手学科学习方法交流，学生个人特长展示活动； （6）读书、读文学习交流，引进电视节目《百家讲坛》	（1）充分利用家长丰富资源，学习父辈奋斗乐学成功案例； （2）利用家长社会资源，开展参观考察活动； （3）开发高年级优秀学生与校友资源，开展同伴教育

续 表

年级	教育目标	教材	重点与特色教育活动	资源利用与开发
初二年级	主题：奋斗、自立 分目标： （1）确立奋斗人生； （2）学会自理自立； （3）做个男子汉、新淑女	（1）弘扬中华传统文化系列讲座第三讲：奋斗、自立——迈好青春第一步； （2）重点格言8条，古今中外英雄榜样6个； （3）自编教材《五常新说》第九讲至第十二讲； （4）自编教材《古文选编初中》第三单元3篇补充：《蒲留仙写书》	（1）《年级组给家长的信》《全体老师给学生的信》活动； （2）发动学生收集、整理、学习古今中外心中偶像，组建自强俱乐部； （3）青春期教育专家讲座（男女分开）； （4）14岁集体生日晚会； （5）校友交流报告会； （6）第一批共青团员入团仪式和志愿者服务小队活动	（1）每个班级发掘家长榜样； （2）挖掘社区资源； （3）本校资源：陈韵如老师身残志坚的自强之路
初三年级	主题：敬业、自强 分目标： （1）挖掘潜能添自信； （2）抵制诱惑促自律； （3）不留遗憾	（1）弘扬中华传统文化系列讲座第四讲：敬业、自强——做一个最好的"我"； （2）重点格言6条，古今中外及身边榜样6个； （3）《古文选编初中》第四单元4篇	（1）年级刊物《大道行思》编印与学习； （2）"人人都来寻找与交流心中的自强不息英雄"活动； （3）主题班会：细数我身边的好榜样； （4）"继续前进，努力做一个最好的自己"辅导报告； （5）参观访问； （6）开展"留下足迹珍惜母校、自律自强感恩母校"活动，隆重举办毕业典礼	（1）发掘社会资源，参观、学习、访问； （2）邀请自强不息模范人物做报告； （3）整合与利用学校自身资源

注：选自西南位育中学《中华传统文化德育课程》总框架。

在每一门课程或活动的设计过程中，精心进行了资源开发与利用，并从学生、家长、学校等角度设计了详细的评价体系，确保了序列化德育教育内容的实施与效果。

（三）教育方法主体化

在教育方法上，应该根据情感教育的特性，遵循以学生为主体的总体原则，探索教育方式，创设教育情境，创新德育教育方法。具体体现在以下两个方面。

1. 从灌输到对话

为了力求创设贴近学生真实生活的情境，我们对社会热点事件、热点话题和案例进行了收集、整理和筛选。在课堂上，从灌输转变为探讨，通过组织讨论、演讲、辩论等达成共识。例如，在《网络道德》这一课堂上，我们并没有一开始就讲解网络道德的理念，而是通过某些热点话题和案例，引发学生思考，并通过讨论什么是负责任的网络道德行为、不负责任将导致怎样的后果达成共识。

在德育课堂上，通过"大道行思""我思故我在""明德小语""思录园"等"无声课堂"的打造，不断增强学生辨别是非的能力，提升对道德两难问题的认识水平。

2. 从感悟到行动

第二个转变是从感悟转变到行动。我们认为价值观情感领域的教育必须要落实到行动上，为此设计了"城市探宝""我秀我精彩""离校仪式""走石子路"等实践体验活动，促进学生将道德认知深化为道德实践。通过"月主题"活动、"长假社会调研"等使学生在实践中提升对中华传统文化的认识。再如，关于感恩的话题，我们让学生感受到爱的氛围，倡导学生去创造爱，传递爱，如"读家信，写家信"的活动，既传递了感恩、知恩的情感，又体现了学生的报恩行为。

（四）教育途径一体化

德育理念要想在学生心中扎根，离不开课堂、学校和社会的共同努力。为了保证德育效果，学校在德育途径一体化方面可进行探索，形成课堂教育主线、课外实践主线、家校整合三线并举的有效德育实践途径。

1. 学科德育一体化

利用课堂教育阵地，力求做到德育必修课、选修课、拓展型课程及各学科课程全面渗透。以地理课为例，在初中阶段，德育渗透的目标包括：通过河流、山川、行政省级区域的学习，感受源远流长的人类文明和悠久的历史；通过人口、资源、环境等有关地理知识的学习，树立规则意识、自觉遵守并维护社会公共规范；通过对自然灾害及气候知识的学习，树立互帮互助，相互合作，对社会负责的责任意识等。

为了保证学科教育的全面渗透，我们对德育计划和教师评价制度进行了优化和设计，具体表现在以下三个方面。

（1）开学初，由各教研组列入学期计划，备课组定期进行德育备课，制订本学科中华传统文化课堂渗透的计划，整合各年级德育目标与教材内容，保证校本德育目标的落实。

（2）完善考核计划，在教研组、备课组考核评价中加入德育渗透内容完成情况的权重。

（3）总结，学期结束每位教师撰写教学中德育渗透的个案，由教导处和政教处联合开展优秀个案的评比表彰，并编撰收录在"德育园地"，这样有利于提炼好的经验和做法，并加以推广。

除渗透型课程外，在拓展型课程中，还开设了"中华文化经典诵读""中国古诗词""中国历史人物概述"等中华传统文化普及类课程，还有"百家姓"等特色微课程。在研究型课程中，学生可以进行多个课题的调研，使中华传统文化教育更具亲和力和实效性。

2. 德育教育实践活动的一体化

围绕德育的目标，对校内教育活动进行整合，并逐步打造出仪式教育、学生社团、自主探究性平台、领袖人才培养基地等八大德育教育实践平台，包括课内外结合的学生社团活动，培养学生领袖骨干群体系列活动，以需求为导向的拓展性校本课程，由月主题引领的校园文化活动系列，以提高问题意识为中心的探究性学习平台，高初中联动的第二外语选修课程，以辩论赛、课本剧、课前演讲为主线的口才训练活动，以社区与基地为主阵地的社会实践活动。

通过上述平台，着力打造一系列的实践活动。其中一些活动还能够建立品牌，如领袖人才培养基地，我们不仅为学优生提供了人文素养、社会责任、领导潜力等方面的课堂教育活动，还组织了系列化社会实践活动，在学生中及周边社区产生了广泛而积极的影响。

3. 家、校、社区联动一体化

注重对家长和社区资源的开发。组织好家长委员会和办好家长学校，让家长参与办学。学校通过家长委员会、家长学校，在学生家长中大力宣传中华民族传统美德的内容和古今人物事例。建立了家长榜样网络、专家讲师团、校友辅导员三支队伍，为学生开设传统美德系列讲座。通过召开家长与子女座谈会，让子女和家长围绕同一问题平等对话，倾心交谈，并要求每位家长在每学年做到"五个一"：参加一次传统美德教育专题家长会、与孩子谈一次心、给孩子写一封信、帮助孩子做一次社会调查、填一张教育反馈表。

（五）教育管理全员化

在教育管理上，基于"人人都应是德育工作者"，为此积极构建德育管理的全员化模式，并在以下四个方面进行探索。

1. 党、团、队一体化参与

我们利用组织优势，探索初中仪式教育活动，如"入团、入党审批会""清明节祭扫烈士陵园"以及"红五月歌会"等，力争使这些活动成为学校特色化和品牌化实践活动项目。

2. 年级组、班主任、教师共同参与

努力为教师提升德育工作水平提供条件，具体途径包括：一是以年级组、教研组为单位的每周德育备课活动；二是全校范围的每月德育工作论坛；三是学期的班会课、学科德育课大奖赛。

3. 社区资源参与

利用社区、社会资源，建立了"社会实践基地""志愿者服务基地""传统文化教育基地"三类基地，形成校外教育主线。

4. 学生自主管理参与

在德育活动中，充分赋予学生自主性，鼓励学生活动内容自己策划、活动流程自己组织、活动过程自己参与、活动效果自己评价，充分体现学生主体性。在学校层面，我们可以设立学生会维权部，年级设立学生自主管理委员会，作为学生自主管理的责任部门。

二、传统文化中德育校本课程的实施路径

（一）加强学科教学中中华传统美德教育的渗透

各学科深入挖掘教材，在备课中体现中华传统美德教育内容，对学生进行中华传统美德教育，重点学科为政治、历史、语文。

政治课上，教师讲授民族英雄文天祥、岳飞、林则徐的故事，以及毛泽东、周恩来、邓小平、刘少奇等老一辈无产阶级革命家的生平事迹；从灾难深重的半封建半殖民地的社会，到香港的回归和澳门回归；从钱学森、华罗庚、茅以升等科学家的科学救国，到身残志坚的张海迪、教师楷模施良方的光荣事迹……历史课、地理课上，教师可以利用有利的条件，讲授从历史上春秋战国、群雄争霸到秦始皇统一六国，修筑万里长城；从文成公主入藏到丝绸之路，向世界传播中国文化；从敦煌石窟到四大发明；从唐朝鼎盛到鸦片战争；从各民族大融合到唐朝鼎盛时期的版图；从八国联军侵略中国到抗日战争的烽火……当然，学科渗透必须保持本学科的完整性、独立性。渗透原则为"有了就渗透，没有不凑合"，忌穿靴戴帽。

（二）通过主题活动加强渗透

主题活动是中小学常用的德育方式，丰富多彩的主题活动可充分发挥学生的主动参与精神，主题活动的组织者往往以精妙的主题把学生的学与思、悟与行结合起来，把传统与现实结合在一起，使学生在充满情感、非常愉悦的气氛中受到道德教育。

学校根据中华传统美德的德育目标，精心设计主题活动，进而开展团、队、班级等活动，活动要求有方案、有内容、有地点、有教师、有总结。其形式主要有主题班会、中队会、故事会、升旗仪式、重大节日活动、各种文艺演出、社会实践、辩论赛等。

运用主题活动方法应做好充分的准备和组织工作，注意内容与形式的统一，思想与方法的结合。使用这种方法不仅要注意长期和反复的训练，还要注意有针对性。对行为表现好的学生可以提出更高的要求，对行为表现较差的学生则应该提出基本要求，避免"一锅煮"，低层次的循环往复。

（三）依托社区，家校联动，挖掘传统美德教育资源

道德教育需要整体环境的配合，学校、家庭、社区形成道德教育良性的互动影响，是道德教育具有实效性的重要保证。校内的资源共享，校外的资源互补，实行家、校、社区等多方联动，这对学生的成长是非常有益的。为了帮助学生更好地在自我教育中学习、领悟、实践传统美德，学校通过依托社区，加强家校联动，充分挖掘实际生活中的传统美德教育资源。

1. "家长辅导员""家长榜样网络"和"家长讲师团"

家校联动、资源整合是学校进行中华传统美德教育的有力保障。学生自发聘请家长，担任"家长辅导员"，还建成了"家长榜样网络"，建立了"家长讲师团"，为学生开设传统美德系列讲座。

2. 团支部志愿者活动

初一年级的少先队员围绕"孝敬、谦恭"主题，开展"我爱我家——今天我当家""我是社区小居民——今天我当家"的活动；初二年级的少先队员结合"迈好青春第一步"主题，开展形式多样的"红领巾志愿者"活动，充分体现了"哪里有红领巾，哪里就有新风尚"；初三年级的少先队员可以开展"了解家乡、了解国情"社会考察活动。团支部组织团员青年争当志愿者，走出校门，将爱心和希望播撒四方。通过一系列社会活动，学生在实践体验中提升了道德品质。

3.寻访各类教育基地,进一步理解传统美德

学校组织学生利用双休日和寒暑假,寻访了各类教育基地,包括国有企业、外资企业、合资企业以及现代农村、历史遗迹、文化遗址、博物馆、名人故居、重大市政建设等,激发学生的自豪感和努力学习的热情。

学校与所在地区的医院、药品检验所等单位的团委结对共建,开展互动型的活动,从医务工作者身上读懂了"奉献"精神。中学生从中感受到"发愤乐学""立志奋斗"以及"敬业"的含义……通过这些寻访和共建活动,中学生可以进一步加深对中华传统美德主题的理解和感悟。

(四)树立正确的文化课程开发总目标

正确的文化课程开发总目标是合理开发及实施文化校本课程的第一步。文化课程的开发及实施总目标应为:通过学生对传统文化的学习体验,提升学生综合素质。而学生综合素质又表现在情感态度、文化意识、学习策略、社交能力等各方面。因此,将课程开发总目标具体到每个小目标就应该为以下几个方面。

(1)在情感态度方面。学生通过对本土传统文化的学习,对家乡产生浓厚的归属感及热爱感,对家乡的发展保护有更深的责任感。

(2)在文化意识方面。丰富了学生的文化知识结构,提升了学生的文化素养,培养了学生鉴别文化知识的能力和跨文化交流意识,帮助学生形成多元的文化价值观。

(3)在学习策略方面。让学生更贴近生活,通过一系列实践活动,提高学生发现问题、解决问题及动手能力,也培养他们的团队合作意识。

(4)在社交能力方面。通过实践活动,让学生提升自我表达及灵活应变的能力。

(五)梳理本土传统文化资源

编写本土传统文化教材。本土文化资源包含服饰、歌舞、工艺等显性文化资源,也包含人文历史、风俗习惯等隐性文化资源。乡土文化资源浩如烟海,因此学校必须要对本土文化资源进行梳理,选取科学、合理的本土文化资源纳入校本课程开发中。"教材的编写应从学生的兴趣与经验出发,根据学生的心理发展特点,精选对于学生终身学习必备的基础知识与技能……尝试以多样、有趣、富有探索性的素材展示教育内容,并且能够提出观察、试验、操作、调查、讨论的建议。"本土课程的教材应避免过分符号化、抽象化的文化知识,应筛选具体的、生动的、与学生实际生活经验有联系的文化知识作为教材内容,也更容易让学生理解接受,提高学习兴趣。

（六）创新课程教学形式

注重学生实际体验。本土文化的特殊性决定了本土课程教学形式必须采用多样化的形式。传统的自上而下的灌输式课堂教学模式，无法实现良好的本土文化教学效果。学校应根据本土文化的内容，创新课程教学形式，采用"引进来""走出去"的教育模式。一方面，聘请当地的长者、能工巧匠及学有所长者进入学校课堂，讲解本土文化知识。另一方面，鼓励学生积极走出课堂，进入实际生活中，通过品尝美食、参观博物馆、参加活动、模仿表演等形式，使本土文化生动、形象地展示在学生面前，加深对文化的理解。除此之外，还可采取小组调研、小组讨论、小组展示的形式。让学生自己动手、实地调研、发现问题、解决问题，提高学生的实践能力和表达能力。

（七）采用灵活多样的评价方式

正如有的学者所说："校本课程开发的价值追求有三：学生个性发展，教师专业发展，学校特色形成。"而学生个性发展是其中最重要的价值取向。对于本土文化校本课程的评价，要包含对于教师教学效果的评价，对学校教学制度的评价，更重要的是对于学生学习体验的评价。一方面，正如前文所讲，本土文化校本课程不适用于采用传统的、固定的评价方式，应采用动态的评价方式，提倡阶段性评价与终结性评价相结合，使评价日常化、通俗化。另一方面，评价的内容应根据校本课程开发的总目标设置具体的评价内容，但评价的结果要注重个性化，肯定学生在学习中的体验，尊重学生的付出。最后，学生对教学提出的建议或者意见应合理采纳，不断完善本土文化校本课程的开发和实施的路径。

第三节　建构传统文化中德育校本课程的评价体系

一、评价原则的多维度

（1）创新性评价。鼓励教师积极思考、不断钻研、大胆创新、锐意改革。

（2）过程性评价。评价重心在校本课程的实施过程，促进学生的学习体验及对学习的感性。

（3）发展性评价。评价不局限于课堂教学本身，重视对教师和学生素质的提高以及教与学观念的转变。鼓励教师自主申报课程并做好档案建设，参与校本教材的编写与实施，学期末交课程领导小组，以利总结，改进与推广。

（4）科学性评价。对课程的评价运用科学的评价方法，提高评价的效度和信度。

（5）可操作性评价。评价方法要简单可行，可操作性强。

（6）公平性评价。考虑不同课程中师资、生源、学生学习情况基础等不同因素，以最近发展区为评价目标。力争评价公平公正，对全体课程参与者起到激励作用。

（7）素质培养评价。对课程的评价注重考察提高学生各方面的素质，培养学生阳光自信的品质。

（8）全面性评价。既考虑对课程负责教师的评价，又考虑到对学生的评价；评价时注重过程与结果，从不同的维度予以评价。

二、评价主体的多元化

校本课程的评价目的主要在于获取反馈信息进而改进教学，促进学生个性发展，保证课程目标的达成。成立以校长为组长，以主管教学的副校长为副组长的校本课程评价领导小组，由教导处主任具体负责活动课程的检查评价工作。

（一）课程评价

课程纲要是否全面；课程目标设置是否科学，符合现实，有助于培养学生个性和阳光自信的品质；课程内容设置是否合理，能否突出对学生能力的培养；课程实施方式是否合理、有效；课程评价是否注重过程评价，是否注意多元评价。以此为依据，校本课程审议委员会表决通过该课程能否实施。对课程实施情况的评价，包括教学准备情况，对学生的管理情况，课程实施情况和教学评价情况等。对课程实施效果的评价属终结性评价，以表现性评价为主要形式，如现场展示、比赛、作品展示与介绍等。

（二）实施过程评价

过程评价即采用跟踪式的动态评价，其目的是为了发现在实施方案过程中存在的问题与不足，为校本课程的后续开发提供信息与建议。它评估的是课程的实际使用效果，而教师和学生是最直接的参与者、感受者，是当然的评价主体。课程实施的评价主要集中于以下几个问题：课程是否达到预期目标；课程实施过程中存在哪些优点或缺点，是否需要修改和完善课程设计；课程的实际使用是否对学生具有吸引力；课程是否可后续发展等。教师的评价通过反思进行自我评价以及学生的学业绩效，由学校设计相关问卷或其他评价工具组织学生参与评价。

对教师的评价主要表现在以下几个方面：

（1）教师有计划、有教案，有学业等级考核，有考勤评估记录。

（2）教师应按学校要求，达到规定的课时与目标。

（3）教师应保存学生的作品、资料。

（4）学校通过听课、查阅资料、座谈访问等形式，每学年对教师进行考核。

（三）学生评价

校本课程是针对学生发展需求而开设的，是为了促进学生的发展，采取注重过程的形成性评价更有利于了解学生的学习困难，帮助学生调控自己的学习过程，激励学生进一步提高自己的发展水平。另外，基于校本课程的初衷是考虑到学生的能力和发展需求的差异性，评价时也应考虑到这种差异性。各任课教师每学期需对学生的学习情况采用不同的方式进行评价，评价学生对该学科学习的兴趣需求、学习效果等。教师根据学生参与学习的态度与实绩进行小组评价及个人评价。小组评价实施加分制。个人评价可分为"优秀""良好""一般"三个等次，并将其作为"优秀学生"的评比条件。

在学生修习课程之初，教师可采取前测，对参与课程学习的学生进行知识水平和能力评估，再根据学生的不同发展水平和特点，设计不同维度和层次的评价标准。在后续各个阶段的学生学业评价中，评价的重点应放在个体差异性上。在评价的方法上，教师可根据评价目的、评价内容的性质采取多样化的评价方式。如开展"六个一"活动等。教师在各项活动中鼓励学生开展小组合作活动。

评价内容主要有以下几种。

（1）学生开展小组活动中的合作精神。

（2）学生参与活动的态度。在活动过程中学生是否认真参与，是否能很好地承担所分配的任务以及活动状态等，应是对学生进行评价的主要方面。

（3）学生创新精神和实践能力的发展状况。可通过学生在实际解决问题中表现出来的创新思维，创造性解决问题的表现、技巧，动手操作情况等一些具体的指标来反映。

（4）学生活动的成果或结果。虽然强调注重过程，但如果完全忽略了学习成果或结果，会伤害学生参与活动的积极性，因为学生一般都希望活动结束后得到一种反馈和评价。因而对活动成果或结果的评价也是评价的一个方面，要通过提供各种机会让学生充分表达、展示、交流活动，并以此来鼓励学生。

（5）评价工作以学期为单位时段进行。

三、评价方式的多样化

（一）内部评价与外部评价

内部课程评价主体（学校、教师、学生）的优势，包括评价者熟悉课程发展的情境脉络、容易真诚沟通、评论较易于实施，且具有常驻性等优势。而外部课程评价者（课程专家、政府人员、社会人士）较具客观性、有公信力、较具课程评价的专业素养、监控性较高等优势。内部课程评价者由于本身即参与课程发展或较接近课程发展场域，熟悉课程发展的组织运作、历程与脉络，并具备在该场域较丰富的课程发展经验，因此在评价时较能洞悉课程发展过程中的问题与需求，且较能深入了解课程发展在该场域中的直接与间接影响因素及其复杂性。由于内部课程评价者是课程发展者本身，或与受评价的课程发展者距离较亲近者，且评价的主要目的是为课程发展与改进，其评价结果可能仅提供课程发展者参考或协助其改进课程。内部评价者多是课程发展者本身或同事，在真诚沟通的情形下，所提评论较能切中问题核心，也较容易获得受评价者的认同与接受而愿意改进，更何况评价目的本就为课程发展改进，其评价结果所提评论应有利于实施，能达到实质改进课程发展的功能。但是，学校内部课程评价者在协调或要求其他成员协助或配合的统整与强制力上，缺乏制高点的独立位置，在追求绩效责任上，监控性较不足。并且由于其角色位置太接近受评价课程，易由于情感因素以致偏差，且因不需与其他课程比较，致评价结果缺乏参照点，判断课程质量形成自说自话，不够客观；更何况受评价者多是课程发展者本身或是同事，易因人情取向，形成私密的内评行为，易获"乡愿之见"而没有公信力；尤有甚者，内部课程评价者又多被认定较缺乏课程评价的专业知识与能力，其评价历程是否严谨，评价结果是否有效，都易遭受质疑。在缺乏客观性及公信力的不利条件下，专业性又不足，已严重影响内部课程评价的信度与效度。

外部课程评价者与受评课程的距离较远，对受评价课程较没有感情，具有"旁观者清"效应，且其评价的课程大多不止一个，有其他课程为基准点相对比较，较不易产生偏差，因此较为客观，可以见到内部课程评价者见不到的现象与问题，以避免盲点。内部课程评价者由于太接近受评课程，有情感因素，认同成分多于批判，且较缺乏大量课程与其比较的情形下，易产生盲点与偏差，也较不客观。外部课程评价者因与受评价的课程发展者距离较远，较没有人情包袱，可不考虑评价后情感维系的问题，而较能诚实地判断课程的优缺点并据实以告，不隐瞒，因此较具公信力。一般而言，为了具备客观性与公信力，外部课程评价者通常或是被认定是课程评价专家，不仅熟悉课程发展及过程中可能发生的问题，还了解课程评价的原理、设计、方法、技术，而具有评价课程的专门（课程）与专业（评鉴）能力。但在实际评价时将面临的劣势，包括不熟悉课程发展的情境脉络、对被评价者具威胁感、不易真诚沟通、评论不利于实施、不具常驻性等。

内部评价及外部评价都很重要，但无法独自存在，两者必须同时执行。内部评价可以保护外部评价，以避免外部评价过于简化评价信息的缺失，更可使内部成员对评价产生更正向的态度，而减低外部评价对内部成员的威胁感。而外部评价则提供刺激，以改进内部评价活动。内外部课程评价在评价者、评价动力源及评价目的上有其差异，且各有其功能及优势，因此内外部课程评价似乎可以同时执行，结合两者功能，兼顾其优势，以形成课程评价实施的最有利条件。外部评价的主要目的在追求教育的绩效责任，而内部评价则在寻求发展与改进但须发展适合之策略以保持其平衡，并适当管理以使两者间能相互支持而非对立。

由此可知，在设计与实施课程评价时，保持内外部评价间的平衡，不过于偏重内部或外部，或是寻求一个可能的内外部连环相扣，得以将绩效责任与发展改进最大化，即是一个重要的课题。综上所述，在中学德育课程评价过程中，内外部评价各有其特质与差异，两者间的联结应是得以取长补短的可行途径。虽然在并列实施的联结中可凸显其优势，但并不能避免其原有的劣势。总而言之，增加中学德育课程评价的有效性，需要建立内外部课程评价相结合的机制，以使两者间的联结具备优势最大化及劣势最小化的互补与支持关系，以产生相乘而不只是相加的效果。

（二）横向评价与纵向评价

根据评价的方向性不同，评价分为横向评价和纵向评价。横向评价是目前德育课程评价采用较多的一种评价类型，是以当前的时间点作为切面，对当下的评价主体、评价客体、评价内容、评价方法及评价指标进行解析和价值判断的过程，表征为共时性评价。纵向评价是基于一定时间范围内的德育课程发展为线索，对德育课程理念、德育政策、评价方法、评价内容及评价指标等变化进行分析和比较，强调的是评价主体的发展变化。本书的纵向评价主要是基于学校的德育规划的发展及其取得的德育实效，突出其历时性的特征。

1. 横向评价

中学德育课程评价是复杂性工程，涉及国家、地方以及学校，又涉及教师、学生以及行政人员，还涉及课程设计、实施以及反馈与评价。从各种复杂性联结来看，德育课程是重要载体；从德育的终极目标来看，德育课程评价应服务于学生；因此，主要从课程和中学生两个方面来探讨德育课程的横向评价。

第一，表现在课程本身上。评价维度的划分、评价指标的设计、评价权重的考量、课堂教学观测点的设定要体现德育课程的以下要素：采用横向的课程评价方式，会让德育课程评价更加贴近生活实际，课程活动取材于现实，通过对问题发生的现实场景的分析，让学生学会灵活地处理生活中遇到的实际问题。重视教给学生学习的技能和方法，让学生在解决问题时尊重现实，从而达到知识、技能、情感、意志的协调一致。在课程实施和教育目标实现的过程中，实现基础与个性选择的统一，将德育融入终身学习和学生职业生涯可持续发展之中。改变以往德育以教学为主的状况，逐渐转向以学生的学习和体验为主的教学模式。在培养良好道德品质和职业素养的过程中，善于思考问题、提出问题，并有效地解决问题。为学生对学习生活进行反思和调整创造机会。在课程学习过程中，注重将研究引入到学习中，使学生的学习环境和场所具有开放性，通过问题的设定和开放式的研讨，让学生有兴致参与其中，探究新的领域，研究新问题，使他们了解到在实践中的学习探索要比单纯的知识学习更重要。要让学生在学习中形成一个共同体，通过建立平等、互信的关系，分享学习的快乐、探究的乐趣，在共同参与、团结协作的过程中实现个性的发展。

第二，表现在中学生的差异性评价上。学生之间由于个体差异，在同样的教育环境和课程关照下，学生的课堂表现、实践活动表现、学业成果和阶段性纸笔测试成绩也会有所不同。依据多元智能理论，应从多个维度、多层次对学生在德育教学中的表现进行评价，如通过对学生在课堂上参与的积极性、学习的热情、学习的习惯等方面的观察，给予即时性评价和表现性评价，增强学生参与课堂学习的自信心、成就感和积极性，激活课堂的生命力。除了课堂评价外，引导学生关注生命、关爱他人、有集体荣誉感和一定的社会担当。对学生的获奖成果、优秀作品、小论文、调查总结等进行分析，对其体现出的价值取向进行评价。在阶段性纸笔测试分析评价中，中学生知识的掌握，能力的提升，部分测试题目中也可反映出学生的品质、心理、思想。

可见，在进行德育课程评价时，要密切关注学生在思想实际、行为表现、原有的道德认知水平和个体差异，确保对个体的评价和判断是真实的、公平的、可信。学校要重视个体在道德品质方面的发展状况，将其作为学生整体素质考察的重要依据，使德育课程评价结果能够在学生发展中真正发挥作用。

2. 纵向评价

中学德育课程评价的视野放在整个教育体系来考查，以人为本，在探求科学知识的同时也要贴近生活现实。从纵向来看，中学德育课程评价既要基于初中思想品德课的教学起点，又要考虑教育阶段和学生自身特点，同时与高校"压缩饼干"式的政治理论课程又有明显不同。（如图4-1所示）

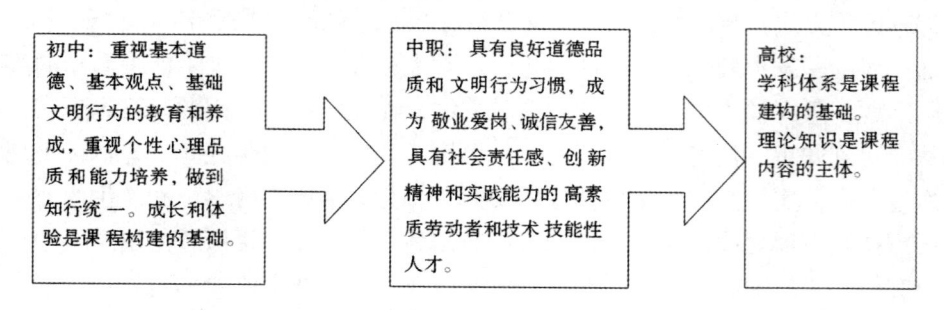

初中：重视基本道德、基本观点、基础文明行为的教育和养成，重视个性心理品质和能力培养，做到知行统一。成长和体验是课程构建的基础。 → 中职：具有良好道德品质和文明行为习惯，成为敬业爱岗、诚信友善，具有社会责任感、创新精神和实践能力的高素质劳动者和技术技能性人才。 → 高校：学科体系是课程建构的基础。理论知识是课程内容的主体。

图4-1 中学德育课程评价与中职和高校的差异

中学德育课程评价相对于其他两个教育阶段来说，德育课程评价内容更关注中学生的法治意识和行为习惯。在评价指标上更注重在基本生活道德意识，依法办事，待人友善，热爱劳动，奉献社会、热爱自然、勤俭节约、尊重生命上的导向作用，培养中学生养成自尊、自信、自强、乐群的心理品质。

（三）发展性评价、形成性评价与总结性评价

1967年，美国课程评价专家克瑞文提出了两种评价类型，即形成性评价与总结性评价。形成性评价是指在课程开发或课程实施的过程中去发现问题，通过对搜集的资料进行事实判断和价值判断，作为进一步修订和完善各个环节的依据。总结性评价是对课程开发或课程实施效果进行整体的判断，作为新一轮或今后课改的重要依据，重在总结经验和特色推广。发展性评价是20世纪80年代在欧美首先发展起来的一种评价新理念。所谓发展性评价是以帮助指导被评价者发展为宗旨，依据被评价者自身发展水平及发展目标，通过系统地搜集相关信息进行梳理和分析，对课程开发、课程设计和课程实施的现状、潜能和未来发展前景进行价值判断的活动或过程，它更强调评价多元化、发展性和个性化。三者在逻辑基础和方法论上不存在区别，都可以使用同样的评价方法，检验德育课程的价值。但在评价理念上有所区别，在评价时间和空间上各有侧重。三种评价类型各有特色，充分发挥三者在德育课程评价的优势，以评价主体的互动化和评价方式的动态化为抓手，实现中学德育课程的育人目标。

第四节　基于岭南优秀文化的校本德育课程开发

校本课程开发是以促进师生发展为旨趣，以学校作为主体对各种资源（包括地方文化）所作出的一种积极的选择和开发。近些年来，不少中学尤其注重对本土文化资源的挖掘与整理，并基于岭南文化积极进行德育校本课程开发的实践探索，即试图通过加强对本地文化资源中显性的地方物质文化和隐性的地方精神文化的开发，让学生在与岭南文化相关的各类教育教学活动中，重新体认和感受自己赖以成长的岭南文化，在感受和认同本土优秀文化传统和精神风貌的过程中，学习如何明事明理、待人接物的优秀品质，凝练优秀人格，塑造美好心灵。

一、基于岭南文化的中学德育校本课程的构建

（一）课程目标的构建

基于岭南文化的中学德育校本课程开发，在课程目标体系构建上，可做如下设置：一是知晓与接受，即通过观察、收集、认识岭南方言俚语、地理物产、历史遗迹、人物掌故、风俗习惯、风土人情、精神风貌等显性和隐性的岭南文化，激发学生对岭南文化的兴趣，知晓并接受岭南文化。二是反应与学习，即通过多种形式与途径，让学生在感受本土优秀文化传统、产生民族情感认同的基础上，引导学生对岭南文化产生探索的欲望，激发学生学习、传承岭南文化的主动性与内在动机。三是热爱与内化，即通过学习和实践，促使学生形成热爱岭南文化的道德情感，自觉践行本土优秀文化传统及精神，以促进学生个性的自主、和谐发展。四是评价与创造，即通过课内外实践活动，引导学生合理评价岭南文化，汲取精华，去其糟粕，辩证继承和发扬岭南文化中的优秀成分，并萌生创新意识，在继承中发扬，在发扬中创新，以促进岭南文化的传承与发展。

（二）课程形式的构建

1. 基于岭南文化的显性德育课程

一是依托课堂教学而开展的校本德育知识类课程，如通过将本土地理物产、历史遗迹、人物掌故、风俗习惯、风土人情等知识性文化编成校本教材，并在课堂上进行教学和讨论的课程。二是依托校园文化活动而开展的校本德育活动类课程，这类课程具体包括：语言类活动，如本地域方言俚语、民间

歌谣、童谣、民间传说、民间故事、谚语、歇后语等；工艺美术类活动，如本地域民间剪纸、年画、石刻、雕塑、建筑等；表演艺术类活动，如本地域民间音乐、器乐、舞蹈、地方戏等；游戏艺术类活动，如本地域民间玩具、民间游戏等；民俗类活动，如本地域民间传统节庆、习俗、饮食、服饰等。

2. 基于岭南文化的隐性德育课程

一是体现岭南文化传统的校园物质环境的创设，如校园内的岭南文化名人雕塑、景观设计、文化长廊设计等物质文化环境。二是体现岭南文化传统的校园精神环境的创设，如校园内的本土名人名言警句牌，体现学校办学思想、办学理念、办学目标、学校精神的校训、校风、教风、学风等精神环境的营造。三是体现岭南文化传统与精神的社区环境、城市环境等的创设。

3. 课程实施途径的构建

首先，结合校园环境创设，将岭南文化融入校园文化建设之中，积极营造岭南文化的隐性育人环境。将岭南文化的精神内核融于学校精神建设之中，渗透于学校物质环境建设之中。通过着力打造以岭南文化为主要内容的校园文化，让岭南文化时时刻刻充满校园，让学生随时随地就能了解家乡的精神风貌、历史文化、自然景观、民情风俗、经济建设等，做到"识家乡、知家乡"，进而激发"热爱家乡、服务家乡、回报家乡"的高尚情感。

其次，结合学科课程教学，将岭南文化融入课堂教学之中。一是编写岭南文化教育的校本德育教材。二是开设岭南文化校本课程。三是将岭南文化教育渗透在各科教学之中。让岭南文化走进课堂，就是让学生在学习科学文化知识的同时，也能感受到岭南文化的习染，在潜移默化之中使学生精神上得到洗礼，思想上得到净化，人格上得以丰盈。

最后，结合校园多彩活动，将岭南文化融入实践活动之中。一是开展与岭南文化相关的主题班队会活动。二是开展与岭南文化相关的社会实践活动。在社会实践活动中提高学生对岭南文化的认知、理解及反思能力，引导学生学会担当、学会感恩，引发学生的情感共鸣，从而促进学生德性发展。三是开展与岭南文化相关的校园艺术特色活动，对岭南文化中的艺术成分进行挖掘、筛选、传承与发扬光大。

（三）课程评价模式的构建

1. 突出发展性评价

中学德育校本课程的开发，在目标上应始终以促进学生的发展为目的，尤其是要注重学生个性的全面和谐发展。鉴于岭南文化的地域性、习得性、影响的深刻性等特点，基于岭南文化的中学德育校本课程，在评价方式上应侧重于过程性评价，重在评价学生在课程实施过程中的参与、体验与感悟情况，重点考查学生在各项活动过程中个人的情感取向、思维品质、德性品质等如何变化与发展，引导学生学会自我反思、自我评价，在自我激励与自我改进中领悟并继承优秀的地方文化传统与核心精神。

2. 侧重情感、态度、价值观等维度评价

基于岭南文化的中学德育校本课程，在课程形态上多以活动课程、实践课程、隐性课程为主，鉴于岭南文化的教育价值在于其对个体世界观、人生观、价值观的形成往往会产生初始的、持续的影响，因此课程评价的重点不在于"知识与技能"目标层面，而应侧重于"情感、态度与价值观"层面，重点评价学生在亲近、探索岭南文化的各项实践活动过程中，其行为与习惯、情感与态度、思想与精神等方面是否发生变化，发生了哪些变化以及如何发生变化。

3. 注重评价机制多元化

一是在评价主体上，提倡以教师、学生、家长、社区、地方管理者、专家等组成评价主体，建立多元互动的评价机制，共同参与评价，从不同的角度评价学生的发展。其中，学生间的评价以及学生的自我评价是最重要的，前者让学生看到彼此的优点与不足，以便相互督促与取长补短；后者让学生学会自我评价、自我反思，进而学会自我改进、自我提高。

二是在评价方式上，提倡形成性评价与终结性评价相结合，既要注重对学生在各项活动中的情感取向、思维品质、德性品质等如何变化与发展进行评价，也要结合各种调查访谈、书面作业、心得体会、媒体报道等多种渠道所反馈的信息对学生的活动成果进行评价。

二、基于岭南文化的德育校本课程开发的思考

（一）应在立足学生发展的基础上选择和开发德育校本课程资源

课程资源是影响校本课程开发的重要制约因素。校本课程资源的开发应避免将课程资源仅限定在"本校"优势资源上的错误倾向，积极开发和利用校外课程资源。其中，本土资源就是一种非常重要的校外课程资源，本土资源作为学校所在社区的一种"自然生态和文化生态"资源，主要包括本土地理、民风习俗、传统文化、生产和生活经验等，"这些资源可以有选择地进入地方课程、校本课程乃至国家课程的实施过程中，成为师生共同建构知识的平

台"。作为本土资源的岭南文化,其构成较为复杂,既包含许多积极先进的内容,也包含着一些负面的、甚至是陈规陋俗的内容,并非所有的岭南文化资源都可以作为校本课程资源。因此,在课程资源的开发与选择上,应遵循发展性原则,选择和开发有助于学生个性发展、有助于学生道德判断与选择能力提高、有助于学生德性发展的内容。

(二)注重对岭南文化的学习与挖掘、批判与反思

岭南文化作为一种地方文化,它无处不在、无时不有,并以文化习俗、乡土人情、方言俚语等约定俗成的形式存在于人们的日常生活之中,如何使这种司空见惯、习以为常的乡土文化进入学校正规教育的舞台,就需要对其进行整理和提炼,充分挖掘其中所蕴含的道德价值和优秀成分,使其真正成为对学生道德发展具有促进作用的营养成分。因此,基于岭南文化的中学德育校本课程开发,应正确处理岭南文化历史传承和与时俱进的关系,选择与学生生活密切相关的本土性知识、本土性精神传统为课程内容。一方面,引导学生在学习与思考中获得对岭南文化的客观认识,学会分析、甄别岭南文化的精华与糟粕;另一方面,引导学生在探索与创新中主动发展岭南文化,理解、认同并积极建构与创新岭南文化,为今后服务地方社会,促进地方经济、文化发展奠定基础,从而发挥岭南文化在中学德育校本课程开发中的重要意义和价值。

(三)积极探索将岭南文化融入学校德育的有效机制

1. 打造新岭南文化阵地

德育途径主要有四种,即课堂教学途径、生活指导途径、实践活动途径和环境营造途径。这四种德育途径既涵盖了目的明确的显性途径,又囊括了潜移默化的隐性途径,在受教育者的品德和人格形成过程中具有重要影响。显性文化要素与隐性文化要素共同构成了一所学校的校园文化环境。虽然广东省的许多学校都是在岭南文化的熏陶下建立并不断发展的,但是随着多元化文化的影响,广东省的岭南特质开始逐渐减弱。重塑富有新岭南文化特色的学校形象,有利于学校重新找准自身定位,挖掘校园文化资源,创新文化育人途径,实现全面育人的目标。

2. 创设正能量传播高地

传统教学思想对我国各类学校的课堂教学有着深远影响,以至于很多学校的德育沿袭了以教师、教材、课堂为主的三中心教学模式。一般而言,"灌输式"传统教学法简单而直接,态度鲜明而强硬,容易给学生造成压迫感,

制约了学生对德育内容的理解和内化。十八大报告着重强调了"要把立德树人作为教育的根本任务",可见,现阶段加强学生德育工作刻不容缓。新岭南文化作为本土文化中的亮丽风景,蕴含了很多积极的思想观念,符合未来教育发展的趋势,符合社会对人才的要求,也符合对教育民族认同感和追求的理性思考,它作为一种地方文化,在长期的发展中形成了一些极具地域色彩的价值取向,为新时期德育以及德育途径创新带来了新思考。

3. 建设文化育人场地

在校内进行德育的空间性和时间性都受到极大的限制,必然导致方式、方法上受限。要想发挥良好的德育效果,就需要结合学校、家庭和社会之力建设文化育人场地。然而,当下的德育任务是由学校一肩承担,学生身上出现的道德问题、心理问题等都被视为学校德育的失误和缺失,使学校德育工作陷入窘境,孤立无援。学校、家庭、社会作为对学生实施德育的三大重要场所,为使德育工作取得最佳效果,三者在德育方向上务必保持一致,在德育方式上取长补短,形成学校、家庭、社会互动的"德育场"(见图4-2)。

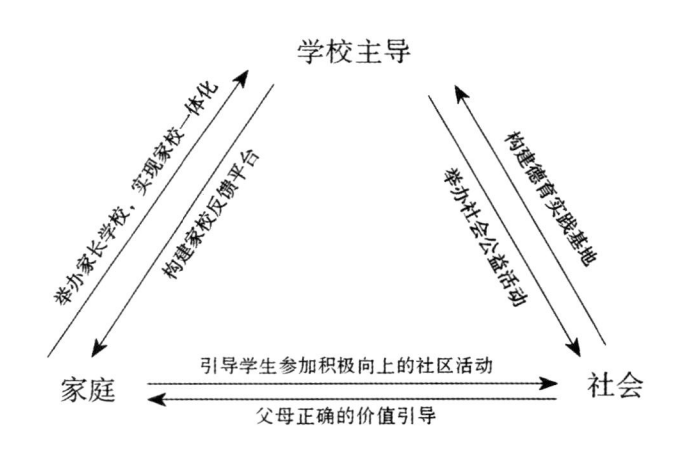

图4-2 "德育场"的构建

学校应充分利用本地德育资源,因地制宜地开辟校外德育基地。首先,教师要注重利用地方优质、特色资源教育学生,使学生自觉融入地方文化中;其次,教师要积极探索与地方长期合作共建德育基地之道,定期开展各种活动,促进德育养成与学校实际相结合。对于新时期的德育工作,首先,教师既要重视占主导地位的显性教育,又要意识到隐性教育的重要性。道德渗透要求广大教师和学生家长以高度负责的态度,提高自身道德修养,完善个人道德水平,给学生施以潜移默化的影响,所以教师应以新岭南文化为德育内容和载体,引导学生形成积极健康的价值取向;其次,教师应注重采用理论灌输与实践体验相结合的德育方式,营造知、情、意、行多方位体验式平台,推动学生从被动德育文化接受者走向主动德育文化感知者;最后,教师应高度重视社会在学生德育养成过程中所发挥的重要作用,携手共建以学校为主导的家、校、社会"合育"平台,构筑富有新岭南文化魅力的区域德育体系。

第五章 文化德育队伍建设

第一节 中学文化德育队伍建设的必要性和可行性

一、中学文化德育队伍建设的必要性

文化德育就是利用一切有效的文化资源，借助文化独特的育人功能，通过学生对文化教育资源的有效吸收和文化教育活动的有效体验，唤醒学生主体道德成长的主观能动性；用文化浸润德育，让文化走进学生的心灵，获得心灵的滋养；以文化引领学生品德成长，达成"文化润德""文化化人"的育人目的。

德育队伍是开展德育工作的主力军，是完成德育任务的骨干力量，所以我们称为"德育之系"，因为即使德育工作的所有顶层设计再正确、再严密，其效能还是要在班主任身上体现出来。可以说，德育队伍是实现德育目标的实际主体，离开了德育队伍，中学德育工作的开展就会变成无根之水、无本之木。德育工作的成效在很大程度上也取决于德育工作者理论水平和管理能力的高低。因此，打造一支素质高、专业精、工作细、方法活的高素质德育队伍是中学道德教育工作的重中之重。

（一）德育队伍的构成

德育队伍的概念，从广义上来讲，应包括德育骨干队伍、德育基础队伍、德育队伍的社会力量。德育骨干队伍包括学校中层以上的党政领导、思想政治课教师、班主任、教导员、团队专职干部等。德育骨干队伍是学校德育总体的设计者和实施者，是全面推进以德育为首位的素质教育的核心力量。德育骨干队伍以德育为工作重点，不断地在这一领域进行探索、实践、学习、研究和提高，对德育的实施和发展起着骨干作用。德育基础队伍包括学科教师和教辅人员。各学科的任课教师人数多、分布广、专业理论知识丰富，随时可结合本学科教学渗透德育。工作在实验室、电教室、图书馆、医疗卫生、总务后勤等岗位上的教辅人员，是学校实施德育教育的一支重要力量。只有

充分发挥全体教职员工的育人作用,全方位落实"教书育人""管理育人""服务育人",德育的总体目标才能较好地实现。

德育队伍社会力量是指学校以外的具有公德意识的社会公民,科学家、教育家、优秀工程技术人员、企业管理人员以及英雄模范人物等是他们的优秀代表。德育队伍的社会力量是学校德育队伍的有效补充,只有充分发挥其作用,才可以让学校德育充分融入学校、家庭、社会的大德育体系中,实现大德育的整体化、系统化、社会化,增加学生社会实践的机会并提高德育质量。德育骨干队伍具有协调、调动、安排德育基础队伍和社会力量的作用,只有将德育队伍紧密结合,才能更好地发挥德育队伍的整体功能,真正实现全员育人。

从狭义上讲,德育队伍分为德育干部、班主任、心理健康教师和思想政治课程教师四大类别。其中,德育干部包括中学党政领导、主管德育的校长、政教(教育)主任、团队干部等。严格来讲,德育队伍还应包括学校所有的教师以及服务人员。

本书所说的德育队伍主要是指狭义上的学校德育队伍。

(二)文化德育队伍建设的现实意义

当前,社会转型期德育环境的深刻转变给德育工作者提出了新的挑战。面对前所未有的利益碰撞和观念冲突,如何引导中学生排除社会生活中"负能量"的有害干扰,逐步树立正确的世界观、人生观和价值观,做一个"立得正、挺得住、站得稳、担得起"的堂堂正正的人,做一个"可近、可亲、可信,富有人格魅力的人"。面对这些新问题,德育工作者有时会感到,旧有的工作方式已经无法满足当前德育工作的现实需求,投入的工作量与实际的效果产出不成正比。尽管导致这种现象的动因是多方面的,但是不可否认其中重要因素之一就是,中学德育队伍建设普遍存在一些亟待正视的问题和务须补齐的"短板"。

1.搭建多元化平台,激发德育工作者自我发展的驱动力

德育工作者,特别是班主任,是中学德育计划的执行者,是提高德育效率的保证,道德教育工作必须依靠他们去积极实现。因此,要想提高学校整体德育管理水平,德育工作者自身专业发展的主动性是不可缺少的。然而在实际情况中,中学德育工作者往往身兼行政工作者、学科教学教师等多种职务,因此无法全身心地投入到学生思想政治教育工作中。

同时,如果学校在管理时不能很好地根据德育目标的要求,对德育工作者实行必要且合理的统筹、鼓励和监督,也难以使德育工作者保持一种能动

的活跃状态。当德育工作者发现干多干少、干好干坏都无人问津或是得不得到适当的反馈时，他们自我提升德育水平的欲望、争取优良工作绩效的意志和创新德育工作方式的积极性自然就会受到影响，最终影响到整所中学德育理念的构建和实施。

2. 以师德建设为核心，提升德育工作者的综合素养

目前，中学德育工作者的德育方法存在着一定程度上的形式主义。其表现主要有：第一，德育计划的制定机械地搬用过往或他者的经验，而未能从本校、本班、甚至教育对象的实际出发，没有具体分析教育对象的思想矛盾和问题实质，导致计划本身缺乏实现的可能性。第二，德育形式的选择仍囿于空洞的说教和包办的教育活动，未能充分考虑学生的主体性和主动性。第三，德育活动的举办常常呈现一种"一阵风"式的道德教育"运动"，即在某一时期发起一个或几个有声有色的活动，但无法将这些活动坚持下去，打造成某种德育"品牌"。

与此同时，一所中学德育工作的最终成效与德育工作者的自身素质也息息相关。如果德育工作者的理论知识不够丰富，又忽视理论学习和业务培训，那么德育工作几乎不可能产生明显的进步和质的飞跃。除此以外，有的德育工作者在日常行动上不能严于律己，以身作则，为人师表，甚至出现言行脱节，心口不一的现象，其结果必然是身存教废，令而不行，更罔论德育成效的提升。

3. 提升德育工作者的科研意识与研究能力，培养专家型教师

教学科研能够促进教学水平的提高。同样，德育科研是探索和把握中学德育规律、增强德育工作实效性的重要一环。因此，将中学德育工作与德育科研结合起来，是进一步加强学校思想道德建设工作的必然选择。然而，老一辈的德育工作者大多倾向于依靠传统的德育模式或经验埋头苦干，缺乏对德育环境新情况的把握和对德育对象新特点的认识。新生代的德育工作者虽然拥有基本的科研技能和科研意向，也相对了解时代与形势发展的最新要求，但缺乏厚实的工作经验和纯熟的专业能力。

因此，就整体上来说，很少有人能把工作中遇到的德育问题当作科研项目来研究，又或是仅把德育科研等同于案例分析和活动经验介绍。这就导致很多中学的德育工作缺乏科学性、系统性、规范性和创造性，学校德育的成效自然也只能保持在较低的水平。

4. 充分挖掘校外教育资源，丰富德育工作者培训的内容与方式

不可否认，校内的德育资源是对中学生进行道德教育的主要支持者，但校外的德育资源在学生成长过程中也占据了重要的地位。校外德育资源不仅

包括本地的自然、人文、社会资源，还可以包括兄弟院校的道德教育资源和实践经验。这些校外德育资源具有生动形象、丰富广泛、便于学生亲身参与的特点，所以能很好地激发学生兴趣，能帮助学生增强自身体验，在愉悦中增长知识，在实践中培养能力，在活动中陶冶情操。因此，加强对校外资源的认识、开发、利用，是一项很必要、很紧迫的任务。长期以来，出于审批手续烦琐、安全管理困难、活动安排复杂等原因，很多德育工作者都有意、无意地忽略了对校外德育资源的挖掘，不仅表现在把针对中学生的绝大多数道德教育活动限制在本校范围之内，也表现在学校德育管理的过程中，缺乏联合校外资源对德育工作者本身进行专业化培训和经验交流的机制。其结果既阻碍了中学生在受道德教育的过程中走向自然、走向生活、走向社会，也阻碍了中学德育工作的形象化、联动化、整合化。总之，中学德育工作一项极其复杂、富有灵活性的工作，德育队伍建设的种种"短板"不仅可能影响德育工作者本身的职业状态和社会感观，更重要的是，会对中学德育工作的成效造成难以弥补的损害。

就德育队伍本身而言，在这一工作群体中占据比例最高、发挥作用最大的当属班主任及年级组长。其中，班主任既是学生集体的组织者和指导者，也是学校德育计划的策划者和执行者，更是沟通学校德育、家庭德育、社会德育的"纽带"和"桥梁"。班主任队伍的素质高低直接影响着班集体的德育管理和道德水平，决定了学校能否更有效地培养出具有"高尚的品格"和"健康的性格"的优秀人才。因此，学校应以制度定边界，以机制促活力，以社会主义核心价值观为根本指引，以教育学、心理学、管理学等理论知识与技能为重要辅助，着力培养一支德、才、识、能兼备，具有创新意识和创新能力的专业化的中学道德教育工作者队伍，以求整体德育水平的提升。

二、中学文化德育队伍建设的可行性

1. 各级教育部门及各类学校十分重视德育队伍建设

"百年大计，教育为本"。从党中央、国家到地方政府，均十分重视教育的发展，把教育放到优先发展的地位。教育部以及各级教育部门、各类学校十分重视德育工作，并把建设一支高素质的德育工作队伍作为重点来抓。政策上给予支持、资金加大投入，尤其十分重视师资力量建设。各级各类教育部门以及学校根据国家大政方针，相继制定了许多关于加强教师队伍建设的规定和措施，加大师资力量培训和继续教育力度，加强教师的职业道德建设。尤其在师德队伍建设上，下大力气，为中学学生的思想道德建设奠定了坚实的基础。例如，广州市教育局一直重视夯实德育队伍基础，加强教师思想政治工作，深入开展中国特色社会主义和中国梦宣传教育，加强党史国史和形势政策教育，引导教师增强政治认同和教书育人责任感。推进师德师风建设，建立健全中小学师德建设长效机制，不断创新师德教育内容、模式和方法，引导教师争做有理想信念、有道德情操、有扎实学识、有仁爱之心的好老师。搭建德育干部、班主任和心理辅导教师专业化发展平台，加强学校共青团干部、少先队辅导员队伍建设。落实《广州市加强中小学班主任工作意见》，大力加强班主任队伍建设，以建立建设名班主任工作室为抓手，继续推动班主任队伍专业化发展，推动区域性班主任工作共同体建设，打造专家型班主任队伍。加强对现有名班主任工作室的指导，孵化新的省市级名班主任工作室，推动建立区级名班主任工作室和校级工作坊，搭建名班主任工作室（工作坊）网络平台，促进班主任队伍成长。

2. 新形势下的中学德育队伍素质在不断提高

从教师的职业特点和时代发展的要求来看，教师不仅是"传道、授业、解惑"的严师，而且是拓展心灵智慧的人师。在新形势下，德育工作者自身的思想政治素质、科学文化素质、身心健康素质等在不断提高。一是思想政治素质，主要体现在爱心、事业心、责任感、积极性四方面。他们对学生充满了博大无私、深沉久远的爱，深刻认识到没有这种教育爱，就谈不上"为人师表"，无法做好德育工作；他们把教育作为终身从事的一种事业，而不是一时谋生的职业，深刻认识到教师是为明天工作的，是塑造未来的，要教育每个学生为自己设计规划美好的前景，并全力以赴去实施；他们把德育落实到每一节课、每一天的具体工作上，更加注重了解、理解学生，承认个性差别，尊重、信任学生，发挥个人潜能，严格要求学生，对每个学生负责；他们在培养学生学会做人（包括学会生存、学会关心、学会学习、学会做事、学会创造等）上以满腔的热情体现"精气神"三个大字——精力充沛、气势旺盛、神采飞扬。二是科学文化素质。孙中山曾说："惟必有学识，方可担任教育。盖学生之学识，恒视教师以为进退……"教师深刻认识到扩展学生的精神世界，发展学生的智力与能力，提高学生的思想政治素质，都必须靠自己的知识、能力和思想道德水平。教师文化素质的高低，取决于教师的专业知识和相关知识水平的高低，取决于博与精相结合的程度。所以，德育工作者在熟练掌握教科书知识的基础上，及时了解德育工作的最新研究和发展趋势，尽量广博地吸收相关学科如教育学、心理学、本专业教学法、人才学、思维科学等方面的知识，善于运用现代科学理论如信息论、控制论等实验科学理论成果指导自己的德育工作。三是身心健康素质。德育工作者认识到作为教师，修身养性、人格修炼不可或缺的是教师本人的心理健康。因而，不断扩展自己的精神世界，保持稳定的情绪，保持乐观的心境，能以平等、热情、诚恳的态度面对学生，善于自我调节。正因为德育队伍素质的整体提高，才使德育工作有了进一步的发展。

3. 中学德育队伍的工作实效性有所增强

近几年中学德育工作越来越得到社会各界重视，中共中央、国务院下发了《关于进一步加强和改进未成年人思想道德建设的若干意见》，教育系统切实担负起中学生德育主渠道、主阵地、主力军职责，在提高德育实效性、创新德育形式、推动中学生全面健康成长方面发挥了应有作用，保证了青少年在完成学业过程同时接受扎实有效的思想道德教育，积累了做好中学德育工作的宝贵经验，德育工作水平不断提高。一是建章立制，促进了学校德育工作规范发展。二是坚持以基础教育课程改革为契机，加强了德育与新课程改革的整合，课堂主渠道和学科渗透体系得到了进一步的巩固和完善。三是德育工作机制不断创新，转变了以往单纯灌输和说教的旧模式，坚持以活动为载体，强化德育与实践活动的结合，形式生动活泼，提高了德育的实效性，增强了德育工作吸引力。四是校园文化建设已成为学校德育重要舞台，涌现了一批德育特色模式。五是整合区域资源，构建德育工作开放局面，较好地发挥了社会、家庭在德育中的作用。六是以中学生"减负"和评价制度改革推动德育工作，按照新课改的理念，在中学学生综合素质评价中，把"道德建设与公民素养"作为评价的重要方面，从"导向上"引导学校重视德育工作，培养德智体全面发展的合格人才。

第二节 中学文化德育队伍的建设理念与要求

一、中学文化德育队伍的建设理念

百年大计，教育为本，教育大计，教师为本。邓小平说过："一个学校能不能为社会主义建设培养合格的人才，培养德智体全面发展，有社会主义觉悟，有文化的劳动者，关键在于教师"。教师是学校教育教学质量的决定因素，是保证学校各项工作有序开展的前提，是实现目标管理，完成教学任务的关键，是学校办学的主体。因此，中学教师队伍建设是决定学校成败的关键，是学校一切建设的基础。那么，我们应该如何建立一支稳定而优秀的学校教师队伍呢？

（一）用双赢的理念选聘教师

教师是学校最重要最有价值的人才资源。学校在选聘教师时，首先要根据学校的办学目标和办学特色，选聘的教师要具备热爱教育的思想，爱岗敬业的品质，和谐向上的团队意识，真正把教育当自己的事来做。其次，选聘教师要有合格的学历，扎实的基本功，前卫的思维品质，具备驾驭课堂教学、管理学生的能力，在教学工作中能独当一面。第三，动用双赢的理念选聘教师，教师聘用后，既要有利于学校的发展，又要有利于个人的发展，教师才能克服打工心理、短期行为，真正把自己当作学校的主人，教师安心，才能稳定，教师稳定，学校才能发展。第四，要考察教师的创新能力，确保学校健康可持续发展，要多选聘有责任心、有事业心、有创造力、充满活力的教师。

（二）用民本的理念管理教师

学校在管理的理念上要确立"以民为本"的思想，管理的主体要由长官意识让位于教师、学生及学生家长，这样才能体现民本主义执政理念。民本管理是以一切人的人格平等为管理基础的，因此学校的发展应该以"教师为本"，学校教师的管理也应该"以人的发展"为根本出发点和最终归宿点。

以人为本的管理理念落实到民办学校就是确立教师在管理中的主体地位，围绕增强学校的凝聚力，调动教师的积极性，追求民主、科学的管理思想，创造性的设计学校的管理框架，展开管理活动，激励教师发挥自身的潜能，在自我不断超越中推动、实现学校发展。

以人为本的教师管理就是要不断增强参与意识、合作意识，要把教师当作发展事业的合作伙伴，充分发挥教师的主人翁意识。因此，我们必须提高教师参与学校管理的参与程度和水平。一是要求我们关心人、尊重人和爱护人。二是选拔一批师德优良，工作能力强，善于沟通、合作的教师进入学校领导岗位，提供参与的条件和展示才能的平台。三是要发动教师参与学校大事的讨论和决策，让教师在参与决策过程，感到管理者对自己的尊重和信任，感觉到自己的责任和义务。以人为本的教师管理就是要对教师实施人文关怀。学校的举办者或管理者对教师应该给更多的关怀，在工作中多支持教师，在生活中多关心教师，遇到困难多帮助教师，努力做教师的贴心人，多开展生日送一份祝福，喜事送一份贺礼，有病送一份探望，丧事送一份安慰等活动。古人云："感人心者，莫先乎情，精诚所至，金石为开"，要把学校和教职工通过感情这根纽带联成一个团结战斗的集体，使学校和教师之间达到感情相投，感情相通。

（三）用成长的观念培养教师

只有教师的成长，才有学校的发展，这是我们学校管理者必须懂得的道理。为提高民办学校的生命力和学校教师的竞争力，学校应创造条件，为广大教师提供学习深造的机会和施展才华的平台。"给学生一杯水，自己要有一桶水"，已不再适应社会发展的需求，当代教师的知识储备是"给学生一杯水，自己要成为一条常流常新的小溪"。第一，要积极建设"学习型团体"，让崇尚学术、崇尚研究的氛围在校园生成，如制订教师学习活动计划、开展教师学习活动的交流。第二，努力为教师创造学习机会，鼓励教师深造，把教师送到省内名校听课学习，安排教师参加各种培训班、优质课比赛、学术会议，让教师从各方面得到锻炼提高。第三，要强化校本培训，开展校本教研。校本培训是构建学习型学校，提升教师能力的重要途径。一是聘请名校的教育专家来本校讲学、培训指导教师，实行以专家为资源的专业引领。二是加强对考试纲要、历届中考卷、教材的研究，每学期开展一次教师专业水平能力的考试，不断提高教师驾驭教材，指导高考的能力。三是强化校本培训，开展校本研究活动。例如，听课评课，课后反思和教研活动等，把学习和工作结合起来，把教学和研究结合起来，以教研带动科研，以科研提升教研，从而有力地促进教师的专业化发展，形成优秀的教师群体。

（四）用发展的观念评价教师

在工作中，有评价教师才有工作动力，有评价才能尊重教师的劳动，有评价才能展现教师的才华，有评价才能激发教师的潜能、促进教师的成长，教师也才有成就感。科学合理的评价是调动教师工作积极性和创造性的重要手段，它关系到教师队伍的稳定。

发展性的评价就是以促进教师专业发展为最终目的，它建立在双方互信的基础上。它对教师工作的评价不以奖励和惩处为目的，也不以此作为教师解聘、晋升、降级、加减薪、定奖金的唯一依据，而是以促进教师专业素养的增长为根本目的。在评价过程中，应该做到过程评价和终极评价相结合，单项评价和综合评价相结合，自我评价、同事评价和学生评价相结合，做到评价与奖励相结合。只有这样才能提高教师的主动性和创造性，帮助教师判断自己专业素养的长短，督促其自我学会或参加相应的有针对性的培训，最终为学校管理、教育教学的健康发展服务。

(五)用激励的措施稳定教师

教师队伍不稳定，不利于学生的发展，不利于学校的发展，因此稳定教师队伍是目前学校师资队伍建设的关键。最有效的措施就是做到事业留人、情感留人、待遇留人、环境留人。

1. 事业留人

一是把民办学校建设成为现代化的优质学校，使之成为服务当地经济建设的支持点，让教师看到、了解到学校灿烂的前程，让教师对学校充满信心；二是建立科学的规章制度，实施规范的管理，来激励教师想事业、干事业、成就事业；三是要改革用人机制，放手使用干部和教师，在使用中发现优秀人才，并培养他们成为学校的骨干，成为学校教师群体的示范者；四是要善于把领导意图、学校的策略变成教师的共识，并转化为他们自身的行动要求；五是让教师树立与学校兴衰相依，荣辱与共的意识，具备今天工作不努力，明天努力找工作的责任心和紧迫感；六是为他们创造成功的条件，满足他们成就事业的需要。

2. 情感留人

一是管理者要尊重教师、信任教师、关心教师；二是要与教师交流感情，让他们有说话的机会，有申诉的渠道，有发泄的地方；三是要虚心听取教师的意见和建议；四是要允许教师出现失误，不要因为教师失误或犯错误，大会小会讲，甚至以解聘相威胁，要允许其改正错误。管理者在教师管理中要少一点火药味，多一点人情味；少一点距离感，多一点亲切感；少一点命令，多一点协商。

3. 待遇留人

一是建立科学合理的分配制度、奖励制度与福利政策，执行过程中一切按规章办事，不搞随意性；二是分配必须体现"多劳多得，优劳优酬"的分配原则，打破公办学校"干多干少一个样，干好干差一个样"的平均分配体制；三是努力解决教师的后顾之忧，办理养老保险、医疗保险、实业保险，解决教师住房等；四是努力做好教师职称评定工作和骨干教师、学科带头人的评审及推介的工作；五是落实好《教师法》《劳动法》等法规中有关教师及公民应享受的权利的条款。落实以上工作，让教师感受到有组织、有依靠，感受到学校的温暖。

4. 环境留人

一是学校管理者要为教师的知识、才能、经验的充分发挥提供良好的环境和机会；二是为每位教师提供关系和睦、心情舒畅、弘扬正气、科学用人、工作愉悦的人际环境；三是要不断改善学校环境，加强校园文化建设，把学校建设成为师生生活、学习、工作的乐园。这样教师才能把精力集中在教书育人、服务育人上。

二、文化德育对中学班主任工作的新要求

班主任作为学校教育中的骨干力量，其地位和作用是任何人都无法替代的。班主任在日常生活中和学生接触最多，是学生效仿、学习的直接对象，班主任的一言一行，都会给学生留下深刻的印象，对学生的思想、行为产生潜移默化的作用。德育教育工作，是班主任工作的基本内容，也是做好班主任工作的重要保证。

（一）班级管理工作中渗透"爱"

要想将班主任工作当作一份事业，而不是一份职业，首先要充满对学生的爱，博爱仁德。这样学生才会乐于接近班主任，真心地听从教导。爱，是班主任工作中的最关键、最重要、最核心的内容。只因拥有对学生那份疼爱，才会平静地面对学生所犯的错误，才不会认为他（学生）在找麻烦；只因拥有对学生那份关爱，才不会认为班主任工作繁杂苦累，反而觉得有意思、有意义；只因拥有对学生的那份真挚的爱，才会想方设法创造性地开展工作，为学生的今天负责，为学生的今后谋划未来。

（二）身教重于言教

学生在日常生活中接触最多的除了父母长辈等家庭成员之外，就要数教师了。教师必须处处、时时在事、言、行上严格要求自己。因为学生的模仿能力特别强，如果教师言行上不严谨，势必会不知不觉地对学生人格的健康发展造成影响。论语有云："其身正，不令则行；其身不正，虽令不从。"例如，有一次班会课上，笔者看见教室地上有很多纸屑，于是弯下身子将纸屑一片一片地捡起来，学生们看见笔者在捡，也都加入了笔者的行列，教室很快就变干净了，自那以后就很少看见教室地上有纸屑。短短几分钟笔者一句话没说，但收到了很好的教育效果，这就是"身教"的力量。在公共汽车上，笔者常常给老弱病残者让座，虽说这件事小之又小，它却有着深远的意义，因为它代表的是教师的形象。如果教师在学校教育学生要尊老爱幼，而自己在实际生活中却并没有为学生树立起榜样，如果教师尚且做不到，又有什么

理由去教育学生？教师只有规范自己的言行，做到为人师表，才会使学生如沐春风般地受到教育，使每个学生的心灵得到净化。

（三）与学生保持一定的距离

教师与学生之间，从情感上说，距离越近越好；从管理上说，又必须留有一定的距离。班主任在班级管理的过程中，要注意管理者与被管理者、教育者与被教育者的角色定位，与学生之间保持一个适度的距离，努力将自己塑造成一个既可亲，又可敬的班主任形象。教育心理学告诉我们，教育的过程是教育者和被教育者"心理交流"的过程，只有心心相印、情感交融的教育，才会引起学生感情上的共鸣。因此，在日常班级工作中，班主任必须努力创造良好的氛围，积极探寻与学生情感的交融点，拉近师生情感间的距离，使学生真正把老师当作自己的知心朋友，乐于向老师敞开自己的心扉。在心与心的感应中，接受"无痕的教育"；在心与心的碰撞中，净化自己的灵魂。正所谓"亲其师，信其道，改其行"。但是，我们还应该注意，师生之间必须有一个适度的距离。要让学生在这适度的距离中，更清楚地意识到自己与老师在学识、能力、经历等方面的差距，从而对教师保持应有的尊重；同样，老师也只有保持这种距离，才能把课堂教学与课后谈心、硬性规定与宽松氛围融合起来，使班级管理始终处于和谐的气氛之中。而师生之间如果距离过近，片面强调和学生"打成一片"，那么学生则会与老师称兄道弟，轻慢老师应有的权威。

（四）班级管理虚实相结合

踏踏实实地抓管理，是班主任的应尽职责，既是对学生爱的奉献，更是学生健康成长之必需。班主任对学生的思想品德、学习劳动、个性形成，尤其是安全保障等方面，都应该切实地实行全程管理、全面管理。但是，班主任工作千头万绪，繁杂琐碎，既要完成自身担负的学科教学工作，又要协调各科的教育教学，沟通学校与家庭、社会之间的联系，全面落实教育管理学生的任务。如果事无巨细，一一躬亲，每每顶真，久而久之，就只能疲于应付，效果极差。那种"坐班"或"站班"式的警察型管理，那种大包大揽、唠唠叨叨式的保姆型管理，其效果往往都不佳。过"实"的管理，一是会把学生管"死"了，太多的约束和强制，会降低学生的主动性、积极性和创造性，使班内工作不推不动，不问不行。二是会把学生管"懒"了，太细的指导和帮助，会造成学生严重的依赖心理，不利于学生社会化进程的尽早完成和自主能力的快速形成。班级管理中"管"的目的是为了达到"不管"。其实，在班级管理中也不妨"虚"晃几招，把管理渗透到"不管"之中。例如，实施宏观控制，进行科学引导，将权力下放，让全员参与，充分发挥学生的自治能力。点名簿交给班长，团队活动让团支书主持，黑板报由宣传委员负责，班费派生活委员管理……让整个班集体"人人有事做，事事有人做"，让学生在参与班集体的服务与管理中，实现能力的培养和人格的完善。有时，教师也不妨来点"大而化之"，故作糊涂。有的学生经常会出现一些小问题，不要婆婆妈妈每次计较，待问题比较突出时一并处理可能效果要好得多。如此，管不过"实"，"虚"而有度，"虚""实"结合，达到"无为而治""不教而正"的管理最高境界。

（五）表扬、批评学生应有"度"

表扬和批评的人数过多或过少，都不利于鼓励先进，鞭策后进，调动学生的积极性。如果数量过少，很容易使受表扬和受批评者产生离群感和孤独感，使绝大多数同学产生与己无关的消极心理。反之，人数过多，你好我好大家好，你错我错大家错，彼此一样，等于没有表扬和批评。所以只有表扬批评的数量得当，才可以起到鼓励先进，鞭策后进，调动学生积极性的作用。尤其是当学生大面积犯错误时，更不可对所有人进行惩戒。俗话说"法不责众"，大面积的"责罚"，只会收到相反的效果。对某个学生的批评表扬，也不宜过多或过少。例如，对那些所谓"没问题"的学生，要特别注意不能一味表扬。"响鼓还得重锤敲，好马也须扬鞭催"，对他们要立足一个"严"字，不偏爱，不护短，不放松。因为，这一类学生由于成绩优异，往往被家长、老师喜爱和同学羡慕；他们也往往容易产生自满情绪，不能正视自己的缺点，容不得别人的批评。若一味地对他们进行表扬，则会严重地阻碍他们的健康成长。作为班主任，就应该细致洞察他们的心理特点，及时适当地进行疏导教育，使他们好上加好。而对那些所谓的"问题学生"，更不应该一味地批评。法国教育家费雷内说过："学生某一方面的成功，会促使其他方面的成功。"班主任要善于寻找突破口，挖掘他们心灵深处的闪光点，及时地对他们的优点进行表扬，充分地肯定和鼓励他们的进步（即使是极小的），使他们在平等温暖的氛围中，自由愉快地生活、学习，发展、进步。

三、文化德育对中学班主任建设的新要求

班主任是中小学德育工作的主要承担者，尤其是德育实践活动的主要组织者。目前，中小学班主任的职责规定依然不够明确，一方面是责任范围很宽，一方面是任务规定不细。班主任的责任是促进青少年的身心全面发展，责任范围宽是使命使然，但是目前亟须坐标在如此宽泛的责任中进一步明确一些合作承担的细节。例如，在学校内部班主任与科任教师的责任划分，在学校

外部班主任与家庭（家长）和社区的责任划分等。班主任是实施全程、全面和全体德育计划的主要的具体的负责人，因此其任务多也是使命使然，但当下迫切需要在如此繁多的任务中进一步明确一些任务评价的指标，以替代主要以班级考试总分数为主要指标的简单评价方式。特别是要明确班主任德育指导工作中的四个核心任务：指导学生认识与自我相关的问题、与他人相处的问题、与自然相关的问题、与集体和社会相关的问题，这样就将宽泛的责任和模糊的任务归结为四个重点，使班级所有的教育活动都全面渗透这四项核心内容。班主任的工作十分繁重，给予相应的待遇是理所当然的。目前，在规范教师工资待遇的过程中，从教育均衡发展的高度考虑，也应同时将班主任的待遇作出统一的规定，以鼓励教师长期做班主任工作，积累班主任工作经验，促进学生全面健康发展。

（一）良好的思想素养

政治思想工作是一切工作的灵魂，班主任德育工作，主要是做学生的政治思想工作，解决学生的思想问题，使其树立正确的思想观点。正人要先正己，孔子说过，"其身正不令自行，其身不正虽令不从"，讲的就是这个道理。所以，一个班主任首先要有良好的政治思想品质，要用马列主义、毛泽东思想、邓小平理论来武装自己，树立起自身正确的形象坐标，行动上与党中央保持一致。只有这样，才能做好班级工作。

（二）广博的文化知识素养

做人的工作是综合性的，所以作为班主任除了要具有教育学、心理学的知识外，还要有教育管理学、伦理学、社会学、公共关系学等知识，最好还具有音乐、美术、舞蹈、文学的知识和技能，以游刃有余地驾驭班级，引导学生开展活动。我们很难想象一个知识面狭窄、孤陋寡闻、性情孤僻、毫无专长的人能带领出一个生机勃勃、事事领先的先进班集体来。

（三）精湛的业务能力素养

班主任良好的政治思想和广博的文化知识素养只是做好班级工作的前提和基础，此外，还必须具有精湛的业务能力，才能使优秀班级的形成变为现实。

班主任业务能力素养包括三方面：①组织和培养班级能力。班主任是班级的带头人，所以必须要培养和组织好班集体，不仅组织、领导好班委会、团支委会，还要组织和领导好各小组及全体学生，使全班上下拧成一股绳，开展各种活动，取得育人实效。②了解、研究学生的能力。班主任的工作对象主体是学生，要带好这一群体，就需要了解其特点和存在的问题，发现他们的长处、优势以及在不同时期出现的新动向，以防微杜渐，因势利导地去进行工作。要能很好地把住这个"脉",班主任就要具备敏锐的观察力和对现象分析的穿透力。正如一个医生的药方是源于对病人的诊断,诊断对了开方才能对症下药,否则就产生误导,取得相反的效果。③诱导、转化学生的能力。转化学生工作,往往是一件很艰难而复杂的工作,因为这是使一个学生从旧的习惯、思想、劣根性中解脱出来,形成新的思想、行为和作风,是人的形象再塑和转变,甚至是一个人思想性格的重铸。要做好这个工作,班主任除了应具有循循善诱、谆谆教诲的能力外,还要有发挥任课老师、家长、社会等诸方面教育的能力。除了有理性的教育外,还需要有情感的催化。从这一点来说,班主任既是个"攻坚者",又是个"调理师"。

第三节 班主任队伍建设专业化机制的设计

从管理学的视角来说,制度解决的是边界问题,机制解决的是活力问题。当下的现实是,绝大多数学校都逐步建立健全了较为规范的促进德育队伍专业发展的各类规章制度体系,但是德育队伍建设的活力问题还是没有得到很好的解决。虽然促进德育工作者专业发展的途径有很多,但如果学校管理主体不能建立有效的激励机制,就无法促进德育工作者,特别是班主任形成专业发展的动机,从而也就不能实现这一群体的自主专业发展。因此,学校管理者必须注意构建激活德育队伍专业发展的学校机制,从而更好地促进德育工作者的专业化发展。

一、"研训合一"的学习机制——以问题意识为导向、以案例研究为支撑

班主任发展终极目标是激发学生的成长自觉,为学生的发展服务实现以生为本。学校在德育队伍的校本培训中,可以实施并落实研训合一的学习机制。"研训一体化"坚持"研"中有"训","训"中有"研","研训合一",服务于学校德育工作内涵深化,服务于学生成长。目前已经开发出多种校本培训模式,其中代表性的有以下两种"研训合一"的班主任学习模式。

(一)问题工作法研训模式

由于班主任在高等院校就读时,没有设置班主任学这样一门学科,因此班主任上岗前未能系统地学习掌握班主任工作基础理论和基本方法,上岗后不断地遇到常见问题或棘手难题。即使是经验丰富的班主任,面对不断变化的形势和正在成长中、发展中的学生,会遇到一些棘手的难题,如网络道德、

男女生交往、单亲子女教育等。这些问题需要在实践中解决，解决这些问题需要基础理论的指导和基本方法的借鉴，也需要借助集体智慧和合作精神。通过资深年级组长的个案引领，探索问题研究式培训模式，以发生在校园内的诸多问题的逐步探索解决为线索，通过学习来指导问题的解决。其基本框架是：①调查问题，概括问题；②发布问题，推进研究；③讨论交流，共同探索；④撰写论文，升华理论。问题工作法研习模式具有两个特点：一是研究目标明确，目的性强，指向性突出，以问题的解决为目标带动研究，研究更有效；二是实践性强，挑战性强。每一个问题的研究都要通过实践，每一个问题的解决都具有挑战性，推动班主任培养研究意识、研究方法、研究习惯和开拓创新能力。从事现代教育的班主任应该是研究者、创新者，问题工作法研训模式最有利于研究型、创新型班主任的发展、成长。

（二）案例学习法研训模式

案例学习是英美等国高等院校培养工商、法律、医学等专业的各层次大学生的常用教学方法。例如，哈佛大学为培养工商管理硕士，就积累了1100个管理案例。某校曾经有一位学生在网上发布了一个关于学校伙食、校服的视频，一时闹得沸沸扬扬，班主任紧随势态，使网络道德这一讨论在全校展开，最终这位同学悄悄撤下了视频。案例学习的方式，应用到班主任培训方面，实践证明是受班主任欢迎的方式。班主任案例学习法研训模式基本框架如下。

（1）选择案例。学校从优秀班主任的工作总结和论文中，筛选出理论性和实践性相统一的典型案例，这些案例绝大部分是对于班主任常见的问题及难题，都有针对性和可借鉴性。

（2）推介案例。学校通过印发材料、讲座辅导、校园网络等方式，把案例推荐、介绍给班主任，让班主任学习、借鉴。

（3）研析案例。在班主任研读案例过程中，提出要求，促使班主任结合个人工作实际，分析案例、感悟其中蕴含的教育原理，把握真谛，反思自身的工作，总结经验，修正失误。

（4）撰写案例。学习他人经验，总结自己工作得失，提炼升华本身经历过的事例，每月整理编撰《班主任德育园地》，并编写班主任心理辅导个案集。案例培训的模式有三个特点：一是生动形象、通俗易懂，具有可读性；二是寓哲理于事例中，贴近工作实际，深入浅出；三是事例鲜活，有借鉴性。

案例一：

小K同学总是踩着第一节课的上课铃声大摇大摆地走进班级，他没有觉得不好意思，这样每次都要晚交作业，提醒过几次，效果不大。其实他家住得不远，跟他父母沟通后，了解到他喜欢赖床，不到点就不起来。班主任想要在全班面前跟他"幽默"一回了，有一天他照例迟到了，班主任微笑着跟他说："不好意思，小K同学，我比你早来了。"其他同学笑了，班主任看他面露尴尬之色，看来计谋有点起效果了。第二天他又迟到了，班主任还是微笑着对他说："不好意思，小K同学，我和其他同学又比你来早了。"其他同学又笑了，班主任看他头低着，一溜烟跑到自己座位上了。这位班主任成功了，接下去的日子他没有再踩着铃声进课堂。试想，如果当众严厉批评，结果会是怎样？

反思：德国著名演讲家海茵兹·雷曼麦说："用幽默的方式说出严肃的真理，比直截了当地提出更能为人接受。"幽默批评是重语轻说，一语中的，让学生在诙谐、愉快中接受批评，改正缺点。

案例二：

"范老师，小B同学拿了很多饮料到学校里来，他可能想给同学喝。"班级里的一位坐在小B周围的同学跑来告诉范老师。范老师先对他表示感谢，跟他说会处理的。小B是班里最不能自律的学生，他曾带过一瓶饮料自己喝，范老师也进行了教育，那么这次会是什么情况？小B的个性很强，硬来肯定不行。范老师走进教室，正好是上体育课，教室里没有人。范老师走到小B的座位，看到地上摆着一排各种颜色的饮料，就拿来袋子装了进去，带回了办公室。体育课上好，学生陆续回来了，小B也回来了，一看地上他就慌了，东西不见了，他还走东窜西到处问同学。范老师走过去，问小B是否在找东西？聪明的他一下就猜到是范老师拿走了他的东西，他就跟范老师说，自己做错了，以后不会再犯了。范老师就问他："这不是第一次了，我凭什么相信你？如果再拿怎么办？"他可能等着范老师的一顿批评，没想到范老师是跟他谈条件，他想了想说："再带你就全班批评我，告诉家长扣我零花钱，不再相信我。"范老师的目的达到了，放学后，就把收来的饮料还给了他，他也是一阵窃喜，没想到还能失而复得。过了几天，范老师利用午会课，给全班普及了一下常喝饮料的害处，其实小B明白这是讲给他听的。至今他没再带饮料来了。试想，如果范老师收掉小B的饮料后，对他狂轰滥炸似地批评，结果会是怎样呢？

反思：针对学生的性格各异，老师采取的批评方式也要对症下药：对于"吃硬不吃软"和懒惰的同学，不能姑息和过分的宽容，要激一激。对于"吃软不吃硬"和倔强的同学，老师应该心平气和地与他沟通，不要和他"顶"，巧下台阶，放他一马，给他留下转身的空间。

二、分层分类的发展机制——以整体提升为追求、以品牌打造为焦点

需要是人类积极性的源泉,班主任工作的特殊性决定了他们需要的多层面和发展变化性,因为班主任在专业发展过程中,不同时期、不同班龄的班主任专业发展的需求是不一样的,因此要以班主任的需求作为工作的依据,有针对性地根据其具体情况有的放矢地采取相应分层分类的激励措施调动他们的工作积极性,做到"基于需要、发展需求、引领追求"。

(一)分类培养各级班主任

在德育队伍的发展中,各层次实施各有侧重点。例如,对班主任所提的是一些基本的要求,没有拔高,无论是师德规范,还是学校教学常规,乃至读书活动,都是教师日常化的专业发展要求。实际上,让全校所有的班主任都成为研究型的专家班主任,只能是鼓动性的口号和理想,是不现实的,也是不大可能的,可能的现实路径就是让一部分有基础有想法的班主任"先富起来",让先进带动后觉,最终实现共同发展,达到"共同富裕"。这就需要分类分层,由明星教师、线上的骨干班主任来带动全体班主任。青年班主任师资带教;全体班主任校际联动,德育备课;高研班总结带班经验,通过校内育人奖,以期达到各有侧重、各取所需的目的。

例如,面向全体班主任,解决的是基本素养、基础规范和基本的教育观念问题,让班主任们知道应该干什么。可以专门为青年班主任提供了师徒带教和班主任专家门诊,通过校际联动、集体备课、以赛代练等方式提升他们的整体水平。对于班主任业务骨干解决的是学校的立德树人工作如何有效改进的行动问题,让班主任们不仅知道应该干什么,而且落实为怎么干有效果,可以开设班主任的高研班,不断提高他们的精神追求和业务技能。对于明星班主任解决的是特色发展问题,让他们不仅知道怎么干,要干好,更要干出特点和品牌。

1. 分类管理

根据教师群体的特征,确定三种类型班主任条件,并根据教师本人的整体素质的实际对其进行分类(见表5-1)。

表 5-1 班主任分类管理

分类	基本条件	管理办法
见习班主任	新分配的大学毕业生和未曾担任过班主任的教师	确定指导班主任，组织理论培训和实践；实施导师制管理
封闭型班主任	忠诚党的教育事业，热爱学生，愿意担任班主任；具有较强的工作责任心；管理班级，教育学生能力较强，班级管理效果较好；能协调好科任教师的关系，能形成良好的班风班主任年龄在2年以上（含2年），且班主任考核合格	要求独立承担一个班的班主任工作，并且实施封闭型管理
开放型班主任	忠诚党的教育事业，善于教书育人，热爱班主任工作；具有较强的责任心和班主任工作的主动性；教育学生、管理班级能力较强，具有较强的创新意识和创造能力；班级管理有特色，效果明显，能形成自主管理的良好局面；有5年以上班主任工作经历或担任过一届毕业班班主任且考核合格者，连续2年被评为校优秀班主任；能指导1~2名见习班主任	要求独立承担一个班的班主任工作，实施开放型管理

2. 分类指导

根据班主任的类别，分别进行不同要求的建设，并明确相应的奋斗目标和工作要求（见表5-2）。

表 5-2 班主任分类指导

分类	奋斗目标	工作要求
见习班主任	通过班主任工作的见习和实习，学会教书育人的基本方法，提高理论水平，培养班级管理的实践能力，成为基本能胜任班主任工作的教师	虚心向指导班主任学习，积极探索班级管理方法，积累班主任工作经验，每年征订有关班主任工作杂志2本，每学期写一篇班主任工作体会；参加学校组织的班主任工作理论学习和各类业务培训，完成培训和实践操作的任务
封闭型班主任	独立承担一个班的班主任工作，在实践中不断提高学生素质和工作能力，逐步提高班主任工作的实干型班主任教师	每年征订有关班主任工作杂志一本，每学期写一篇班主任工作体会；参加学校组织的班主任工作理论学习和各类业务培训；积极探索班主任工作经验；做到熟谙每一位学生的禀性；认真履行班主任工作成效；在完成学校基本要求的前提下，能独创性地开展工作
开放型班主任	独立承担一个班的班主任工作，创造性地开展班主任工作，形成特色，力争做一个创新型班主任	创造性地探索班主任工作的科学规律，形成自己独特的管理风格或特色，每学年写一篇班主任工作论文；培养学生自我管理的能力，形成良好的班风；指导1~2名见习班主任，使之胜任班主任工作

3. 动态考核

班主任考核包括月考核、学期考核、学年考核。根据学年考核结果确定班主任考核等级，并以此等级作为下学年聘任班主任等级的依据。三类班主任的考核办法如下。

（1）见习班主任。针对协调能力、学生谈话、主题班会、思想教育、处事能力、实践能力、常规管理等七项内容进行考核，并确定总体等级。在学年考核中，凡优秀者列为下半年封闭型班主任聘任对象，合格者可在人事管理中计算班主任年限，不合格者继续见习，且不计算班主任年限。

（2）封闭型班主任。采用"刚性"为主的封闭型考核，分为"基础工作考核（占40%）""重点工作考核（占60%）"两块。基础工作为品德纪律管理、卫生管理、安全管理、整体配合、公物管理、事务工作、信息汇报等7个方面；重点工作为思想教育、学风建设、教学质量、常规管理等4个方面。围绕以上11个方面工作进行细化，确定量化标准，并根据量化考核结果，确定总体等级。在学年考核中，凡优秀者列为下学年开放型班主任聘任对象，不合格者降为见习班主任，当年不能计算班主任年限。

（3）开放型班主任。采用"弹性"为主的开放型考核，根据思想教育、学风建设、教学质量、常规管理、创新工作等5个方面的内容和工作成效，采用查、看、听、评等方式，按照"重学年考核，淡化月考核"的操作原则确定考核等级。凡不合格者下学年降为封闭型班主任，优秀者列为评优对象。

4. 整体推进

学校鼓励班主任老师征订有关班主任工作杂志1～2本，经常组织校内形式多样的班主任工作交流，采用"请进来，走出去"的方式，邀请兄弟学校知名班主任来校介绍经验，努力将学校优秀班主任宣传出去，为班主任创造条件参加各级各类班主任培训及考察等，为各级班主任的成长创造条件，搭建舞台，提高班主任"教书育人"的素质，从而实现班主任队伍的整体优化。

（二）聚力打造明星班主任

一所学校的德育队伍中如果有若干个优秀"明星"榜样，很容易刺激、带动起整个队伍的发展，因为榜样的力量是无穷的。学校特别成立了优秀班主任培养领导小组，制订优秀班主任培养方案，根据学校需要，对照条件，个人提出申报，由领导小组统筹规划，有重点地以优秀班主任作为校骨干教师、校学科带头人、区骨干教师人选，培养这些班主任成为德育精英、品牌教师。学校为这些精英班主任特地设立了三大专业发展平台，如引领性平台提供向上拓展的拉力，研修性平台帮助他们挖掘自身发展的潜力，展示性平台帮助他们扩大校内外的辐射力。学校还鼓励这些班主任个性发展、特色发展，让他们根据自己专业发展的兴趣喜好选择一个攻关项目，每个人可不同，可以是一个课题研究,可以是编写德育活动案例集等,目的是帮助他们提炼与打造特色个人德育风格等。目前,已形成以专业精湛助推班主任工作型、以思辨促进学生道德发展型、以活动关注中学生个性指导型、家庭教育指导优先型等带班风格。

第四节 班主任队伍建设保障制度的构建

一、专业发展驱动制度——在反思中求发展、在阶梯上勇攀登

德育队伍的专业发展需要驱动,这种驱动有内因外因两方面,外因通过内因产生作用,内因也离不开外因的推动。学校应注重从内、外两个层面来构建德育工作者(主要指班主任)专业发展的驱动机制,即以班主任自我生涯规划为抓手的自我驱动和以班主任职级制考核评价为抓手的激励驱动。

(一)制订个人发展规划,在反思中求发展

一个不合格的班主任肯定不是好老师,一个不喜欢与学生打交道的老师不是好老师。从源头抓起招聘把关,解决能不能的问题。有做好班主任工作愿望的老师优先录用。学校在德育队伍建设中应坚持引导教师制定个人发展规划"三部曲":班主任发展规划;成长记录册(个别指导、带班成果、教育反思);导师。据此逐步实现班主任专业的可持续发展。引导教师积极开展教育反思。制定个人发展规划不仅是对班主任自身发展的引领和督促,也是班主任走专业化可持续发展的必要手段。学校根据教师的发展规划,采取协商式的目标管理,在价值尊重的同时,做好价值引领,帮助教师合理制定一篇好的能准确地反映教师的人生发展思路、期望和努力方向,也能反映出班主任在教育教学和科研等方面的成长轨迹的发展规划。同时,提倡班主任开展教育反思,使德育队伍养成对日常工作与学习的一种敏感和探索习惯,保持一种积极探究的心态,不断改进自己的工作并形成理性的认识,逐步走向专家型的班主任发展目标。

(二)推行职级制考核评价,在阶梯上勇攀登

为了更好地激发德育队伍发展,校内推行班主任的职级制考核评价,对象为在班主任岗位上工作且未到退休年龄的正职班主任,把班主任职级分初级(见习期)、中级、高级、特级。同时,班主任的职级与津贴挂钩,依照职级由低到高依次递增,特级班主任与区级德育学科带头人享受同等待遇,极大激发教师们的竞聘积极性。人人争做班主任的良性循环,实现了向好中

选优的华丽转身。可以说，职级制的考评为班主任的发展搭建了有序的发展阶梯，引导着他们勇攀事业发展的高峰。这是对他们专业性的肯定，使班主任工作更具专业"含金量"。

（三）通过大赛，大面积、高效率地提高班主任队伍的基准素质

长期以来，班主任培训主要倾向于基础教育学校的班主任，职业学校的班主任获得专业培训的机会很少，甚至被教育主管部门组织的"班主任培训班"遗忘，在班主任方面的培训内容几乎为零。若想在短期内取得良好的效果，只有通过组织全省大赛的方式，做到人人参与、层层选拔，让更多的班主任能够体验和尝试专业班主任应有的工作能力和岗位要求。可见，组织实施职校班主任基本功大赛是快速提高职校班主任队伍基础素养的最好方式。

二、校际联动发展制度——在合作中求共赢、在竞争中求成长

校际联动的总体目标是根据学校发展的要求，建立校间的联动机制，并以之为载体，探索不同学校间教师学习共同体建设的途径和方法，以实现合作互赢、共同进步的持续发展目标。校际联动的着眼点在"人"的培养，也就是队伍建设，这也是学校发展的关键。

积极探索校际联动的新思路、新模式，努力构建开放式的校际交流研究平台，确定把推进青年教师综合素质作为校际联动合作的切入点，以提高课堂效率为突破口。活动中，学校领导要带头参与上课、听课、研讨等活动。围绕"教师专业成长""提高课堂教学质量""校本研训""听课评课"等专题，开展不同形式的联动活动，实现资源共享。

目标一致，形成共识。各学校建立由校长任组长的校际联动领导小组，召开专门会议研究制订计划。定期召开联动校长会议，每学期有总的活动计划，每次活动有详细的实施方案。校长们参加每一次活动，轮流在活动中有一位校长做点评发言。结合本校实际，提出在联动中探索的重点。

（一）搭建平台，促进发展

校际联动聚焦人的发展，通过多种形式搭建平台，为教师提供学习、展示、交流的机会。

1. 开展竞赛活动，在展示中提高

形式多样、目的明确的竞赛活动，成为校际联动共同发展的重要载体。例如，学校可以举办青年教师教学评比邀请赛理化组板书设计专场、青年教师教学评比邀请赛数学命题专场、青年教师教学评比邀请赛"课堂教学中的

课题导入"比赛专场等，在联动中充分凸显了适切有效的基本原则。鉴于班主任队伍建设是加强德育工作的基石，学校举办的校际联动之德育案例评比大赛，既是各学校班主任工作风采的一次展示，也成为各校教师相互学习交流的一次盛会。

2. 研训结合，在交流中感悟

开展校际教研活动，搭建更宽广的互动舞台，让更多教师通过探讨研究，提升教学教研素养，也是校际联动的重点之一。语文学科围绕"初中语文教学有效衔接"主题，举办中学语文区示范教研组展示活动——课堂教学研究活动专场，既有古诗文吟诵唱拓展课展示，又有立足起始年级以激趣为主的写作指导。这些活动充分体现了从课程角度把握教研组建设的理念。理化教研组可开展"青年教师教学基本功系列训练之二——说课"和"青年教师教学基本功系列训练之三——说课评比"等活动，邀请化学教研员做培训讲座，有力推动理化学科青年教师的发展成长。英语学科开展完成学科测试卷，聆听分析讲座等。这些活动中有名师示范课录像观摩、青年教师展示课、同行点评交流、专家名师专题培训讲座……校际联动的一个又一个平台，为加速青年教师成长助推给力，并取得较好效果。

（二）校级联动，互惠互利

通过校际联动，能够有效实现互惠互利、共享共赢的目的。

1. 共同的目标是校际联动的基础

学校发展，教师要先发展。教师在突破自身视野、能力局限，谋求成长的进程中，需要一定外力支持。校际联动通过有针对性、可操作性、贴近教育教学实际的培训、交流，提供了教师专业发展的新的推动力。

2. 发挥各自优势是校际联动的前提

要明晰校际联动是双向互补的。每个学校各有特色，都有亮点。参加联动的学校，都要明确自身的办学优势。通过校际交流，既能学习他校长处，也能发现自身优势，并在他校长处与自身优势的对话中，实现新的共振与飞跃。

3. 合理的方式、方法是联动成功的关键

每所学校都要明确在增强合作、共同促进发展中各自的权利与义务，以保障校际联动合作有序、高效地开展。但共享的同时又不能忽视校际差异与个性。校际联动贵在针对性和适切性，在积极寻找共性的同时，必须对自身学校的个性始终保持清醒。只有这样，才能取得最合理的借鉴和寻找最佳的发展轨迹。

在工作中，可以把推进青年教师综合素质作为校际联动合作的切入点，开展不同形式的联动活动，实现资源共享。通过校际的学习互动，提升中青年教师、青年班主任、年轻教研组长（年级组长）、年轻中层干部的教育理念和管理理念，探索各层次教师成长的规律，以任务驱动有效促进教师的迅速成长。以校际多元化的活动为载体，提供中青年教师、班主任和年轻干部实训机会。以岗位观摩、岗位带教、教研活动、公开教学、专题讲座、教学技能竞赛等多种方式为他们提供学习平台，加强学校的内涵发展。

坚持长规划、短计划相结合，在实践与互动中不断调整与充实，努力依托以下三个途径实现校际联动：①校本培训的交流互动；②管理、教育、教学活动的参与、观摩和研讨；③以交流与竞赛为形式的实践平台。形式多样、目的明确的竞赛活动，成为校际联动共同发展的重要载体。通过校际联动，能够实现互惠互利、共享共赢的目的。

4. 实现班主任队伍实践中智慧的共享

班主任工作的对象存在较大差异，即便是同一位教师每天也面临不同问题，很难有问题可以复制和重现，因此要注重把班主任已有的工作经验和亲历体验，作为学习资源和研究资源，尝试构建班主任实践智慧的共享机制。主要通过以下各种类型的活动来实现班主任实践中智慧的共享，如班主任品德评语大赛、网络道德主题班会大赛。

（1）培训式活动。每次班主任例会都是培训班主任的机会。不仅有校内学校领导的主题培训，也邀请外校或高校的一些专家学者进行主题凝练的专题讲学。这些报告丰富了班主任的理论知识，增强了班主任理论联系实际的自觉性，为做好班主任工作提供理论支持。

（2）分享式活动。每个班主任都有自己独特的思想和经历，可以通过班主任分享交流平台来进行沟通和分享，以促进个体知识的有效传播，增加班主任团队的群体智商。班主任中谁最近看了一本好书或最近出去参观考察或进修培训，都可以在例会上分享自己的所见所闻和所思所得。分享式的活动互动拓展了班主任的视野，收获了更多的开展班级活动的方法和"金点子"，如立足于班集体建设的"我为班级激励献一计"、班级管理"金点子"分享式活动。

（3）论坛式活动。为加强学校班主任成员之间智慧的碰撞和交流，可以开设"班主任论坛"，每隔一段时间组织论坛式活动，即提前选定一个主题，让几个班主任分别准备，到例会时各自演讲陈述，然后提问、交流、讨论，把例会变成一次学术论坛和学术答辩，提高班主任团队的学术研究能力和表达能力。通过这个平台给每位老师搭设展示交流的机会，只要在班级管理中有想法、有实践的班主任都有机会主讲。这个平台使不同梯队的班主任都有发言的机会，也给缺乏工作经验和方法的教师提供了借鉴学习的机会，为他们积累更多经验。论坛的开展，使参与交流的班主任通过交流提高了自信心，为自己形成班级管理特点奠定了基础。"班主任论坛"不但是班主任展示的平台，也是班主任交流互动的平台，每位班主任都可以将自己的思考在这个平台上进行交流。有的教师对主讲班主任的做法给予充分肯定，有的是向主讲班主任探讨问题。教师们在欣赏与沟通中，体验到的是喜悦、尊重，是成功的自信。

（4）"会诊式"活动。当学校出现了一些危机事件，或有个别教师、学生存在一些棘手的问题时，可以召开班主任专家"门诊"活动，以实现德育管理效能的最优化。不管是校长，还是职能部门负责人，或者哪一位班主任，一个人或少数几个人面对复杂问题时，难免会出现决策偏差。"会诊式"活动就是德育团队共同思考、破解难题的良方，通过集体智慧、集体决策来规避个别决策的风险，实现德育管理效能的最优化。

（5）开放式活动。实施开放式班主任工作研讨会，邀请课任教师代表、学生代表、家长代表、社区代表等列席，可自由表达心声，并根据主题的不同邀请不同的对象来参加。通过开放式的班主任活动，让班主任了解了学生、家长、社区等各方面的想法和有效的做法，为班主任开展班级管理、做学生思想工作、家庭教育指导、学生社会实践活动等打下良好的基础。

（6）交流式活动。学校班主任成员之间需要交流和分享，兄弟学校班主任管理工作之间也需要交流和分享和借鉴。学校可以经常邀请区内外的一些兄弟学校的班主任开交流式会议。不同学校的班主任们交流工作，进行研讨，互相学习，有助于学校班主任管理经验和能力的提升。

（7）拓展式活动。开展德育队伍团队拓展活动，能够加强班主任之间的团队协作，促进团队整体合力的形成。学校与企业、场馆进行跨界交流、吸纳不同行业团队建设的有益经验，可以开阔教师的视野和眼界。

班主任专业化发展是教师专业化发展向纵深发展的必然结果。建立一套科学有效的班主任专业发展激励机制是一个复杂而漫长的系统工程，它的每一方面都涉及许多具体的内容，这些都值得在今后的学习中进行深入细致的探讨与研究。

第六章　中学德育评价体系研究

第一节　现行中学德育评价体系存在的主要问题及成因

一、德育评价目标的问题

德育评价和任何实践活动的开展一样，都带有一定的目标性。德育评价的目的就是为了帮助学生在道德情感、行为态度、思想观念等各方面不断获得进步和发展。具体说来，就是从德育评价的结果中获得信息的反馈，借此来改进学校德育工作开展中出现的问题和缺陷，更好地实现学校德育目标，促进学生思想道德水平的提高，充分发挥中学德育的实际效果。笔者根据现有资料，总结出以下主要三点有关当下德育评价目标中存在的问题。

（一）德育评价目标不明确

这一问题是当前中学德育评价实践中出现的首要问题。从当前许多中学的德育评价中发现，许多学校德育活动的开展仍旧更关注的是德育活动的功利性。例如，由于对德育评价功能认识的片面和单一性，导致在德育评价的过程中过于强调其甄别和选拔功能；只关注到学生与学生之间德育横向比较所体现出的差距与不足，将学生盲目地分为三六九等，评定高低，忽视学生个体内在的发展和进步，严重扭曲了德育评价的最终目标，忽视了德育评价中激励和改进的基本功能；而在对学生的成长过程中纵向对比所表现出的进步与发展视而不见，容易造成对学生的否定性评价居多，激励性评价欠缺，忽视了学生自身发展以及人格的养成。同时，也有很多中学在对学校德育评价目标的定位上出现误区，认为学生德育评价是为了对学生在思想品德课、社会课等知识的掌握进行比较性鉴定，或者简单地通过德育评价将教师和学校的德育工作量和德育工作的效果画上等号，使德育评价形式化、功利化。

（二）德育评价目标脱离现实需要

由于德育具有理想性，一般认为提出一个较高的德育目标能够对学生的教育起到一定的激励作用。当前，一些中学在设立本校的德育目标时往往过于抽象、空泛、统一，不同教学阶段设立的目标与目标之间缺乏适当的层次和衔接，而且也不符合学生和学校德育的实际，难以反映学校德育的特点以及学生思想品德的发展的特殊性，表现出一种"抽象有余、具体不足"的现状。因此，学校在设立德育评价的目标时，脱离现实、设立过于抽象的德育目标，很难达到加强学校德育工作的规范管理、促进学校德育工作科学发展的最终目的。

（三）德育评价目标制定的依据单一

这一问题极易导致对学生德育评价的结果缺乏客观全面性。例如，过于依据国家的教育方针和教育目的制定的德育评价目标，容易导致对学生的德育评价过于宽泛和抽象，难以捕捉学生个体的实际情况。笔者认为，德育评价目标的制定应充分考虑到时代与社会发展需要、国家的教育方针和教育目的、民族文化及道德传统、受教育者思想品德形成、发展的规律及心理特征等因素。

到目前为止，在一些学校德育考察和鉴定都还存在着与德育目标相脱节的问题，大多数教师往往凭自己的主观经验给学生的个性心理品质"盖章标榜"。事实上，现代中学德育评价的目标和德育目标在本质上是一致的，所谓德育评价也就是对德育目标实现与否的考察。因此，评价的目标也应该和德育目标是一致的，随着时代的变化发展而做出相应的调整。因此，如果出现德育评价的结果与德育目标有了偏差，或者是完全背离了方向，德育工作者首先就应该肩负起纠正和调整的重任。同时，德育工作者必须充分把握最新的国家教育动态、德育目标，因为德育评价的起点也就是对德育目标的分析，只有德育工作者自身已经具备和掌握了国家制定的教育方针及目标，才能更好地理解和认清德育评价的目标。

二、德育评价标准的问题

当前，我国中学德育评价标准的内容有待进一步拓展和发掘，存在的问题是突出对学生知识掌握的评价，而忽视对学生在学习过程中产生的思想情感以及行为意识上的评价。

（一）评价标准欠缺实践能力的培养

首先，当前我国德育工作的内容大多数是以课本的方式、绝对真理的形式、课堂教学的方法呈现出来，极易对学生的创造性实践能力的培养以及自我价值批判能力造成相当大的抑制作用；其次，当前我国中学德育旨在为未来社会主义事业的健康发展培养合格的社会主义公民，而许多中学却将以实现该目标的德育的含义错误地与道德理想的教育相混淆，忽视学生的实际情况，过分关注于学生的道德信念、远大的理想和崇高的道德精神；再次，在素质教育观念盛行的今天，公众对学校教学质量高低的评价以及上级对学校教育教学的考核还主要以升学率为依据，而学校考核教师的教学能力也主要以学科成绩为依据，这都极易导致当前大多数中学教师不能足够的去把握学生的个性，无法从客观的角度上对学生的心理素质等方面进行更详尽的分析，也就导致了对学生的评价多采用抽象模糊的评语性评定的方式。例如，"尊老爱幼、团结友善""热爱班集体、乐于助人""刻苦努力、勤学好问"等这类评价，虽然评语表面看起来"实"，事实上细细一琢磨却又是实实在在的"虚"。当前，我国中学德育评价还倾向于关注对学生思想道德知识的理论性教育或是表面行为的监督，对学生内心关乎道德情感、思想意识的变化发展缺乏关注和指导，在日常德育活动的开展中常忽略学生对德育的真正理解和看法，造成德育课程与活动的开展仅是为了完成教学内容而教，而不是为了学生的发展而教，这种不从学生角度出发、不考虑学生思想情感发展的德育评价标准，使学生不能够真正的"学以致用"，在学习和生活中不能够做到"知行合一"，从而难以客观公正地反映德育活动的社会价值。社会处在不断地变化发展中，每个历史时期都有自己的特点，能够反应新历史时期特点的德育内容和中学生个性特点的学校德育评价却未能充分融合入整个德育评价大体系，这是值得我们教育工作者和研究者不断改进的地方。

（二）评价标准欠缺灵活性

当前中学建立的德育评价体系，德育评价的标准多以学生对道德知识掌握的多少来进行考核和估量。造成这种现象的原因之一是因为在学校中，德育活动的开展还是以课堂教学的形式展开的，而在课堂教学中，教师多采用说服式的灌输教育模式来开展德育课程。这种强制说服的教育模式在教学过程中常常是带有明确的限制性以及具有必须服从的强制性，在这种模式下，学生大多数都处于一个被说服或被动接受知识教育的地位，甚至有的学校还将学生对这种教育模式的接受程度进行单一地定量分析。这种单一的、通过分数的高低来评价学生品德的发展、检验德育工作开展的价值效果的教育评价模式，实际上忽视了学生德育的现实需要。实际上，任何实践活动的目标也应该保持与时俱进、不断改进以适应现实的需要，中学德育评价的目标也要随着时代的变化发展而改进。事实上，我国并没有出台一个固定、唯一的中学德育评价标准，现行各中学校使用的评价标准也是由各学校依据

《中学德育大纲》中规定的中学德育的总目标来自行制定与本校相协调的、适合自身发展需要的评价标准。若学校管理者和教师自身缺乏明确的评价标准且随意性较大的话，容易导致德育评价标准的内容缺乏应有的科学客观公正性。

三、德育评价的形式及模式问题

德育评价的形式和评价模式直接影响着德育评价结果的科学性以及客观性，同时与反映学生的发展动态以及德育活动的社会价值密不可分。

（一）德育评价形式上欠缺公平公正

当前，我国不少中学校采用的德育评价形式是由相关教师凭着日常教学活动中对学生的少量接触，对学生进行主观上的德育评价。将本应复杂、长期的道德发展过程归结于简简单单的几句话或者是毫无意义的数字。同时，在一般情况下常常是由班主任或辅导员掌握着评价的主导权，其评价也被看作具有绝对的"正确性"，即使教师在评价中出现不公正、不客观的评价，被评价的学生本人甚至连申辩的权力也没有。德育评价的形式或表现为班主任、辅导员简单地用一小段的操行评语对学生进行总结归纳，又或者将德育评价转变为通过以思想品德、思想政治课考查或考试的方式，并以简单的分数来呈现对学生的德育评价的高低和好坏。

（二）德育评价模式单一

在德育工作的开展中，常常采取借以对某一个体的道德行为的社会认可和宣扬，来激励整个社会成员的道德以做出同样的德育反应和行为。这种通过塑造和宣扬某一个积极的、成功的个体道德模范典型来鼓舞和激励社会其他成员向其学习的德育激励模式，在教育评价体系种类中属于典型的以点带面的一种。在中学德育工作中采取这种注重荣誉、单一的评价模式也并不能一概否定，从某些角度来看还是存在一定积极作用的。例如，能够在中学生的意识领域中树立一个良好的、积极向上的榜样，培养中学生对社会道德的强烈认同感，端正学生的行为习惯以及价值态度情感观；有利于实现以点带面、以个体带动整体的德育效果，既能够使受表扬的个体产生强烈的榜样意识，再接再厉的心态，同时也能够使被鼓励的其他的受教育的个体产生道德

共鸣，主动向积极的道德行为靠齐。但是，事物都有其两面性的，在这种注重荣誉的评价模式下，其缺陷也是无法避免的：道德中原本属于一个整体的紧密联系的道德行为和道德感逐渐被剥离开来，道德行为严重脱离了道德的实质内涵而逐渐演变成了学生为得到学校、家庭和社会的赞扬以及荣誉的生活工具。道德本应是个体发自内心并自觉遵守的行为准则，不应仅是为了获得某荣誉而被迫产生的行为或者情感。

因此，在单一地注重荣誉的德育评价模式影响下的道德行为的主体在本质上并没有多少道德感可言，这种德育评价体系所带来的道德行为和道德感的剥离，极易造成接受中学德育的某些学生个体被世俗化，被当前社会上出现的不良风气如拜金、享乐和个人主义等所侵蚀，逐渐产生自觉遵守行为规范和个体道德信仰的缺失。试想一下，当我们一直努力的德育工作对象的中学生们变成了一个只是为了获得教师的表扬和荣誉，而不是发自内心自愿主动地去帮助他人的学生，或许就在明天可能也会成为一个为了荣誉、为了利益而做出所谓"道德行为"的伪君子，而且在做出"道德行为"的同时，实际上并非出自个人的本性，长期过分关注所追求的荣誉的评价模式还会使学生产生严重的压抑心理，慢慢地变得难以承受挫折和失败，这也是造成当前社会中越来越多的学生出现严重的心理问题，有的学生甚至严重到对自己和他人的生命都丧失了最基本的尊重和爱护。而在这些走上歧途的学生中，我们会发现有的人曾是学校教师和家长口中学习的"好榜样"，当作某种榜样被许多的人所瞩目所喜欢，但在最后却走上犯罪的道路，有一个共性就是缺乏一定的生活耐挫能力，而且这种新闻报道近年来已经越来越多。因此，我们不得不研究这种评价模式带来的社会不良反应，必须得到学校、学生、家长以及社会各界的重视。

第二节 中学德育评价体系建构基本原则

中学德育评价体系建构要遵循"以人为本、动态发展、多方评价、自我激励"四个原则。

一、以人为本原则

坚持以学生为本位的教育理念，重视学生的感受、体验、主体性及潜能的发掘。采用定量与定性评价相结合的评价方法，多角度、多渠道、多方式对学生德育素质进行综合评价。以评导学，以评促改，引导学生政治素质、思想品德素质、职业道德素质、职业行为规范等得到相应提高。

片面地强调定量评价是不可取的，离开定性的定量评价，容易导致机械地追求分数的倾向，而忽略了对内在质量的要求。离开定量的定性评价，又容易使认识停留在模糊阶段，过多地依赖以往的经验和一时的印象，主观随意性大。因此，只有把定性评价和定量评价紧密结合起来，才能使评价更准确、更具体、更全面，从而更具有说服力。在评价中，应该认识到定性分析是评价的直接目的、出发点和归宿，同时又必须以定量分析为基础和依据，所以在定性评价的基础上进行定量分析，再以此为依据，在更高层次上进行定性评价，达到定性评价和定量评价的有机统一。

二、动态发展原则

学生德育成长是一个动态发展的过程。德育评价要以科学发展观为指导，注重了解评价对象过去、现在、导向未来的道德素质状况。采用静态评价和动态评价相结合、过程评价和结果评价相结合的评价方法，评价学生当下的行为表现，分析学生思想的发展状况，分析其未来的发展趋势。通过全过程的动态评价，把握学生素质发展的规律，适时给予学生引导和激励，让学生树立自信心，有利于学生德育素质的健康发展。

学生个体道德品质的养成本就不是一蹴而就的。其实，在现实生活中，我们评价某人品德良好时也大多是从其道德行为习惯说起的，在某种程度上，良好的道德行为习惯是个体良好的道德品质的真实外显，而口若悬河的道德理论并不能说明某人真正具有了良好的道德品质。道德、行为习惯既然是一种习惯，就必然要有一个养成的过程，因此在中学阶段对学生的德育评价就不能仅看重最后的结果，而应该把这种评价贯穿于学生接受教育的全过程。在评价学生个体的道德品质时不能单以某方面的结果作为唯一的标准，而应在平时的目标考核中，尽可能地翔实记录学生在这方面的表现，真实地记录下学生从入学到毕业这一段时间的成长过程。

三、多方评价原则

依据"教育多元主体论"的教育理念，结合中学的办学定位，完善多方主体共同参与的德育评价机制。利用学生参与社会实践等机会，使学生接受实践方评价。通过实践方的反馈评价，构建学校、家庭、社会协同的立体化德育网络，促进中学德育目标的实现。

四、自我激励原则

根据中学生身心特点和品德形成的规律，坚持"知"与"行"合一。采用自评与他评相结合的评价办法，引导学生把社会的要求转化为内生动力，使评价机制更好地发挥导向激励作用。让学生在知中行，在行中学，在学中评，在评中促，自觉将正确的品德认知内化为信念，培养具有诚实守信、利他乐群等优秀品质的中学生。

德育工作是教育者与学生双向作用的过程，而不是简单的单向塑造过程，一味地灌输命令式的说教只会挫伤学生的积极性。因此，教育者必须通过营造良好的互动环境，使师生在共同的德育活动中产生心灵的交流互动，使学生积极主动地参与到德育过程中去，自觉地调节自己的言行，才能切实提高德育的有效性。在德育过程中，教育者和学生都应该是主体，通过师生人格上的平等交往、品德上的相互影响，提升教学效果。在德育评价过程中，我们也要更多地重视发挥学生的主体作用，让学生通过积极的思想内心活动去主动接受教育，达到提高道德认识、形成道德行为的目的。

第三节 中学德育评价实施方式

一、中学德育评价目标制定依据

德育评价就好比是一把双刃剑，在发挥积极作用的同时可能会产生一些消极影响。尤其是当德育评价的理念、标准或过程中存在不公平、不公正时，其产生的消极影响更不可估量。只有构建以素质教育为关键的德育评价体系，倡导"注重过程发展，促进全面发展"的评价理念，淡化德育评价的甄别与选拔功能，努力达到通过德育评价督促被评价者个体的全面进步与发展的目标。同时，要进行全面的综合性评价，关注学生个体的差异以及学生德育的横、纵向协调发展，积极鼓励学校在开展德育活动时充分展现自身的优势与特点，以有利于学校德育过程的优化控制以及学校德育效果的增强作为衡量学校德育评价质量的判断标准以及最终德育评价的目标。此外，在进行中学德育评价时不能狭隘地只限于关注学校德育工作的绝对水平的评价，还应该关注学校德育工作是否有相应的改进以及学校德育工作的水平是否有实质性提高，重视学校在德育工作上的投入与产出的效益方面的评价。

（一）基于现实且适度高于现实

德育目标的导向性促使在开展德育工作中提出较高的德育目标时能产生一定的激励效果。但是，当前我国中学德育目标在设定中常出现过于抽象和空泛的误区，不同学龄阶段的德育目标之间衔接不够、缺乏适当的层次，并且有相当一部分学校德育目标并不符合学生个体以及学校自身德育的实际，不足以体现学生思想品德的个性以及学校德育的特点。基于这种抽象、空泛化的学校德育目标开展的学校德育评价难以实现通过评价来督促学校德育工作的改进、促进学生德育发展的目的。因此，确立科学的德育评价目标，既要重视德育评价的宽度取向，以现实需要为基础，又要重视德育评价的高度取向，适当高于现实的德育评价能够促进德育活动水平的提升，充实具有时代个性和当代特征的德育评价目标，避免德育评价的空洞化。只有做到以上基础的几点，才能真正实现提高学校德育评价质量的目标。也就是说，构建中学德育评价体系的总目标必须与当前我国中学德育目标相匹配，与学生自身的德育发展过程相一致，与当前我国德育工作的开展相协调。

（二）与学生发展水平相适应

德育评价旨在提升学生的德育水平。因此，在德育评价体系的目标制定依据中，还应包括充分了解当下中学生自身德育水平的发展阶段。坚持以人为本的教育原则适用于任何时候、任何情况。在制定目标时应关注每个学生之间的差异，因人、因时、因事地制定有差别的德育评价目标，有利于防止"一刀切"的盲目评价，能关注到每个学生自身的横向和纵向的德育发展状况。

（三）依据德育工作的需要加以改进和完善

德育评价目标也应该依据当前所开展的德育工作而制定。在制定德育评价目标时，要坚持以学生日常生活为背景，充分考虑学生的实际需要以及学生之间的个体差异性，采用综合、多元化的评价方式，还应注重以下三个目标的实现：以注重学生个体健康成长和发展为目标；以积善成德，踏实做人为德育目标；以培养学生的优良品质与良好行为习惯为目标。当然，德育评价目标制定与实施也要有一定的伸缩性，可以根据评价的结果以及现实的变化发展，对德育评价目标进行相应的修改与调整，以防止德育评价目标偏离中学德育大纲的方向，保证各学校根据实际情况做出相应的改变，避免德育评价目标的僵化。

二、德育评价对象与指标

（一）德育评价对象

思想道德教育价值评价的主体一定是人。要成为思想道德教育价值评价的主体，应具备以下几个条件：一是评价主体应该拥有如何组织开展德育活动的决策权，能代表组织和社会为思想道德教育及其评价创造各种必要的物质或精神条件，具有充分利用客观条件来满足现实需要的能力；二是评价主体应具备一定的权威性，拥有一定的决策力和监督力，具备对德育活动的开展进行监督、指导和评价的能力；三是评价主体应该具备能够根据德育评价的结果，对德育工作的改进提出可行性方案及对策的能力；四是评价主体应该拥有对受教育者进行德育评价的权力，对受教育者的品德与行为进行评定，并能对受教育者道德品质的形成和发展承担直接责任；五是评价主体应该拥有参加制定德育活动决策的权利，并具有对德育成果进行评价的发言权。

之所以要探讨德育评价的对象问题，实质上就是为了弄清楚德育评价到底评价的是什么的问题。中学德育评价对象的研究主要包括以下几点。

（1）参与德育的各种部门。教育部门管理某一固定区域内的单位的德育全局，对思想道德教育负有决定、施行、检查和监督、指导的重大职责，对其所辖单位和地区的思想道德教育全局具有决定性的影响。因此，德育部门不仅要承担德育评价者的角色，也要积极参与到被评价者的行列中，由主体对客体做出正确评价，这具有十分重要的意义。我们对德育部门进行评价时，主要评价内容是德育部门对思想道德教育的指导思想、制度管理以及人员素质等。比如，对道德教育的规划、检查、监督、指导以及落实的情况；道德教育以及管理的相关制度和规定的科学性与合理性；德育队伍的建设情况，包括思想、作风和组织建设以及德育的理论研究和调查研究开展的情况等。只有保证上级教育部门的德育工作建设各方面有序进行，才能保证各级学校的德育活动的开展科学有力的指导。

（2）评价者与被评价者。纵观整个德育过程，德育工作者在整个环节中起着主导作用，因而对德育工作者的素养做出正确的评价是一个非常重要的环节，对于提高德育工作者自身的素质以及更好地改进德育工作具有重大作用和意义。对德育工作者的评价主要包含两点：一是针对德育工作者在一定时期内自身综合素质的表现做出客观科学的评价，包括思想、政治、心理、技能等各方面的素质，并且在评价的基础上对教育者存在的问题提出一些可行性的意见和建议。当然，对德育工作者的评价并不能仅停留在评价行为上，应该深入到评价深层次的目的中去，帮助找到引起教育者目前素质现状的原因并制定出相应的提高教育者素质的措施才是根本。二是对教育者的教育效果的评价，教育者的素质往往会通过其教育的效果反映和表现出来。因此，要保证对德育工作者素质评价的客观性，就必须保证对德育效果做出合理客观的评价。而德育评价的重点以及关键就在于对受教育者的评价，保证对受教育者评价的全面、科学也对德育工作的开展具有非常重大的意义：一是有利于帮助德育工作者明确德育工作开展的前提和起点。要想制订出正确可行的教育计划，就必须建立在对受教育者认真调查、研究和切实、公正评价，还有对其思想品德现状做出科学判断的基础上，这样的教育计划才可能付诸实施。二是有利于德育工作者对德育结果进行检验。受教育者思想道德的发展是一个长期、复杂、动态的过程，并不是生来如此的，其现状都是前一次教育过程的结果。要想检验上一次的德育效果，最直接的办法就是对受教育者进行科学的评价，这也是获得教训和总结教育经验的最佳方法。

（3）德育过程。德育过程不是一个静态的过程，而是一个包含教育者和受教育者以及教育环境和受教育环境相互影响的动态变化的过程。要想产生良好的教育效果，则必须进一步完善教育过程使其更合乎教育规律，因此必须及时地科学地评价教育过程。对教育过程的评价应该坚持唯物辩证法的观点即全面、联系和发展的观点。首先要做横向的评价，也就是要对教育过程中的各个要素在方向上是否协调一致进行检查和评价。其次要做纵向的评价，也就是对教育过程能否做到良性循环进行检查和评价。最后要对整个教育计划也做出相应评价，其中包括对教育目的、内容、手段以及活动的科学性和正确性进行监督和评价。总之，在德育过程中，要想保证德育过程正常、正确和符合规律地发展，就必须有目的、有计划地对教育过程的发展情况进行评价，并能够及时地采取措施。

（4）德育效果。德育是一项系统性很强的社会化的大工程，因此德育评价工作应该从以下两个角度进行：一方面是评价德育本身的教育价值；另一个方面是评价德育对社会道德的贡献的价值。可分成德育本身横向的评价和德育与社会之间关系的纵向综合评价，其中德育本身的横向综合评价，一是指德育是否能对社会起到应有的德育效果，既要看德育系统是否能很好地吸取和利用当今社会信息渠道（如网络）中的积极的影响因素，同时又能够对负面的消极因素进行有效的抵制和排除，还要看是否能使学校、家庭、社会或者其他组织单位、成员之间形成一个合理有序的教育整体网络，还有能否从多角度全方位地对德育对象进行德育影响。二是指德育系统内各子系统、子要素之间能否形成一个优化的整体，从而发挥综合的作用，即对德育的目标的考察是否与教育的内容、方法、途径等保持了内在的一致性；德育是否与管理工作相结合等。所谓纵向综合评价，主要是考察德育是否把握住了工作的连贯性，是否始终目标如一，由简到繁、由浅到深、由低到高、循序渐进地逐渐升华，形成教育的良性循环；是否按照被教育者的年龄、思想、行为习惯及形成、发展的特点和规律，按照教育的特点和规律，根据人们思想的不同层次，有计划、有目的、有重点、有步骤地进行教育，使德育价值呈现一种螺旋式上升的发展趋势。因此，搞清德育评价对象，对研究德育评价有着非常重要的现实意义，伴随德育发展的始终，规定和制约着德育评价活动的几乎所有的阶段。

（二）文化德育评价指标

德育评价指标体系是德育评价的标准和尺子。由于学术界对德育评价应包括哪些内容看法不一，因而导致设计制定的评价指标体系存在一定的差别。有学者认为，德育评价的指标体系包括3个方面：一是德育状态指标，包括德育规划、制度措施的制定和执行情况，领导的态度、德育内容的确定、德育时间的投入以及德育方法、途径等；二是条件指标，包括德育实施系统、经费投入、物质装备、队伍、环境、基地的建设等；三是成果指标，包括德育对象的德育知识、行为和德育科研成果等。也有学者认为，德育评价指标体系包括德育主体评价指标、德育阶段性目标的评价指标、德育措施的评价指标、德育效果的评价指标等。若要从学生品德素质的构成上建构德育评价体系框架，也可以分为政治素质、思想素质、道德素质、法纪素质、身心素质5个指标要素，并确定其具体的评价标准和指标权值。

因此，根据以上所述，关于如何确立中学德育评价体系的指标体系，笔者认为可以从以下4个方面进行探究。

（1）指标要素。根据《中共中央关于改革和加强中学德育工作的通知》《中共中央国务院关于进一步加强和改造未成年人思想道德的若干意见》《中共中央关于进一步加强和改进学校德育的若干意见》《中学德育大纲》《小学德育纲要》等相关文件的有关精神确立为评价体系的一级指标，再把诸指标所涵盖的内容，按逻辑关系列出二级指标、三级指标，逐步实现指标内容具体化和评价可操作的要求。

（2）评价标准。为了保证评价工作能够顺利进行，必须将三级指标的内涵再作具体细化。

（3）权重和等级。如果以百分制设计为评价的基本分，即100分为满分，再根据组成评价体系的诸要素所具有的地位和作用，设定三级指标及其相关要素的分值（比重值）和系数。

（4）中学生德育评价体系框架构建。应该将评价体系分为以下3项一级指标和17项二级指标，并应根据实际将二级指标进一步细化，形成第三级指标，并明确相应的系数。

①思想品质：家庭责任感、集体观念和国家意识、明辨是非的能力、对待学习的态度、具有一定理想和追求、善于思考、崇尚科学。

②道德行为：文明习惯，诚实守信；尊敬师长，尊重同学；热爱劳动，节俭朴素；社会公德，遵纪守法；学习习惯，学习方法；人际关系，团体合作。

③个性心理品质：正确认识、评价和反思自己；自信心、毅力与承受能力；善于与人合作控制、调节情绪心理；心理健康、活泼开朗。

各学校各年级都可以基于以上三项一级指标的具体内容以及在遵循学生身心发展规律的基础上，构建更加细致具体的评价指标体系，形成相互衔接、层次递进的结构体系。

三、文化德育评价的基本内容

（一）全面系统的德育评价体系内容

中学德育评价体系的构建及其权重的分配，是我们对形成德育工作质量的各种因素及其规律的认识，具有鲜明的导向性和规范性，而全面系统的德育评价体系能为德育工作的开展起到事半功倍的效果。全面系统的德育评价体系的内容主要针对4个部分：针对政府部门的德育评价体系；针对校长管理德育评价体系；针对教师德育教学评价体系；针对学生德育评价体系。

首先，德育工作的开展是需要各个部门和单位协同合作进行的。其中政府部门就是一个极其重要的组成部分，没有相关政府部门和单位的理解和支持，德育工作的开展很容易在社会复杂的大环境中遭受阻碍和不利影响。因此，作为国家的各级教育、政府等相关部门，应明确自身的责任和义务，在相关法律政策的指导下，为开展德育工作给予力所能及的帮助，尤其要避免向各学校指派升学目标以此来作为评价学校教学能力和水平的标准。各级政府教育部门的德育评价体系内容具体应包括：在思想上端正德育工作开展的目的，树立素质教育的正确思想；领导机制的建立，促进德育工作的实施；对德育工作实施的帮助和投入；对各级领导人对德育工作开展进程的评价，督促政府教育等相关部门行为落到实处。

其次，学校是德育工作开展的主要阵地，是德育工作实施的关键所在，而处于学校管理核心地位的校长，在贯彻实施学校、国家的教育方针政策中起着组织和领导的作用。因此，要在学校中开展德育工作，校长的认识和行为就很重要。校长能准确有效地实施开展德育工作，必然会获得更好的德育效果。所以，一定要建立一支思想开放、与时俱进的合格的中学校长，以他们的领导力来推动德育工作的实施。而一个合格的校长就需要从以下方面进行评价。

1. 思想素质的考察

对学校领导者思想素质的考察也是必需的，作为整个学校的组织管理者，校长肩负着树立榜样的责任。一所学校风气如何，师德如何，学生的行为习惯如何，与校长的为人品质和行为作风也是有着密切联系的。因此，校长必须非常注重自身的品质修养，注重自身的人格魅力，以良好品质和高尚行为去影响人，感召人。

2. 管理能力

除了肩负着成为榜样的责任，校长还应该担负起整个学校各个部门正常运作的管理能力。一所学校教学质量的高低，是否有竞争力，很大一部分也取决于学校校长是否采取了有效的管理措施。想要提高教育教学质量，就必须提高校长的管理水平，不定期地对学校校长或者其他管理人员进行考核。

3. 工作绩效

工作绩效的好坏也是考量一个学校管理者的重点，对学生德育评价效果的考察还应该看该学校是否实施了有效的德育活动，对校长德育工作开展的绩效进行科学的评判，才能评判在校的学生是否得到了应有的道德教育、德育水平是否获得成长和发展。

再次，在学校开展德育工作，直接的实行者是教师，而正确、及时有效的教师评价可以指导教师高效完成教学任务，并促进学生德育全面发展。因此，各级领导要及时发现并推广有效的教师的德育教学经验，激励教师做好德育工作。教师的德育教学评价主要内容包括：教师自身的基本道德素养评价；德育教学工作过程的评价；教师德育教学工作绩效的评价。此外，将师德教育纳入教师培养培训课程体系这一举措，能很好地督促教师在德育建设的过程中不单起到教育和督促学生的作用，还能够起到时刻提醒教师在德育教学的同时不忘记充实自己，提高自身修养，才能更好地武装自己，教育好学生。

最后，针对学生的德育评价体系相对来说更明确了。检验德育工作是否成功的途径，就是通过对学生的思想道德素质是否全面发展来实施的。学生是德育工作的实施对象，而学生质量又是作为衡量学校教育质量的最基本依据。根据我国最新修订的《义务教育思想品德课程标准（2011年版）》（以下均简称"新课标"）其中明确提出思想品德课程设立和开展的目标，就是要对学生在情感态度价值观、能力以及知识三方面都有所引导和帮助，因此学生的德育评价的内容根据新课标可大致归纳为学生的行为习惯、心理素质、思想道德素质、人生观价值观、道德知识的掌握等。

（二）科学客观的德育评价体系内容

自2001年版课程标准以来首次修订完善，相比之下，2011年版的新课标在内容和要求上，更注重学生的综合实践能力的培养以及提倡社会责任感的培育。在新课改的新形势下科学、全面地制定德育评价内容是完成当下德育工作的关键。随着社会发展日益多元化的趋势，中学德育载体也日益丰富多彩，想要科学客观公正地评价学生的道德水平，就应该从多方面的因素进行综合考察，必须要摒弃传统的德育评价观念，从单纯的道德认知成绩的评定转向对学生各方面综合素质的全面考核上来。要进一步完善德育评价体系的内容，就要在传统评价体系基础上注重突出创造性评价内容，加强实践性考核，重视人文素养，关注环境意识。促进心理健康教育，以此充实德育教育的内容，丰富德育教育的内涵，形成完善的评价体系。因此，笔者认为，可以将科学客观的德育评价内容的组成要素简明地归结为德育理论知识学习、学生自评、学生自主德育实践、学生之间互评、教师评价、家长评价。并且，在这些组成要素中尤其应注重学生自主德育实践的考核，尤为注重学生自身思想、道德水平的发展。中学德育评价体系是检验德育水平和质量并得到持续改进的必须途径，在对学生的德育评价考核至少应该建立两级评价体系，才能更科学客观地呈现学生的德育发展状况，其一是针对整个学生班级集体的德育评价，其二则是针对单个学生构建的评价体系。

关于第一级别，针对学生班集体的德育评价体系内容，重点在于考查学生所在班集体整体的德育水平，如整个班集体在参加校园活动中能否保证良好团队和合作精神，是否呈现出积极的整体精神面貌。

第二级别关于学生个体的德育评价体系，可根据新课标以及教育部发布的《中学生守则（2015年修订）》以及学校自身的教学制度、教育特点来制定适合各级各类学校发展的学生德育评价内容标准。例如，中学德育评价内容。鉴于中学生与小学生在心理和年龄成长上的差异，中学德育评价内容可针对"五爱"情感教育、雅言雅行教育、现代意识教育、自我调节能力和情趣志向等5个方面。

（1）"五爱"情感教育的评价重点在于考评学生对"爱自己、爱家人、爱社会、爱祖国以及爱生活"的表现。

（2）文明雅行教育的评价是为了帮助学生树立谈吐文雅、举止文明的社会公德和行为习惯。

（3）现代意识教育的评价着重强调知识的掌握，中学生主体意识、法律意识、生命意识等也开始慢慢显现。因此，这一方面主要考察的是学生在日常生活学习中表现出来的对国家社会法律的遵守以及对自己和他人生命的尊重。

（4）对学生自我调节能力的评价是为了帮助学生培养学会自我控制、自我调节、保持心态和平的途径。中学生的成长发展在这一阶段是人生的特殊时期、叛逆时期，很多时候也需要靠自己来调节自己的生活节奏，坚定的意志和自我调节的能力会在面对问题和困难的时候起到很大的作用。

（5）情趣志向的评价主要是为了帮助学生树立正确的人生观和价值观，中学生即使没有远大的人生目标也应该有正确的人生规划，对学生情趣志向的评价能够及时纠正学生未来在人生道路中走"偏"了路。

（三）多元化的德育评价体系内容细则

社会生活中不断出现的各种新事物、新思想以及网络信息技术的发展，在丰富了学生们的学习和日常生活之外，同时产生了许多与日常伦理生活密切相关的道德问题和心理问题，对学生提出了更高的道德要求。道德要求多样化的趋势与当前德育评价内容存在的某些方面的单一性发生了冲突，这就需要德育评价内容不断地拓宽和完善，以更好地应对社会转型和革新的压力。

第一，在制定德育评价的内容时，不仅要切实符合现实社会的实际需要，还要充分尊重学生的意见。想学生之所想，急学生之所急，不但能够体现学生的主体地位，而且能突出学生的个性，促使以后德育工作的展开能够更加贴近学生的生活。例如，可以进一步完善中学生社会实践活动机制，把社会实践活动列入教育教学计划，把学生参加社会实践活动的时间和成效纳入中学教育质量综合评价和学生综合素质评价体系，每年举办中学生公共服务周活动，组织、鼓励、支持学生到社会公益机构做义工，将学生参与服务学习的次数、时间、成效记入综合素质评价档案，同时号召建立家校通网络平台，实施家庭教育普及工程，开展亲子教育活动，推行"家长义工制度"，建设一批优秀家长学校和家庭教育示范基地。

第二，在遵循当前中学德育大纲的前提下，并且考虑德育自身所具有的时代和地域性特征，各学校也可以根据自己实际情况的需要制定相适应的德育评价内容。例如，农村和城市学校之间、沿海和西部地区的学校之间存在的各方面的差异性，德育评价目标也要相适应地进行一些修改。

第三，注重德育评价内容中的人文价值取向。从最初的倡导主观主义观念到崇尚科学和理性的科学主义再到强调维护人性尊严的人文主义，纵观教育评价方法的发展演进史，体现出教育评价的方法绝不能局限于一种模式。单一的教育评价方法容易导致评价结果的不科学性以及片面性，无法为教育工作者提供科学可靠的信息和数据。科学主义之所以能够替代主观主义，在于它能够在教育评价的过程中保证严谨的工作态度以及精确的科学考究，而在评价过程中强调关注人的主体性、重视民主性评价的人文主义，在教育评价方法中逐渐替代了科学主义过分注重追求评价结果量化的不足。因此，在制定德育评价内容时，应该着眼于整体，重视学生的个体存在性，以中学生的人文精神发展为重点，努力在建构德育评价内容时注重人文素养方面的评价，体现师生之间的交互理解性。

第四，德育评价目标制定要有弹性。如果评价结果与德育评价目标出现偏差，有不符合或者相背离之处，可以根据评价的结果对德育评价目标进行修正与调整。这样，不但保障了德育评价目标不偏离高校德育大纲的方向，而且还能够使德育评价目标根据各个学校的实际情况及各方面的变化做出适时的改变，从而避免了德育评价目标的僵化以及德育内容的"空""泛""虚"。

综合上述三点，笔者认为，合理公正的德育评价体系内容可以进行一个简洁明了的阐述（见表6-1）。德育评价的形式和方法直接影响着德育评价结果的科学性以及客观性，同时与反映学生的发展动态以及德育活动的社会价值密不可分。

表 6-1 德育评价体系内容

德育评价对象	学生	教师	学校	家庭	社会其他组织架构
德育评价内容	（1）学生德育知识的掌握；（2）学生在日常学习生活中的行为态度的变化；（3）学生情感心理素质的变化；（4）学生自我学习、自我调节能力的提升	（1）教师德育课程的授课能力；（2）教师自身的德育修养	（1）学校的德育绩效考核和保障；（2）学校与学生和教师之间的沟通情况	（1）家长参与德育活动的积极性；（2）家长在德育活动中的影响	社会其他组织机构在德育活动中的作用

四、文化德育评价的实施方式

（一）鼓励参与评价主体的多元化

第一，树立学生为德育评价主体的观念。当前中小学德育评价的优先权仍然多由教师掌握，对学生的德育评价也多半是出于经验和印象，主观性较强。事实上，教师应努力试着动员学生以参与主体的身份积极主动地加入学校德育评价中来，让学生从心底里认同自己和他人，接受他人和自己对自己的评价，并且客观地评价他人，成为品德教育真正的评价者。这种采取自评与互评相结合的评价方式，能够使学生学会在对自己、对他人的评价中获得最真实的体验，不仅让他们更清楚地看待自己，也能加深学生之间的了解和互动，让他们通过心与心的碰触，最终达到良好的品德教育。当然，所谓保证学生的主体性，并不意味着就是让他们在自我评价和互评中给自己和他人扣上各种"荣誉的光环"，而是注重让学生通过充分自评和互评的方式来达到学生德育的终极目标，是一种为了能更好地对学生的品德进行激励或抑制的措施。

第二，教师应成为德育评价的领路人。为了学生能更好地成为德育评价的主体、参与者，离不开教师在德育评价过程中的引导。有研究发现，一位教师在一天的工作中与学生产生交集的次数多达上千次。显而易见，这么多的交集在学生的学习、教育中或多或少的都能产生一定的影响，教师在学校德育中的重要性也就不言而喻了。教师每一次与学生的交集都可以转变为一次德育的机会，时刻关注学生德育发展的现状，关注过程性、动态性的德育评价，抓住任何一次可以帮助学生内在德育发展的机会，真正从心理意识、思想态度上给学生以正确的德育指导。当然，教师的地位也应由传统德育评价中的掌权者转变为学生们的引导者或是鼓励者，甚至可以成为学生们喜爱和信任的伙伴。教师作为一名学生信任的亲密的引导者，尤其需要注重的就是以激励的方式对学生做好正确的德育评价引导，从而激发学生内在的积极主动性，以确保德育评价的长期性以及良性循环。

第三，积极动员学生其他家庭成员参与德育评价。除了需要学生自身的主动投入以及教师的引导之外，一个完整客观公正的德育评价还应有学生其他家庭成员的参与。家庭环境的熏陶对学生的成长来说是一种渗透性，是潜移默化的，毕竟家长是学生成长的首要见证人，甚至学生的一言一行都在一定程度上是对家庭环境影响的再现，家长对学生成长的表现也是见证最多的人。因而，家长对学生成长中的德育评价的影响也是有力的，如对学生在日常生活中的表现是否勤俭节约以及对长辈的孝敬、对晚辈的爱护等行为态度是否端正，家长也应该主动参与到对学生适度的评价中来，给予适当的表扬或者批评、鼓励或是纠正。但由于不同家长对孩子的教育观不同，对学生德育评价也不同，尤其是当前独生子女的家庭占多数，家长多对孩子溺爱，在教育的过程中对孩子的表扬也多于批评，过多的盲目主观的德育评价反而不利于孩子树立正确的思想道德观念、积极乐观的生活态度。因此，家长如何进行正确的引导对孩子的德育评价也同样至关重要。

（二）倡导多元化的德育评价方式

（1）给中小学生的德育评价的结果通过一个相对准确的分数表现出来是有必要的，但不能只关注在分数高低的结果上，数字更多的只是表现出学生与学生之间的横向对比，还应对每个学生自身内在的德育表现的纵向发展进行明确的定性评价。因此，只有充分考虑到定量评价和定性评价二者相结合的评价方式，才能够给予学生客观公正科学的德育评价，更好地帮助学生认识自己、改正自己、树立信心。

（2）处于成长的动态过程中的中小学生，由于心理与生理等各方面还未定型，思想与行为等容易受到外界环境的影响，所以在对他们进行德育评价的过程中，要以发展的眼光来看待他们的思想道德的发展以及行为习惯的培养，不仅要从相对稳定的空间环境和特定的时间背景来了解和分析学生的德育水平和状况，评判某阶段、某德育活动中学生在德育认知上的具体表现以及学生过去的德育水平和现在的德育表现，还要用发展的理念、长远的眼光来评判学生德育的未来发展以及发展的趋势，从纵向的比较中，全面、客观地对中小学生的德育表现做出评价。

（3）自评是被评估者通过自我评价进行自我认识、自我反思，进而获得自我提升的过程。而他评是外部评价，如教师、家长、同学或者其他家庭、社会成员对学生的各种评价。当前我国中小学德育评价模式多采用以教师为主体、学生为客体的模式。为适应时代变化的要求以及为改变因德育评价主体的单一性而引发的一系列德育问题，必须极力拓展德育评价参与主体的广泛性，使德育评价由单向的信息沟通方式转化为多向的信息沟通模式，坚持运用学生自评、互评、师评等多种自评与他评相结合的德育评价原则，使学生成为真正的评价参与主体。让学生以评价主体的身份真正参与到德育评价的过程中来，能够帮助学生对自己的道德认知、情感和道德行为在认识的基础上进行自我反思，帮助学生正视自我、自我调节和改造，道德水平得到由外而内的提升，同时还能帮助学生的主体性意识得到最大程度的发挥，提高德育评价的实效性。而学生之间的互评可以综合从思想品德、组织纪律、学习态度、行为规范、集体观念等这几项进行考量，使学生与学生之间能够通过长期的相互交流和认识之后，能够对认识和交往中的任何一个同学做出尽可能全面的评价，有助于提升中小学德育评价工作的参与性、实效性和民主性。当然，在鼓励学生成为德育评价主体的同时，并不是在批判教师评价的作用。相反，教师作为知识和经验的传授者，能够帮助学生个体在品德发展过程中出现的一些不能自己解决的迷惑和问题时提出针对性的指导和建议，帮助学生正视自我，更好地进行自我反思和自我提升，才能从根本上解决传统德育评价主体单一化的不良现象，使德育评价从整个德育过程逐步向民主化、人性化的方向发展，实现整个教育活动过程中倡导的"再教育"过程以及德育评价的根本目标。因此，实施多元化的德育评价方式，目的就在于鼓励德育评价的方式要从他评为主的外在形式向自评为主的内在形式转变，而且在德育评价的过程中要更多地关注学生主体地位的发挥，进而实现通过德育评价的过程以及结果能够激励学生积极主动地参与，指导学生把德育的外在要求转化为内需动力，促使德育评价活动成为学生自我认识、自我教育的有效载体，充分利用德育评价中具有的导向和激励功能。帮助学生能够自觉依照德育评价标准对自己日常行为习惯的表现进行德育自我总结、自我评价、自我提高，最后实现德育要求内化的目的，同时也能积极主动接受同学、家长、老师的评价与建议，真正实现德育评价的最终目标。

（三）着力构建德育评价体系网

由学校、家庭和社会三方面构成的德育评价整体，能给学生身心健康的发展提供一个强有力的保障。而只有不断地更新教育理念，整合协调教育资源，改革教育管理体制，才能真正构建以这三方面为基点的德育评价体系网。针对当前我国中小学德育评价体系构建所面临的时代困境，更加凸显出构建一个学校、家庭和社区三结合的德育评价网络体系是十分必要的。然而，构建这个体系的参与者众多、群体人员广泛，如果没有一个明确、统一的德育评价目标，德育评价体系过程就很难正常有序地进行，也无法达到德育评价体系构建的系统化理念。例如，在德育评价体系中着力构建"三结合"的评价体系网，可尝试以下三种模式进行分层分工构建：一是"以校为本"，以学校为德育评价的引领者；二是"以社为本"，以社区为德育评价的引领者；三是"以家为本"，以家长、学生家庭等为德育评价的引领者，可以尝试设立家长委员制以更好地促进学生德育评价活动的开展。具体的运行过程中，首先，应注重各个家庭、教育机构、学校和有关社会人员共同结合，构成一个有机整体德育评价网络，其中家长委员在其中起主导作用，努力构建一个"学校德育为主体，家庭德育为基础，社会德育为依托"的德育工作新格局。其次，充分整合学校、家庭、社会的德育资源，形成强有力的教育合力。最后要完善德育管理机制，健全相关配套性措施。加强教育行政管理和监督，完善德育评价体系。在构建"三结合"德育评价体系网的实践中，努力做到全面和协调性，各种模式要互为补充、同时并用，保证学校、家庭、社会的德育评价方向的一致性，促使德育效果达到平衡和统一，着力帮助学生得到更好、更长远的持续发展。

（四）使用灵活多样的评价方法

（1）避免采取标准答案式评价。避免德育评价的结果以标准答案的形式出现，如"好"与"坏"、"√"与"×"等，可以尝试着将学生自评的评分标准有层次地设定为满意、基本满意、有待加强努力三档，这种评分标准方式不仅有利于淡化传统教育评价中出现的"分数排队"的弊端，也有利于减轻学生因德育评价结果不如意而承受的心理压力，帮助学生树立自信心。同时，还应该鼓励学生在进行自我评价时，可以向学校、教师、家长或者其他学生自己认为可以获得帮助的人寻求各方面的帮助，从而使德育评价更能凸显针对性，让学生体会到来自教师、学校和家庭的关心和爱护，提高学生改正自我的信心和动力，加强德育评价的实效性。

（2）充分考虑评语性评价的效力。评价体系中应考虑到不同学生在学习情况中出现的各种差异，家长和教师在对学生进行评价时，都应该综合考虑家长建议以及教师寄语二者的结合，对学生进行全面客观地评价，并且做到有针对性地对不同学习层次的学生进行以鼓励性评价为主的评语性评价，通过积极、温和、鼓励的德育评语，充分调动各阶段学生的学习热情，激发学生潜在的学习动力和自信心，坚持以人为本的教育理念，切实做到对学生各方面成长和发展的关怀与教育。

（3）评价过程中的"五个坚持"。坚持评价中实行以定性分析为主，综合运用定性与定量评价相结合的方式；坚持动态与静态相结合的评价方式，从横向和纵向进行全面的比较、分析，以达到评价的可持续性发展；坚持终结性评价与形成性评价相结合，以形成性评价为主；坚持校内与校外评价相结合，做到既有学校各教育工作者以及学生个体的评价，又有学生家长甚至是其他社会各界人士的评价，努力实现评价方式的开放性以及完整性；坚持诊断性与鉴定性评价相结合，力争形成全方位、科学的评价体系，真正落实全面评价的要求。

（4）在评价手段上坚持采取多种不同的评价手段相结合，如问卷法、测验法、观察法、谈话法等，还可综合运用网络法、设计法、记录在案法等不同的评价方法。在评价考核中，注重行为养成的测评，如行为达标星级评比、实践活动综合测评、问题研究专题测评等多种形式。在评价中注重增强考核结论的实效性和激励性的同时，还要注意评价标准的差异化以及反馈矫正的及时性，从而充分体现学生个体的独特性。

（五）做到知行合一的德育评价方式

新课改之前，受长期分科教学的影响，我国是按照学科课程的设置原则开设思想品德课和社会课。其中，思想品德课的教学内容多是从历史社会、大众群众中抽象出来的道德规范来进行编排的，而社会课犹如一个水果拼盘，将历史、地理、法律等常识凑在一起。这种课程体系明显将课程与生活分成两部分，学习脱离了生活，变成了简单的知识的传授、灌输、背诵，使课程失去针对性和实效性。新课改后，为了弥补了学科脱离实际的弊端，决定启用《品德与生活》《品德与社会》这两门综合性课程来替代学科性思想品德课和社会课，有助于学生在品德与社会两方面的协调发展，从而改变了之前在课程结构的设立中出现的过于强调学科本位、科目过多的状况，更加注重体现课程结构的均衡性以及综合性特点，呈现出生活化、综合化和开放性的特点。开设更多符合实际的德育课程有利于学生思想道德的提高，发挥德育课程的重要作用。

同时，德育实践评价的重要地位不能忽视。当前中小学德育评定方式大多仍沿用应试教育的科目考试方式，如果一味注重德育教学成绩的量化型指标，容易导致德育教育偏离其"一切以学生全面发展为首"的根本目标，无法全面客观反映中小学生的道德品行。为此，学校务必要纠正以往那种以考试分数定学生德育好坏的唯一标准，更多地重视推进学生的德育践行，将课堂教学评价与实践活动评价、过程性评价与结果性评价结合起来，综合全面客观地评价学生的德育实效。评价的监督和实施者在评价的过程中，应更多地关注被评价者在品德发展中所表现出来的内在发展需要，帮助其进行信息的沟通，增强对评价方式、内容、结果的认同感，使评价对象发自内心地主动接受认可评价结果，注重发展性德育评价对学生德育评价中产生的效力。要基于充分考虑到学生个体存在的差异性上运用多种评价方式开展德育评价，可综合采用包括传统的德育科目考试在内的其他评价方式，并努力实现德育评价的常态化、动态化。例如，针对德育评价方式进行改进，在初中德育课鼓励开展开卷考试，重视知识性掌握考核的同时也增强对是非观、价值观的考察，重点放在对学生道德案例的分析以及对学生道德判断能力的培养。此外，还可以尝试通过鼓励学生参加各种道德实践活动，观察学生的积极性、主动性，客观地评价学生的品德发展水平，或者通过有意识地对学生的日常行为进行记录和监督，对学生所获得的奖励、所受到的批评加以记录，建立品德成长档案袋，为学生日后进行德育评价提供依据。

（六）评价要常态化并及时反馈评价结果

任何人都不是完美的，都有或多或少的缺点，更何况是处在成长关键期的中学生们。中学德育评价的目的并不是为了限制和刁难学生的发展，不能只关注学生外在行为中出现的某些问题，那样只会更加引起学生的反叛心理、激化矛盾。相反，我们应该更多的是为了通过德育评价来学会用欣赏、肯定的眼光，多视角、客观、综合地评价和指导学生的全面发展。因此，德育评价的起点还是要从关心学生的学习、生活中出现的小事做起，以尊重、帮助以及关爱学生的全面发展为德育评价的根本出发点。例如，学校德育工作者可以通过设立"校长信箱"、创建"师生联系册"、布置"学生周记"等类似的多种师生沟通形式的结合，尽可能多地创造学生与教师、学校等交流沟通的渠道和机会，正确地利用评价结果用以发现和纠正学生发展中出现的问题，给他们以及时正确的指导。这样不仅有助于促进学生长远的发展，使德育评价发挥一种良性循环的作用，又能够为学生下一阶段的学习、生活各方面的发展提供某些可信的背景信息和资料。

通过以上阐述，可以概括精炼为以下五点。

一是学生自评展现个性。注重评价中学生主体意识的培养和发挥，提倡自我评价与自我欣赏，使学生认识自己、发展个性、显示才能，让学生正确评价自己，约束自己。评价内容涉及全面，不仅有学科知识，还可以涉及文体、卫生等多元化因素，让学生结合自己的日常行为习惯，对自己做出中肯评价，发现优点，查找问题，改正不足。

二是学生之间的互评重视团结合作。倡导学生之间的互评，同学之间的关系很微妙，不仅可以是学习中的伙伴，更是生活中的朋友，积极培养学生的团队意识、合作意识，鼓励学生之间相互了解、相互交流、相互评价，既能帮助教师客观公正地对学生进行德育评价，同时更有利于加深学生之间的团体意识，形成团体合作观念。

三是教师评价彰显德育魅力。教师对学生的德育评价不再仅以学习成绩为主要依据，而是根据相关德育工作的目标及要求，对不同学段学生的行为习惯、道德品质、心理素质等进行综合评价，挖掘学生潜能，让学生从教师的评价语中感受到老师的期望，达到教师与学生情感上的真诚交流。

四是学校评价创造良好的德育环境。对于处在学生时期的青少年，学校可以说是除了家以外的第二个港湾，学校评价的好与坏、客观与公正直接影响学生日常生活和学习环境，进而影响学生校园生活的心态。让学生在学校和班级能够真正找到归属感，是学校德育评价的责任之一。

五是家长以及其他相关人员评价突出学生的成长，尤其是父母。作为孩子的人生启蒙老师，父母对孩子的了解也最为深刻，孩子在学龄期所获得的教育是否有效，是否令人欣喜，家长也最有发言权。家长评价重视学生的自理能力、自立能力及立足社会的能力，恳切的评语贯穿着孩子成长的历程，对孩子具有极大的鼓舞作用。

总而言之，一花独放不是春，万紫千红春满园。德育评价对学生成长具有极其重要的导向作用，重视学生德育评价内容，采取自评、互评、教师评、家长评等的进阶式评价方式，有利于更完整地彰显学生的个性存在和发展的轨迹，帮助努力培养理想的"道德人"。

第七章 中学文化德育创新路径研究

第一节 建构全方位中学文化德育创新路径的思考

一、培育特色中学文化德育环境

在以市场经济为先导的社会转型时期，社会利益和价值观念趋向多元化，多元化利益格局的产生和变化，导致了学生道德观和价值观取向的多元化。新时期、新形势下，学生群体的类型多元化，学校德育内容和层次的多元化，学校德育评价体系的多元化，信息来源、传播渠道、内容的多元化等对学校提出了新挑战，学校德育工作应遵循"以人为本"的原则，构建基于中华传统文化的多元的学校德育环境，以适应多元、开放的德育目标。

（一）中学德育环境的功能

中学德育环境是指影响当代青少年德育接受效果的所有条件，是所有的主客观因素的集合体。客观因素对青少年的思想道德的形成有很大的影响，客观因素主要是指学校的一般环境和课堂安排。美丽、整洁又自然的校园文化气氛和清新、优美的校园环境融合在一起，有利于培养学生良好的心理素质和开发智力。从某种意义上说，"人"对环境的影响更为直接，并且更能让人信服。因此，研究道德教育的校园环境必须更加重视人际关系中的校园环境。此外，校园道德教育环境还要着重于对中学生的整体道德引导。环境如果想要发挥作用必须通过人来发挥其主观能动性，也就是要充分发挥学生自身这个内在因素。青少年的价值观、价值需求以及相关的道德观，会作为当代中学道德教育的必要条件，在整个青少年的道德教育当中占据很重要的地位。

环境在道德教育过程中是一个很重要的因素，可以引导德育客体，具有导向功能。导向功能主要是指整个的环境对于中学生具有引导作用，好的环境包括积极向上的氛围，如充满正能量的文艺晚会，对于学生良好思想品德的养成具有重要的向导作用。学校中树立校园道德模范，树立标兵可以更好地引导青少年朝着好的既定方向发展。影响功能是指外部环境以及内部环境均可以影响学生，如一些外部的激励机制、班级的评比机制等。例如，班级举办一个给父母洗脚的活动，学校对于表现优秀并且持续时间长的学生给予相应的奖励，利用班级的评比制度可以潜移默化地影响其他人也主动地参与这个活动，从而有利于培养学生的感恩精神。而强化功能是指一个良好的德育环境可以更好地加强学生对于当代道德教育的理解与实践。比如，班级的布置丰富、新颖，处处体现出影响道德的标语以及素材，较之没有布置这些的班级学生更加易于接受。另外，对于现在这个知识大爆炸的时代，新闻主流媒体，各大网站客户端以及重要的公共场所，都会成为中学道德教育的重要实践场所。道德教育的环境可以引导学生向更好的方向发展。人类是环境的产物，环境会在人类素质形成的过程中产生重要的作用，人类道德素质的发展离不开自然和社会环境。良好的社会和自然环境，对于人类思想的进步有着特定的有利影响。家庭、学校、社会环境在一定程度上反映了道德教育在青少年三观变化当中所产生的作用。我国对外开放政策实施以来，经济环境与以前不可同日而语，在自由竞争的市场中多元化的利益相关者形成了其价值取向。在社会主义社会，任何竞争也不能背离社会主义核心价值观，如今的社会大环境引导道德教育从多个角度出发，全面地开展道德教育，为道德教育的发展提供了更广阔的路径和丰富的教育资源。良好的中学道德教育环境让青少年通过更直接的感官感触，培养良好的道德行为，使中学生的想法和行为在不知不觉中改变。所谓的感染就是良好环境的间接影响，通过隐含、模仿、集体、舆论和公共心理学的作用以及制约因素来影响和规范人们的行为。情绪感染、视觉感染、外在感染等形式，可以引导中学生对于一定的主流价值观做出判断和选择，在多元化的环境中辨别出真知。好的环境可以让他们充满活力、心情舒畅。反之，不好的环境则会让青少年感到迷茫，严重的甚至道德滑坡，所以良好的德育环境起着至关重要的作用。

（二）中学德育环境的特征

1. 系统性和复杂性

环境要素不仅可以呈现自我系统化，而且共同存在于一个整体中，构成了有机的整体。整个校园的道德教育环境当中，不仅包含客观环境、关系环境以及相应的政策因素，还有相应的班级和艺术人文环境，这些具象的环境通俗地看是没有联系的，但是深入探究下去，每个部分之间都有着相互的必然联系。这些联系构成了整个校园道德教育环境的一个系统，从空间的角度，注重德育环境对校园道德教育的影响和优化，从社会层面分析德育与环境影响的整合。它体现了德育环境的复杂性。所以，在日常实践中，要立足整体去考虑，并以系统为立足点，去判别个体的不同和联系，避免不利因素。

2. 控制性和组织性

德育环境是个复杂的体系，但仍然是可控的。首先，德育环境会随着时代的变化不断地注入新的元素，这些新的元素必然包括好的一面和不好的一面。但是，由于德育环境本身就具有相应的规则和框架，所以无论如何变化，还是会有相应的制度进行整理规划，控制在一个合理合法的范围内。比如，学校组织一次红色之旅活动以及设定一个正能量的校园人物雕塑，这些都有相应的规章制度和相应的法规去规范。所以，制度规范、多方合力会把整个活动控制在合理的范围之内。作为德育主体的学生、教师、家长可以组织起来，合理有序地安排德育活动，积极共同营造良好健康的德育环境。

3. 开放性

校园环境开放，生活在其中的学生受到的影响是复杂多样的。作为一所学校，在道德教育的实践中，不能关起门来从事德育工作，必须使学生生活、学校、社会的各个方面联合起来形成合力，主动开放、吸收其他合适的环境资源，更好地为青少年学生服务，创造出良好的环境。学校作为一个交流机构，是社会大环境重要的有机构成部分，所以学校德育工作一定要广泛开放、广泛融合，更好地吸收多方合力，创造良好的德育环境。

4. 影响方式的潜移默化性

学生的大部分时间都在学校。比如，学校比较有规律的活动，课间操，午休和广播等以及学校内的一草一木都会不知不觉地影响青少年。所以，对于校园环境的建设，包括自然环境，人文环境都应该有计划，以达到对学生产生影响。

（三）构建中学文化德育环境的建议与对策

1. 转变办学观念，健全学校文化德育管理机制

（1）切实落实素质教育，真正转变教学观念。全面落实素质教育不是口号，也不仅是一种理念，更重要的是一种实践。素质教育要求学校把德育放在首位，不仅要教会学生科学文化知识，更主要的是要教会学生如何做人，做怎样的人。因此，学校要转变办学观念，真正从应试教育转变到素质教育上来，重视学生的全面发展，尤其要重视学生的品德培养。

现在许多学校还没有实现这一转变，天天疲于应试，老师累，学生累，家长累，但教育效果不尽如人意，培养出许多高分低能的学生。因此，在落

实素质教育的实践过程中，要注意以下几点：首先，学校要改变办学观念，重视学生的全面发展。学校不仅要重视学生的科学文化知识的学习，而且要重视学生的品德培养，教会学生学会做人，学会生活。其次，教育要面向全体学生。不能仅重视一部分学习优秀的学生，对于一部分学习困难的学生应该给予更多的关爱和帮助。再次，教师在教育教学过程中既要教给学生知识，又要重视对学生的教育，"教书育人"是教师的基本职责。最后，在实践过程中不能把素质教育形式化。有些学校把搞几次活动，开设几门特色课程等同于素质教育，这是错误的。实施素质教育的具体形式可以多元化，但根本的一点是观念的转变，把学生的全面发展作为出发点和归宿。

广州市象圣中学全面落实素质教育，学生的整体素质得到提高，教育质量稳步提升，主要原因就是凸显学生这一教育主体，重视学生的全面发展，为学生的全面发展创造了一个适宜、宽松的环境。

（2）健全学校文化德育管理机制提高德育队伍素质。落实素质教育，把文化德育放在首位，为学生的品德发展构建一个和谐的环境，就必须建立健全文化德育管理机制，建立起一支有力的、高素质的德育队伍。

①建立一支高素质的文化德育队伍。这支文化德育队伍从广义上讲包括全体教职员工。加强对全体职工的专业培训，转变他们的教学观念，提高他们的文化德育工作水平。同时，要建立起一支高素质的具有奉献精神的班主任队伍。班主任几乎天天和班级学生打交道，他们在教育第一线，因此对学生的品德培养有重要影响。班主任对学生的教育要做到有耐心、有信心、有爱心，面向全体学生做大量的细致的工作。另外，学校要加强对德育工作的领导。校长负责，分管校长落实，德育处、共青团等部门有力配合，形成从上到下责任到位，层层落实。

②建立健全学校德育管理机制。一支队伍要发挥作用，必须有科学的工作机制。不同学校要从自身实际出发，根据具体条件建立工作机制。但要注意以下几点：第一，完善相关制度建设。各个部门、涉及的每一位教师都要对其工作进行量化考核，做到事事有标准和依据。要完善奖惩制度，奖优罚劣，奖勤罚懒，对于不称职的人员及时加以调整。第二，落实任务到人，到各个部门，做到事事有人做，有事有人主动负责。责任本身就是一种约束。落实工作责任，才能使工作不落入形式，在管理上不至于出现空当。第三，建立各部门、各方面的工作联系机制，对于出现的问题互通信息，共同解决。各个部门、不同班级的工作相互独立，不能很好地协调、配合就不能形成工作合力，同时，许多问题也需要学校各个方面密切配合才能加以解决。学校领导、德育处、班主任、任课教师等要定期召开会议，总结工作得失，研究存

在的问题及对策。第四，建立与校外各方面的联系机制。主要是与学生家长、社区或村委会等方面的联系。比如，学校的"家校路路通"就很好地建立了与家长的联系。与学生家长配合，针对学生情况共同教育学生。许多学校建有爱国主义教育基地等，也要很好地利用起来。

2. 正确定位学校文化德育角色，加强学校文化德育辐射源作用

（1）正确定位学校德育角色，积极应对各种环境影响。要提高学校德育实效，当然要有一个相对有利的德育社会环境。学校要积极地应对日益复杂的社会影响，能动地改造德育社会环境，就必须正确定位学校文化德育角色。

一方面，学校要着手学校内部的德育过程管理，承担起学校德育的重任。加强学校内部德育环境的优化和管理，整合学校德育各种因素和环节，为学生在学校的生活、学习创造良好的环境条件。另一方面，学校是一个要求净化德育环境的呼吁者，更重要的是学校必须主动、自觉地成为一个社会德育环境优化的中间人和建设者，把学校德育的主体性延伸到学校德育之外，使学校德育不仅定位于校园之内，而且定位于社会环境之中，成为主动营造优化德育环境的主体力量。学校应是社会德育影响因素转化为学生德育影响因素的过滤器，把不利于学生品德健康发展的内容和因素排除掉，同时创造一个积极的、优化的德育环境。为此，学校要教会学生鉴别、选择，对不合理的社会现象和先进的社会文明做出正确的评判、解释等。引导学生学会对复杂的社会现象进行科学的价值判断，从而自觉地抵制假恶丑，追求真善美。

（2）加强学校文化德育辐射源作用，建立优化学校文化德育大环境。学校作为自觉的文化单位，要能动地适应并超越社会生活的变化。因此，学校要成为文化德育环境优化的主体力量，成为学校及体现社会德育的辐射源。这种辐射源和主体力量主要表现在以下方面：一是学校要积极主动地参与社会德育环境的建设，学校以其先进德育文化的讲坛和舆论阵地，辐射影响社会，对社区甚至全社会进行正面的价值导向，从而为学生的道德成长创造良好的社会德育环境。二是学校德育要积极、主动地连接其他社会环境系统，采取"走出去"战略，组织各种正面影响形成合力。例如，学校可以与当地社区的关工委、居委会、企事业单位等建立联系，形成学校——家庭——社会各方面教育力量一体化的大德育体系，为学生的健康成长营造一个良好的外部环境。三是学校要建立专门的适应和超越学校环境的中介机制，使社会环境中的正面德育影响源最大限度地转化为现实的学校德育影响，同时也有力地促进社会德育影响有序化。

3. 构建高尚健康、积极向上的校园文化环境

（1）优化校园物质文化环境，加强校园制度文化建设

①优化校园物质文化环境。优化校园物质文化环境一定要结合学校的实际，不能机械模仿别人的做法。在建设中要努力体现科学性，布局合理；教育性，体现文化教育内涵；艺术性，设计精巧，富有艺术气息，给人以美的享受；时代性，具有时代特征；富有个性，具有自己的特色。在物质文化建设方面，力戒粗制滥造"形象工程""政绩工程"，华而不实，成为摆设。比如，许多学校的图书馆建设可谓书籍齐全，设施完备，但实际利用率很低。为什么？主要在于学校把图书馆当作一种摆设，当作学校具有品位的基本条件，至于是否加以充分利用，则是另外一回事。优化物质文化环境特别要体现以人为本，体现以师生为本，从师生的实际出发，服务于师生，满足师生的合理需求。

②加强校园制度文化建设。在优化校园物质文化环境的同时，也要加强学校制度文化建设。校园制度文化作为校园文化的内在机制，包括学校的传统、仪式和规章制度，是维持学校正常秩序必不可少的保障机制。在优化校园制度文化方面，要努力做到以下几点：一要有科学、合理、符合学校实际的规章制度。这是学校制度文化建设的前提；二要有负责将各项规章制度予以完善和落实的组织机构和队伍；三要建设合理的工作机制。比如，就学校德育工作而言，要制定符合学校实际的规章制度，这方面规章制度的制定可以《中学生守则》《中学生日常行为规范》《中学德育大纲》等为依据，结合学校和学生实际加以具体化和细化，做到规章制度齐全，事事有章可循；要严，纪律严明，赏罚分明；要细，内容具体明确，具有可操作性。在德育队伍建设方面，要强化管理，明确责任，提高素质，使各个方面、各个环节形成一个有机的系统和整体。

（2）加强班级文化建设，营造人格培养的良好氛围。校园是学生学习生活的主要场所，班级是学校教育教学的基本单位，是学生学习生活的基本环境，班级小气候的状况直接关系到学生的成长，同时也关联到学校的大气候。

在班级文化环境建设方面，不同的班级可以有不同的特色。但总体上要注重以下几个方面：

①完善班级规章制度。班主任要结合班级学生实际和学校等方面的要求，本着以人为本的精神，体现班级特色，具有可操作性，在充分体现民主的条件下，制订班规班约。尤其要让学生参与制订班级规章，使学生在制订的过程中提高认识，熟悉规章，增强遵守纪律的自觉性。

②制订一个大家都认可的班级目标。目标要有层次性，既要有近期目标，又要有中期和长期目标。目标要切合学生和班级实际，主要由学生制订。

③协调好班级同学之间、师生之间的关系。班级人际关系将直接影响到学生心理和思想认识，影响到学生健康人格的培养。因此，建立一个团结、友爱、和谐、友善的班集体需要班主任、任课教师和班级学生一起共同努力。

④放手让学生参与班级管理，充分体现学生的主体地位。陶行知说，"教是为了不教"，魏书生也认为，"管是为了不管"，都体现了要充分发挥和调动学生在教育管理中的主体地位的思想。在班级管理中要管大放小，管主放次，授权分明，分层管理，使学生身心愉快地在班级中成长，达到预期的教育效果。

⑤积极争取各方面的支持。班级文化建设，班主任、教师和学生是当然的参与者，但还远远不够，还需要社会的榜样力量来引导学生、需要学生家长积极有效的配合、需要社区有关部门的积极支持等。现在许多学校都建立了家校路路通，通过网络短信，把学生的信息随时发送给学生家长，取得学生家长的积极配合，共同教育学生。

⑥丰富班级文化生活，开展学生喜闻乐见的文化活动。霍姆林斯基说过："集体是教育的工具。"班级向心力是一股强大的无形的力量，会对每个学生的个体发展起巨大的潜移默化的教育、激励和制约作用。开展丰富多彩的班级文化活动是班级凝聚力形成的主要形式，通过开展内容丰富、形式多样的活动，让学生参与竞争，提高学生的思想修养，培养他们的学习习惯和学习兴趣，增强学生的自主参与意识，促进学生之间彼此尊重理解和相互协作，增进彼此友谊，进而升华为集体情感。

⑦关注班级的每一位学生，尤其是后进生，让学生对班级有归属感、认同感、主人翁感。马斯洛的需要层次说认为，人的行为是由一定的动机引起的。同时，人都有生理需要、安全需要、爱与归属的需要、尊重需要、自我实现需要。因此，要根据学生的生理和心理发展规律，在班级集体生活中获得集体的爱、大家的互相尊重、帮助学生发展自我、实现自我，看到自己在班级中存在的价值。如果学生生活在这样的班集体环境中，相信他会是一个合格的公民、身心健康的学生，人格健全的个体。

4. 发挥学校文化德育环境资源的作用，实现中学校园文化德育环境化

（1）优化整合学校文化德育资源，充分发挥中学校园文化德育资源的作用。

①充分发挥学科德育功能,做到既教书,又育人。课堂作为学生学习生活的主要阵地,既要学习科学文化知识,又要培养高尚的道德情操,养成良好的行为习惯。因此,学科教师一定要在学科教学过程中加强对学生科学的世界观、人生观和价值观教育,教会学生学会学习、学会生存、更要学会做人。

其实,每一门学科,尤其是政治课和历史课都可以从不同的方面对学生进行思想教育。比如,政治课不能仅为了中考或高考把知识灌输给学生,更要通过学习使学生树立正确的人生态度,确立科学的价值观和人生观,让学生将来更好地走向社会、适应社会,获得自身的可持续发展。在学科教学中,教师要依托书本,面向社会,为了学生开创未来,做到既教书又育人,使学生德智体全面发展,为学生的健康成长创造一个良好的课堂教学环境。

为此,作为教师要明确自己教书育人的职责,真正转变教育观念,不能"唯分是举",以分数高低衡量教学水平的高低,认识到只有既教好书又育好人的教师才是成功的教师。同时,要不断学习,提高自身的素质。这些素质不仅是专业素质,更主要的是具有时代特色的新知识,如社会知识、网络知识等,提高自身综合素质是教育好学生的基本要求。教师还要了解学生,在教育过程中做到"有的放矢"。要了解学生在新的社会环境下的新特点,了解他们的思想认识状况,了解他们的需求等。只有了解了他们,才能有针对性地教育好他们。

②学校文化德育活动要从学生的实际出发,追求实际效果。学校文化德育活动形式很多,主要有班会、学校组织的各种活动和学生自己组织的各种活动等,这些活动对学生的发展具有积极影响。为了使学校活动真正发挥其德育功能,为学生的健康成长创造良好的氛围,要注意以下几点:

第一,学校要落实对学校文化德育活动的组织领导。对于每一项活动都要做到精心安排,目的明确,责任到人。不能为了应付什么创优比赛、对外宣传等需要而使活动流于形式。学校有必要设立一个专门的德育活动领导小组,专门负责对学校的文化德育各种活动的组织和管理,规范德育活动行为,组织文化德育活动的实施,使文化德育活动务求实效。

第二,加强对学生的教育引导。现在许多学生学习压力大,出去活动或参加其他活动就可以放松一下,于是就认为文化德育活动,如外出参观等就是玩。文化德育活动当然可以使学生的身心得到调节,但不等于玩。每一次活动前要明确活动内容、目的和要求等,在活动过程中要加强教育,在活动结束后要及时进行总结,真正使学生在文化德育活动中受到教育,得到启发。

第三,文化德育方式和内容要符合学生的实际。符合学生实际主要指要符合中学生的心理和品德实际，符合中学生的认知水平，做到文化德育活动"以人为本"。比如，笔者观摩了一堂关于"谈谈我们的学习"主题班会，目的是端正班级里部分学生的学习态度。班主任做了认真准备，对学习压力、学习动机、学习对自身发展的关系、学习与国家和社会发展的关系等方面进行了讨论，最后让每一位同学写一份个人感想或结合自己实际谈谈打算等。这节课主要从学生的实际出发，让学生有话可说，有感可发，可以说收到了预期效果。

③优化班级环境，体现学生的主体性。班级是学生自己的班级，是他们在学校学习和生活的特有空间，生活在班级里的每一位学生的成长都会受到班级环境的影响。优化班级德育环境主要体现在优化班级物理空间环境、班级人际关系环境、班级文化环境、班级制度环境等方面，使班级成为学生自己管理的成长空间环境、学生学习进步的互相帮助的集体、同学互相监督的共同发展的群体，充分体现学生自我管理、自我发展、充满友爱的教育主体地位。

第一，使班级成为美化了的学习、生活空间。班级的课桌布置要体现平等，使学生之间、学生与教师之间在班级空间环境中有平等感，教师不能高高在上，俨然是权威的化身。教室里一句富有启发的名言可以激发学生的学习，教室里环境优美、卫生整洁、和谐温馨有利于稳定情绪、陶冶情操。

第二，建立充满友爱的班级群体。班级同学之间不可避免地存在着竞争，但竞争并不影响团结。班主任和任课教师要教育学生正确处理同学之间的关系，互相帮助，尤其要帮助学习有困难的同学，不能嘲笑甚至鄙视他们。班级可以组织班级互帮小组，同学之间互相帮助可以促进团结，共同提高。多开展一些集体活动，增进同学之间的感情。现在多是独生子女，处理好同学之间的关系也能锻炼他们与人沟通的能力。

第三，加强正面宣传，制订班级规章制度，构建班级良好的氛围。为了建立良好的班级氛围，班级要对发生在身边的好人好事进行宣传，树立榜样；同时对班级里的不正之风及时加以制止，通过班级规章制度规范每一位同学的行为。好的氛围是大家共同努力的结果。因此，要以表扬为主，惩罚为辅，调动同学们的积极性，激发他们主人翁责任感，体现他们德育主体地位，使人人乐于为班级增光彩。

第四，实施全员德育，发挥人人是德育影响源的积极作用。全员德育，不仅是指学校的全体教职员工，而且也包括学生的家长和学生所在社区的人员。作为学校，要动员全体教职员工真正负起育人的责任，身体力行，言传身教，为人师表，以自己的言行影响学生，为学生树立起好的榜样。作为学生家长要多与学校进行沟通、联系，对学生在成长过程中出现的问题研究对策，及时加以纠正。当然，学生家长的素质和家庭环境也对学生品德的形成有重要影响，学校要帮助他们，尽可能地减少对学生的消极影响。学生不仅生活在学校内，学生所在的社区环境也不可避免地对学生产生影响。因此，学校要把德育管理的手臂伸到校外，与社区有关部门一道优化德育环境，对不健康的东西加以抵制，多宣传积极健康的东西。同时，社区要协助学校帮助一部分有问题的学生，使他们健康成长。一个校内外优化了的德育环境不是一朝一夕能够建立起来的，也不是某一个部门的事，是各方面的力量联合起来，常抓不懈的结果。在这一过程中，学校应发挥主观能动性，积极主动联合各方力量参与到学生的德育工作中来。

（2）构建系统的中学校园文化德育环境体系，实现中学校园文化德育环境化。

中学校园文化德育环境化是指德育要以优化了的环境为载体，以学校规章制度和社会规范为主要手段，以学生自我教育为根本出发点，以学生的道德进步为落脚点，从而使德育的主体地位得到真正发挥，德育效果得到切实体现。对于文化德育环境化的"环境"可以界定为：一是优化了的环境。环境并不一定都对学生的道德品质产生影响。对于产生影响的环境从性质上看又有积极的和消极的，要使学生在优化了的积极的环境中健康成长。二是指有教育意义的环境，与自然的、偶发的环境因素相对。中学文化德育环境化的实现需要注意以下几个方面：

第一，文化德育活动要与动态的环境相协调。德育过程是一个动态的过程，因为教育对象在发展变化着，周围的环境在变化着，因此德育过程也应该在动态中展开。这就要求学校德育活动必须在开放的环境中进行，对学校和各方面的影响做出敏感的反映和较有力的调节，从而发挥积极作用，抑制消极影响，使德育客体朝着社会所期望的健康和积极的方向发展。

第二，文化德育环境化要求德育活动的开展要以环境为依托和载体。学生生活的环境空间主要在校内和校外。学校文化德育环境以其最经常、最集中、最系统和具有目的性的优势，对学生产生深刻影响。学校环境是一个可控的环境，对学生的教育影响是被优化了的；同时，学校也是环境的过滤器和创新源。对于来自社会、社区等方面的环境影响，学校可以帮助学生加以辨别，教育学生自觉加以抵制；学校还必须通过创新，把来自社会和社区等各方面的文化德育环境因素加以整合，营造出更有利于学生成长的文化、舆论、价值观念等方面的氛围，既影响学生，又可以作为影响源辐射到学校以外的社区，从而为净化社会风气、优化社会文化德育环境起到积极作用。

第三，文化德育环境化要求学生学会自我教育、自我发展、自觉在优化了的环境中完善自己。学生是德育主体，对于外在的环境影响，只有内化为学生自觉的意识才能产生实际效果。同时，学生本身也是环境优化的主体，在优化的环境中扮演着主人的角色。因此，学校在营造和优化和谐环境的同时，要重视加强对学生自我管理和自我教育的训练和培养。比如，班级管理可以在班主任的参与下让学生制订班级规章制度，让学生参与对班级事务的管理和处理，让学生在相互学习和竞争中解决矛盾和冲突，使学生在自我管理和自我教育的氛围中完善自己。

第四，学校和教师在校园文化德育环境化构建中要主动承担其应负的责任。

作为学校，一方面要为校园文化德育环境的优化承担领导、组织、协调等责任，为学生在校生活、学习创造良好的条件；另一方面，学校要把其影响力辐射到社会中，主动迎接来自社会等方面的环境挑战，把社会环境中积极的因素加以改造，把社会中消极的方面加以抵制，把社区教育、家庭教育等方面的力量有效地整合起来，从而形成以学校为中心、联合各方面力量、优化了的文化德育环境，为学生的健康成长营造一个开放、和谐、健康的环境。

二、融合中学学科德育

（一）学科德育的内容与重要意义

在学科教学中，坚持贯彻学生德、智、体等全面发展和保证学校教育"双重"任务的教学方向，既教书又育人，这是我国教学的根本方向和性质。特别是在当前德育工作实效性不强的情况下，学科德育是帮助我们走出德育困境的最有效途径。

1. 学科德育的内涵

学科德育主要是将道德教育渗透到各科教学中，从而实现各科教学与道德教育相融合的一种德育形式。学科德育强调的是每一位学科教师都应负有德育的责任，德育不应局限于专门的德育课程，而应扩大到各个学科。因为每个学科都有丰富的德育内容，隐藏着德育方法和能够渗透德育的手段，如果以学科德育形式开展，综合效果好。在学校德育的实践中，虽然学科德育有诸多的优势，但实践起来困难重重，步履维艰。原因可能在于德育学科自身的特性，德育学科一直坚守德育课程化、专门化的要求，有着专门的概念体系、知识构成体系，而且由专门的教师（如班主任和德育主任）负责，与学科教师剥离开来。再加上学科教学活动注重培养学生的智力品质，提高学生的知识水平和考试成绩，学科教师自然更偏向于知识教学，而不愿意过多关注德育教育。

为了更好地解决学科德育所面临的难题，我们首先需要了解学科德育的基本特性，才能对症下药。

2. 学科德育基本特征

（1）学科德育是一种间接德育。间接性主要体现在各个学科知识的学习能提升学生的知识水平和智力水平，同时还能够促使学生形成正确的世界观、人生观和价值观。这是培育良好品德的基础。间接性还体现在各个学科中也包含着诸多德育元素，如语文课程中的道德故事、历史课中的伟人品质等。这些道德元素往往能够在各科教学中以间接的方式传达给学生，从而促进学生的品德发展。

（2）学科德育是一种隐性德育。隐蔽性主要是针对专门德育课程和德育教学的显性来说的。学科德育的隐蔽性主要在于，学科教学中德育目标非预期性，学科德育产生的德育影响往往是不可预期的，是一种隐性的德育影响。隐蔽性还在于学科教学德育内容的隐蔽性，即学科德育中的价值内容往往隐蔽在各个学科的知识内容中，如语文学科中的榜样人物等。这些内容的学习都是隐蔽的。

（3）学科德育是一种渗透性的德育。学科德育把价值观的教育渗透在各个学科的课堂教学和课外活动中，从而对学生起到潜移默化的道德影响。比如，学科德育把德育内容渗透到知识教学当中，通过知识教学来帮助学生发现真理，提高学生的智慧和理性能力，从而促进学生的道德成长。此外，学科德育的渗透性还体现在，道德教育渗透在各个学科教师的言传身教中，教师的道德榜样作用是润物细无声的。在课外活动中也可以找到学科德育渗透的痕迹，如历史课参观博物馆，自然课接近大自然，音乐课唱爱国歌曲等。这些都渗透着一定的道德价值观，对学生的道德发展可以产生正面影响。

3. 中学实施学科德育的意义

学科德育顾名思义，就是将学科教育与德育教学有效地结合在一起。学科教学是学校教育的主渠道，对于培养学生知识、技能、情感态度和价值观，促进学生的健康成长有至关重要的作用。学校德育只有与学科课堂教学融为一体，发挥学科教学独有的育人优势，才能使德育真正全面渗透到学校教育的每一个环节、每一个方面，才能使德育更具科学性，才能进一步增强德育的针对性和有效性，从根本上解决中小学教育究竟是"育人"还是"育分"的问题，克服长期以来中小学教育存在的智德分离、知情分离现象，使学校德育在实践中不断创新发展。

（1）开展学科德育，顺应"课程改革"的时代要求。新课程改革强调在真实、开放的生命感受中构建个体的道德成长经验。实施学科德育，既是新一轮课程改革的内在要求，也是学校德育工作的创新发展方向。学科教学不仅要"传递知识"，更应当发挥其应有的多重功能，实现知识与技能、过程与方法、情感态度与价值观三维教学目标的统一。从这个意义上说，课程改革和德育的价值追求是完全一致的，两者是浑然一体、水乳交融的关系。德育是学科建设的重要内涵，学科教学的根本目的和任务就是育人，这是在教育过程中必须坚持的根本和方向。

学科德育作为有效的德育模式之一，需要进一步探索、完善和实施。在学科德育的实施中，要善于精心设计学科德育内容，深入挖掘学科德育中的积极因素，全面调动学科德育各个环节之中的重要主导因素，如教师的辅助作用、学生的主体作用以及师生之间的交互作用，注重学科德育思想的升华，更加敏锐地捕捉教育的有利时机，就可以使学科德育的诸多优势彰显，如它的自然性、生动性和艺术性，最重要的是增强学科德育的针对性。

（2）打造德育课堂，开辟"有意无痕"的德育路径。课堂是学生学习科学文化知识、形成技能和方法、提升思想道德水平的主要场所，课堂学习的质量将直接影响学生思想道德素质的高低，学生在课堂上耳濡目染的内容将会潜移默化地反映到学生的成长过程中，因此德育必须与课堂教学紧密结合起来。课程改革的实效有赖于学科德育的有效实施，学科德育也只有有机地融合在各门学科的课堂教学过程之中，才能进一步提高德育的科学性、针对性和有效性。这是课程改革的内在要求，也是学校德育工作的必然要求。

课堂是师生活动的主要场所，也是学校生活的核心内容。如何让课堂焕发生命的活力，展现师生智慧的风采，各学科都在积极探索与实践。广州市番禺区市桥象圣中学一直致力于课堂德育有效性的研究与实践。我们遵循知行并重、活动诱发、理想激励的规律，在课堂教学中进行了热爱祖国、热爱中华民族的优秀文化和优良传统、了解公民的基本权利和义务、弘扬民族精神和广州城市精神等方面的教育，培养了中学生的爱国情感、文化底蕴、创新意识、民主法制观念和科学精神。

（3）培养德育能力，确立"全员德育"的有效机制。学科德育是否有效的关键在于教师。只有通过教师的创造性教学活动，才能将教学内容具体化为学生的道德认知、道德情感和道德实践。学校应大力加强师德建设，牢固树立教师"育人为本""人人都是德育工作者"的观念。为教师的专业发展，是德育能力和专业能力的统一，只有正确把握学科德育的内容体系和实施方法，才能提高学科教学各环节落实德育目标的能力。

象圣中学加强校本教研、校际教研、区域教研等各种不同范围和不同类型的教研活动，探索学科课程标准和"两纲"教育、中华传统文化教育、社会主义核心价值观教育的有机结合点，引导教师把具体要求落实到教学设计、教学实施和教学评价中。象圣中学还搭建了多样化的教师培训平台，提高了教师进行德育工作的热情，自觉主动地研究把握学科的育人特点和规律，使教师以独特的学识智慧和人格魅力肩负起育人使命。

广州市番禺区市桥象圣中学非常重视学科德育发挥的重要作用，在日常的教学中，积极将学科德育的意识强化到教学的每一门学科之中、每一个环节之中，每一位任课老师的身上。象圣中学看重的就是在"融入"上下功夫，切实让学科德育发挥其自身的优势，让课堂教学愈加肩负起"立德树人"的根本任务，让学科育人成为学校教育的主旋律，最终达到"润物细无声"的理想目标。

（二）建设学科德育基地：挖掘学科中的德育资源

1. 明确学科德育基地建设的主要原则

（1）首要认识——实践性原则。开展学科德育基地建设的目的是促进教育教学质量的提高，促进学校、教师、学生的共同发展与进步。学科德育基地以学校教研组为依托，是本学科教师发挥集体智慧、提高教学水平和教学质量的教学研究组织，也是同一学科教师开展教育教学研究的重要阵地，是教师专业成长的地方。在基地建设的行动过程中，学校不断地实践与探索，在实践中得到启发，在实践中培养锻炼教师的能力。

（2）实践提升——研究性原则。坚持行动研究的基本理念，树立教师即研究者的观念，树立科学的教学观、质量观，将教育教学实践活动与教学研究紧密结合，力求教育实践、教育研究、教师培训三位一体，探索解决本学科教育教学中的实际问题的方法和途径，同时改变教师的职业生活方式，挖掘教师的潜能，为教师的专业成长搭建平台。

（3）相互交融——合作性原则。学科德育基地的建设要以学科教师为主体，为有一定基础的学科教师群体提供共同发展平台。学科基地建设要注重多方合作，既有同学校、同学科教师的合作研究，又有不同学校的教师、教研组之间的合作，还有教科研人员、学校教师、学科教研组之间的合作研究，集全体学科教师力量，共同推进基地建设，保证学科基地各项工作顺利进行。

（4）灵动创造——创新性原则。在学科德育基地建设中要坚持"自主创新"的理念，充分发挥学科教研组在基地建设工作中的自主精神和首创精神，以解决学科教育教学中的实际问题为核心，构建开放的思想和开放的组织形态，充分整合区、市内的各种资源，在实践中勇于创造和探索经验，建立互动、交流、分享的工作机制。

除遵循以上重要的学科基地建设基本原则，还要十分重视学科基地建设的种种科学化策略，只有将基本原则大方针把握精准，同时又与科学化的策略相结合，才能使学科基地建设更加具有正确性、科学性，才能使学科基地建设在学科德育中的作用以及在德育教育中的作用发挥得更加明显、有效。

2. 秉承学科德育基地建设的基本策略

学科基地分为学科特色基地和学科德育基地两类。通过学科特色基地的建设，在引领广州学科建设的发展上形成特色。通过学科德育基地的建设，在德育的有效性和针对性上形成经验。

首先，"把教学有效性和骨干教师培养针对性这两个突出问题'整合'成为一个项目"是学科基地建设的基本方针。

其次，每个学科基地以基地主持人为核心，以基地所在校的教研组教师为基本成员，适当吸收师德高尚、业务精湛、充满活力、热心基地工作的外校教师，组成有工作能力、研究能力、共同志向的学习共同体。学科基地的主持人和共同体成员要"关爱学生，严谨，笃学，淡泊名利，自尊，自律"，以这样的人格魅力和学识魅力教育感染学生，做学生健康成长的指导者和引路人。对于不适应基地工作的主持人和成员，本着"能进能出"的原则，实行退出机制。

再次，每个学科基地必须设置具有"科学性、先进性、实践性"的推进基地发展的课题或项目。学科特色基地要确立以新课程实施在学科中推进为主要内容的研究课题或项目，探索和提炼有效方法，在引领学科建设的发展上形成特色。学科德育基地要确立以学科教学中落实"三维目标"为主要内容的研究课题或项目，研究学科教学在学生育德方面显性的价值导向和隐性的默化功能，积累成功案例，在德育的有效性和针对性上形成经验。

最后，学科基地应遵循"明晰定位、科学规划、任务驱动、创新实践、形成特色"的工作要求，探索学科基地建设的规律，为今后的学科基地工作提供经验和借鉴。

（三）育人内容的着力点：培养学生的学习习惯

课堂德育是学科德育的重要完成形式和呈现方式，要想使学科德育迸发出更加强大的力量，就要做到"课课有德育、人人都是德育者"。让德育教学真正走进每一个课堂，穿插在每一个教学环节之中，让学科德育"有意无痕"地渗透在学习之中，让课堂德育做到不刻意、不强迫，一切自然而然地进行。

这也就要求每一个教学工作者乃至每一门课程教学都积极、主动参与其中，实现横向联动的学科德育教学。学校应该从学生角度出发，让学生更好、更积极地真正融入课堂教学中，使学生在每堂课上都能真真正正地学到知识、领悟知识、会用知识。

1. 教学的本质在于"有效"

国外从20世纪初就开始了课堂教学有效性问题的研究。迄今为止，他们已经分析了各种影响课堂教学有效性的因素。总的来说，对有效教学研究所取得的成效值得肯定，但是也存在一些不容忽视的误区。笔者以为，有以下三个问题尤为突出，亟待解决。

（1）有效教学的本质特征问题。从某种意义上可以说，当前制约有效教学研究顺利发展的最突出的问题，就是有效教学与"其他"教学的本质区别究竟何在，因为现行研究中出现的主要质疑和论争都直接、间接地集中在这个问题上。从形式逻辑的角度看，这个问题似乎简单，只要把其中的"有效"与"无效"加以区别就足够了。但是，现行的有效教学研究赋予有效教学众多"内涵"，其中既有"有效教学"的特征，又有教学改革的追求，还有理想教学的愿景，以致学者们不得不花费大量精力与笔墨对它加以全方位的阐释，以求人们将有效教学当作一个特定术语来加以理解，就像有些学者在文章中要对有效教学专门加上双引号一样。不过，这又引发了另一个问题，即赋予有效教学的这些"内涵"能否用"有效"两字形容与命名？从有效教学最初的由来和人们的常识性理解来看，它都显得"勉为其难"。如果我们坚持要用这个术语，且不说是否有话语霸权的嫌疑，至少有对以往的"其他"教学理论和实践研究不敬的嫌疑——因为我们有形、无形地将其划归为"无效教学"或"非有效教学"。当需要花费大量精力去阐释一个容易造成理解偏差或误解的术语的时候，我们有必要想一想，这个术语本身或这个术语的用词是不是有一定问题？

（2）有效教学研究的实践针对性问题。有效教学作为一项专门的教学改革研究，始于现实中的教学问题，因而有效教学研究的价值与发展的前途也取决于它在解决现实教学问题上的效力。当初，钟启泉等提出有效教学的理念时，研究的实践针对性是很明确的，即解决"教师很辛苦，学生很痛苦，但学生却没有得到应有的发展"的现实教学问题。但是因为种种原因，现在的有效教学研究似乎越来越脱离对解决实践问题的具体思考与有效探索，越来越热衷于理论知识的逻辑推导与研究目标的抽象拔高，以致给人一种日益增强的印象，好像主要是在建构一种名叫"有效教学"的学说，至于它是让教师和学生变得"轻松、愉快",还是更加"辛苦、痛苦",很多研究者似乎不太在意了—至少从近来的文章中看到得越来越少了。

（3）有效教学的心理机制问题。当前有效教学研究之所以谈"应该""必须"的多,谈"为何"以及"怎样"的少,一个很重要的原因是,我们的研究极少深入到直接制约教学有效性的心理机制。教学心理学研究表明,从根本上来说,教学主要是一个师生双方在认知和情绪两方面同时进行交互作用的过程,教学的有效性来源于双方认识上的共识性和情绪上的共鸣性以及由此产生的认知与情绪之间的良性互动。与之相应,教学的基本矛盾主要体现在认知和情绪两个方面,前者是教学要求与学生已有认知水平之间的矛盾,具体表现为"能不能"学习的问题。后者是教学要求与学生当时的学习需求及其由此产生的学习意愿之间的矛盾,具体表现为"愿不愿"学习的问题。而且,与"能不能"学习的问题相比较,"愿不愿"学习的问题始终是教学活动能否达到预期目标的关键和难点,对学生的学习行为有着更为突出和直接的影响。同样,有效教学研究所面对的现实教学问题,主要成因不是学生的认识水平行不行——"能不能"的问题,而是学生的情绪状态佳不佳——"愿不愿"的问题。因此,有效教学研究的理论合理性与实践有效性,离不开对制约教学有效性的心理机制的探讨。

2. 中学生学习习惯的重要性

研究课堂教学的有效性问题不能只停留在理论上,更不能忽略有效教学的对象。在研讨教师教学有效性的同时,作为教学主体的学生,也有一个有效学习的问题。以往的研究往往过分强调教学资源的设置,而忽略了对教学资源的有效使

用问题,教师教学是否有效从某种意义上来讲,必须由学生学习的效果来体现。针对上述问题,学校能够组织部分已毕业学生对各自有所心得的科目进行分析、探讨,并归纳出一些对中学生学习有利的学习习惯。学生们反映,通过主动培养适合各科目学习的学习习惯,能促进对教学资源的有效利用,对有效的课堂教学有积极的影响。下面试以语文及数学为例。

（1）语文教学的课堂实例：学生总结的语文学习习惯。

①课前预习什么,怎么预习？首先,初步了解作者和其作品,包括相关文学常识、生平事迹和主要成就。其次,熟悉课文。朱熹云："读书千遍,其意自见。"推荐课前通读3遍为佳。第一遍,不参照课文注释及其他材料通读课文,整体把握文章主要内容和难度。第二遍,参考注释阅读课文,标注小节号和字词读音,在必要处写上解释。第三遍,仔细阅读课文,关注文

章内容和条理，记录在预习时产生的问题。踏实做好以上步骤，为上课的有效性打下扎实的基础。

②教师上课的板书记不记？板书看似简单，事实上正是教师带领学生分析课文后总结出的写作思路，是从总体到部分的剖析。

③除了板书，笔记就没有内容了？这其实是上语文课听什么、记什么的问题。语文课不同于其他学科有公式、用法，它更注重的是学生分析选择的自主性。首先，上课伊始，教师会讲述课文的历史背景、作者简介等，这些都是考试的重点问题，要准确、完整地记录下有用的信息。其次，上课时，为了引导学生对文章进行分析，教师会使用问题的形式帮助学生思考，甚至有意识地教学生融会贯通。例如，在学习《陋室铭》时，教师提问："陋"体现在哪些句子？同学们需要结合自己思考、同学的回答和老师讲评，较清晰地记录在笔记本上。教师通常不会把问题写在黑板上，更不会把答案整理出来，这就需要学生听课保持极高的敏锐性和辨别力。

最后，临近上课尾声，学生们总是无法再高度集中注意力，但教师往往会根据整堂课的效果进行总结，如作者生平、思想对于课文的影响，作者想要表达的实质，课文给我们的启示等，这些都有助于学生对文章进行整体把握以及课后复习，因此笔记本上自然也要有它们的一席之地。

④上课讨论似乎是自由说闲话时间？40分钟的课堂时间，一分一秒都是宝贵的。如果纯粹把课堂讨论看作自由说闲话，那么无疑是对讨论的重要性没有充分理解。有些问题教师是请同学个人思考后做出回答，有些问题则是进行小组讨论，其差异就在于这个问题的复杂性与多元性。小组成员共同思考无疑拓展了回答的广度和深度，更重要的是，学习组内同学的思考方式，有利于学生在考试或其他单独思考的过程中把问题想得更完整。

⑤教师在课堂上留出新课文的背诵时间，并且要求当堂默写。在寸秒寸金的高三课堂上遇到如此现象，请不要惊讶。或许大家觉得10～20分钟的背诵时间太短，是不可能完成任务的，事实上，这正是效率和效果的问题。在课堂高压下，潜意识就会要求学生提高办事效率，并且确保办事效果。所以，学生就会发现课堂上的20分钟其实与回家后的一个小时是同样的效果。

⑥如何对所学知识进行复习？新学的知识如果不复习，最终还是会"鸟儿已经飞过，天空不留痕迹"，因此整理上课笔记是十分重要的一个过程。笔记虽然在课上记好，但是由于时间、空间的限制，往往不够完整，所以学生要按照上课内容，并以辅导书为参考，把自己的笔记扩充成关于这篇课文的微型知识库，这样不但便于学生复习迎考，而且不易造成知识的缺失。

⑦语文背诵很头疼。当知识越学越多，记忆也随之成为一个难题。其实

在课前预习中提到熟读课文3遍以及在上课时积极参与思考、认真记录板书，在某种程度上都可以为背诵服务，因为大脑对于图形常常更加敏感，上课的板书就是一幅文章内容结构图。当你在背书时，脑海里浮现出这么一幅图，再将字词一点点地填进去，课文就不再是毫无生命，而是有血有肉的了。

⑧该怎么扩充自己的知识面呢？这是一个仁者见仁、智者见智的问题，在学校的语文学习无疑是有效途径之一。课本中选取的可能只是某一作者的一篇文章，那么可以就此发散出去，如查找这位作者的其他作品、与他同时代的作家的作品、与课文题材思想类似的文章等。另外，教师在课上还有许多知识是无法详细讲其来龙去脉的，同学们也可以在课后补充相关的知识。

以上是和同学们一同分享语文学习中的经验、可能碰到的问题以及解决的方法。在学习过程中固然会遇到困难，只要使用正确的学习方法和勤奋的练习，语文最终会绽放独特的光彩。

（2）数学课堂教学上的实例：学生总结的数学学习习惯。

①以超前的思维方式听老师讲课。在课前预习的基础上，自主地推测老师下一步所要讲的知识点或内容，从而达到独立学习，自己建立知识体系的目的。由此，将自己的想法与老师所讲述的内容对比，将其作为自己思路的一个参照物，就能将课堂所学内化为自己推测总结的知识点。

②定理及重要结论的记忆。当老师给出定理或重要结论时，立刻在心中默念几遍，争取在短时间内记忆下来，并形成"这个结论在之后的时间里将被运用"的想法。而在接下来的时间内，通过老师的例题去验证定理或结论，让自己对其的认识更加深刻。

③以验证的思路面对例题。当老师给出例题时要先独立思考、独立解题，而不是等待老师给出做法。一方面，将自己的做法与老师的做法进行比较，验证自己思路是否正确，解题时对问题的分析是否全面；另一方面，也对老师的解题思路、过程加以验证，着力发现老师的解题漏洞或更为简便的方法，从而提高学习例题的效率与兴趣。

④修改例题的条件。做完一道例题时，将其中的某些条件修改、甚至减少，从而将例题改变为新的形式，以求能做一种类型的例题，达到一通百通，而不在题目稍加改变后就无从下手。

⑤从出题者的角度观察例题。以命题者的眼光审视例题，推测此题所考察的知识点何在，它需要的是哪方面的能力，出错的话可能会错在哪里。这不仅能加深对例题的理解，同时也是对考试时遇到问题时如何更好地得分的训练。

总而言之，对于文科，应更着重课前的预习、课后的加强巩固以及上课的及时记忆；对于理科，则应更重视对课堂中概念、定义及时且深刻的理解，对例题的理解和举一反三。只有更好地发现这些方法并在以后的学习过程中培养良好的习惯，才能使课堂的教学效率更高。

3. 中学生学习习惯的基本要素

现在，我们可以清楚地认识到，学习习惯对学习成效有举足轻重的影响。养成较好学习习惯的学生，能够用他们骄人的成绩证明以上观点。那么，再次反过来深思，又是哪些因素使得或是促使他们在学习生活中，逐渐自主地养成了一套适合自己的习惯呢？笔者认为，学校的软、硬件对中学生学习习惯的养成起到了重要作用。

（1）硬件要素。

①多媒体设备。学校在资金的分配上应基本实现以发展为主的目标，不仅用于校区的扩大，而且不能忽视对校园内部设施的增设和完善。其中，最为突出的便是多媒体教学手段。

中学的多媒体教学设备主要有：每间普通教室都配置的投影仪、相关配件及屏幕；每位教师都配备的笔记本电脑；大多学生都有可移动存储设备及网络条件。凭此，中学所设的大部分课程都可以使用多媒体教学的方法进行。这种教学不同于以往之处就在于，它可以最大限度地激发学生的学习潜能以及培养学生良好的学习习惯。具体说来，有以下几点：

首先，通过播放由教师事先制作好的课件，大大缩减了传统授课方式所消耗的板书时间，提高了上课的速度。一方面，提升了学生在一节课上能接收到的信息量；另一方面，也促使大部分为了能更好地理解上课内容的学生进行课前的预习。这不仅使学生初步形成了在今后有不小作用的自学能力，也使学生的课堂接受能力有了一定程度的提高。

其次，由于多媒体教学有可变性强的特点，在授课的过程中，教师可以用非常直观的方式改变讨论问题的环境或是问题的条件，使学生获得经常思考在不同情境下解决一类问题的能力和习惯。在传统的教授模式下，受到板书不确定性以及可变性较弱的影响，学生往往需要有多角度看问题的基础能力，才能获得思考的可能，但这种授课方式显然不利于这种习惯的培养。而适应不同环境下的这类问题，恰是理科学习的一大关键。多媒体教学便很好地适应了这方面的需要。

最后，是由电脑、可移动存储器、网络三位一体所构成的复习体系。由于课件对于学生是全公开的，学生便有了再一次重温上课内容的机会。在课堂上强调过的重点、分析过的难点，也可以一丝不漏地通过多媒体展现出来，极大地解决了传统教学模式中课上完一段时间后，由于不可能将课上的所有内容加以记录，便很难再次回忆起上课的具体内容的问题。通过多媒体教学，学生可以更有效地巩固复习，使复习变得更加有效。

②学习环境。学习环境对形成有效的学习习惯也有一定的帮助。一方面，是指合适的学习空间分配。两人合用大小合适的课桌和高矮适当的座位，让学习中的学生自动地形成对学习环境的选择和应变能力，并成为一种潜在的习惯将其作为自己得心应手的学习环境。于是，合理制作的桌椅成为调整学生学习习惯的有效方式。在此之中，同桌的学习模式也是一种养成自我学习习惯的助力。拥有同桌不仅促进了学生对学习空间更为合理的分配，而且做到了对有限的空间进行有效利用，不自觉与同桌的比较也促使自己强化了学习习惯。

另一方面，学校的小花园以及平台的草坪等绿化也是影响学生学习习惯的因素。众所周知，学习时的集中力和集中时间是有限的，如何才能控制自己的集中时间或是尽快地再次恢复到集中力的峰值，便成为有效学习的关键。如果能将合理地放松自己作为一种习惯，对学习就有极大的帮助。所以，学校为学生准备的放松场所便有了意义。以上场所配合不同的课间休息时间，有利于学生在学习中体会有利于自己的放松方式和放松时间，形成较为合理的放松、休息模式，也为学生在离校后的放松方法提供了指导。

（2）软件要素。

①教师。作为传递学校理念的载体以及学习中的施体，教师无可争议是影响学生学习和学习习惯的要素之一。中学的教师群体在学生的成长过程中，起到了什么样的作用呢？

在课堂上，中学教师能够使用启发式的教学。他们的教授形式并非一味地灌输、将知识进行堆砌，而是使用提问或引导的方式，使学生自主寻找当堂课程所要讨论问题的解决方案和答案，并在恰当的时刻给出提示或总结。教师可给予学生最大限度的支持和最低限度的帮助，使学生有机会自主建立各自的知识体系，这有助于学生养成独立自主学习，自己将知识点形成网络的学习习惯。

课间，教师结束了授课并非代表他们就此休息。课堂上，总有可能出现不能在当下完全理解的知识点，课下鼓励同学提问，以因人而异的方式进行第二次讲解便是教师此时的任务。下课时对问题的及时再理解正是一种对问题求甚解的表现，一种不放过细节的态度。可以说，不少同学基础不扎实正是由于对知识不求甚解，知其然而不知其所以然造成的。所以，为了养成重视细节、不放过学习漏洞的学习习惯，提问是必不可少的。

在布置作业上，教师们并不使用题海战术。每次布置的作业都是选择一两本经过筛选的书籍上有代表性的题目，以精而不是以量取胜。一方面，减轻了学生的学习负担，有利于学生的自我培养；另一方面，从潜意识里教会学生有选择地用题目来巩固自己的知识点，做到举一反三，而不是做一道就只会一道。

平时，教师们并不摆高姿态，而是以朋友的身份出现在学生面前，使学生愿意与教师进行交流，听取教师的意见，并从中获得一些有意义的指导。教师的循循善诱、鼓励帮助学生尽快摆脱不自身发展的恶性循环，加速形成上进的优良学习习惯。

②学风教育。学校广播可以成为促进学生养成良好学习习惯的一大助推力。学校的广播内容丰富，包含了励志、警示、博学等各方面的内容。从思想层面来说，校园广播以潜移默化的形式向学生传播学校所提倡的各种精神，由此提升学生的精神境界，将学校的德育工作进一步拓展，使学生有培养自我、提升自我的基础和先决条件。从知识层面来说，如心理讲座、卫生广播等栏目也使大家获益匪浅。其中的获益不仅是广播时间内所讲述的知识，更在于学生在一次次聆听过程中培养起来的在非学习时段捕捉信息的习惯。这不仅可以让学生的学习感官和学习意识变得更加敏锐，也从侧面引导学生成为具备各领域知识的高素质人才。

③周练。周练制度带给学生的不是考试的紧张感或是由考试带来的学业压力，而是一次对现阶段学习情况的检验、总结与反思。通过周练，学生易于凭借自己所犯的错误、直观的分数，了解到当前自己的薄弱环节、知识漏洞以及自己相对于所处群体的学习状态。同时，一周一次的测试也带给学生对考试的熟悉感，减缓学生对重大考试的紧张感。经过数年的周练之后，学生早已将定期的自我检测、分阶段进行的知识点的总结归纳作为自己的一种学习习惯。这又为学生打下坚实的知识基础、避免先学后忘提供了保障。

综上所述，一所学校良好的软、硬件配置在培养学生学习习惯的过程中起着独特的作用。学校合理利用、配置资源，能将校园不断推向"适合学生发展"的高度，也是未来对课堂教学有效性研究的一个方向。相信各学校在实践的过程中一定能不断摸索出更优化的方案，使研究在这个领域内不断发展。

在课堂教学的种种案例中，我们能看到学科德育有意无痕教学方法的重要性，不管是在教学过程的硬件设施上，还是在软件配备、学风建设上，只有将课堂教学的种种有效机制很好地融合在一起，才能实现整体功能的最大化。

三、强化中学文化德育的信息化建设

（一）中学文化德育信息化的实施背景

1. 文化德育工作是学校生存和发展的灵魂

国家中长期教育改革和发展规划纲要中提出：坚持德育为先，把德育渗透于教育教学的各个环节，贯穿于学校教育、家庭教育和社会教育的各个方面。由此可见，学校要不断提高文化德育工作的吸引力和感染力，增强文化德育工作的针对性和实效性。

2. 信息技术的飞速发展为文化德育信息化建设提供保障

在以多媒体技术、网络通信技术为代表的信息技术高速发展的今天，信息化是学校文化德育工作创新的方向。信息技术的迅猛发展和广泛深入应用，推动了全社会技术的进步，同时也向教育提出了严峻的挑战。它的出现和在教育领域的运用，将给文化德育的手段、方式、效果等带来全新的变化和有益的拓展，为学校的文化德育提供新的机遇。信息技术所拥有的信息的丰富性、传播的便捷性、表现的多样性、交流的互动性、时空的无限制性和虚拟性等特点也为文化德育的深化研究和发展提供了有利的条件。

3. 学生对于网络的热衷使文化德育信息化成为必然

社会发展至今天，数字化、网络化、信息化改变了人们的生产方式、生活方式、思维方式，也必将引起文化德育工作的重大变革。学生被五彩缤纷的网络世界所吸引，他们通过互联网了解了学校、家庭以外的未知领域，认识了世界的博大精深，改变了原有的思维方式，互联网对青年学生思想品德的形成将会产生越来越大的影响。

（二）中学文化德育信息化的主要目标

1. 中学建设学校文化德育网站

在原校园网的基础上，进一步规范和丰富文化德育板块。充实文化德育板块的内容，突出文化德育教育的时效性和有效性，打造绿色网络。

2. 开发文化德育资源

建成文化德育信息资源库，内容丰富、形式多样、使用方便，其开发过程和使用方法都具有典型性。

3. 成立一支文化德育信息化骨干教师队伍

要建设一支适应信息化的文化德育教师队伍，尤其是班主任队伍。这需要教师自觉学习，重视学生的主体意识和独特个性，主动掌握现代信息技术，适应时代发展和学生成长需要。

（三）中学文化德育信息化的工作过程

文化德育信息化建设过程采取"五步一监督"的方法，如图 7-1 所示。

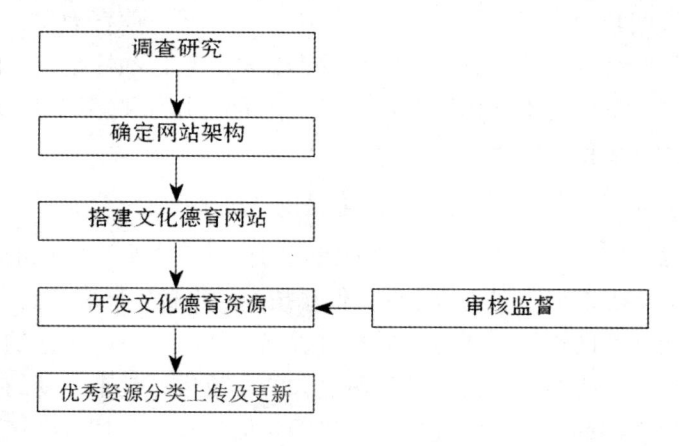

图 7-1　五步一监督

1. 调查研究

为了更好地了解学校师生对校园网文化德育资源的需求情况，可以采取问卷和访谈的方法对学校的教师和学生进行调查。通过调查分析出教师和学生比较感兴趣的文化德育内容和表现形式，以确定网站的结构和主题内容。

2. 确定网站结构

根据学校文化德育工作指导思想和前期的调查研究，能够建立适合本校的文化德育网站。在网站内容设置方面，需要遵循以下三个原则：从区域定位上所选内容要符合本地中学的特点；从学生层面定位上要立足于中学生的实际；在内容的总体印象中要体现学校文化德育管理的特色。

3. 搭建文化德育网站

确定网站结构后，就要搭建文化德育网站，充实网站的内容，建立丰富多彩的德育资源，可以超链接一些好的网址、视频、图片。

4. 开发文化德育资源

教师可以利用数码相机和 DV 拍摄自己学校学生的实际生活，寻找有价值的教育资源，并通过学校的多媒体平台播放。让学生看到身边的文明行为或者需要改进的地方。还可以利用 flash 将优秀学生的事迹做成宣传片，利用班会课进行展示，树立身边的榜样。另外，据统计，手机在中学生当中已基本普及，可以利用短信群发的形式，向他们发送一些名言警句、生活常识、注意事项等温馨提醒，让他们感受到教师的关心就在身边。

5. 优秀资源分类上传及更新

学校师生开发的资源经主管领导把关审核后交给专门的网管人员进行分类上传，填写"文化德育资源上传记录"，并时刻做好信息的更新。

（四）中学文化德育信息化的条件保障

1. 积极宣传文化德育网站

一个好网站最大的遗憾就是没有人知道它的存在，现在的时代是好酒也怕巷子深。为了让全体学生知道文化德育网站的存在，首先全校各班要利用班会时间进行宣传介绍，并对每个栏目进行粗略的浏览。当学生们看到那些发生在自己身边的事件时就会备感亲切。同时，学校也可以利用与家长沟通的机会向家长介绍网站的内容，并希望家长积极参与网站的建设和改进，同时还把网站的 IP 地址告诉各位家长，引导家长对此产生兴趣。

2. 为学生创设上网条件

利用下午课外活动时间对学生进行网络开放，并由专人专时负责这项工作。这样做的目的就是让学生走进学校网络，了解学校网络。没有接触就没有体会，就不会产生教育。经过一段时间之后，学生将从最初的不知道、不了解文化德育网内容到现在变得十分了解、十分关心这个领域。现在学生在上网时都要先点击一下这个网页，看一看里面又更新了哪些内容，看一看自己班的同学谁又在上面了，这已成为他们的一种上网习惯。

3. 加强网站的完善和不断更新的工作

网站的界面和内容是吸引人的一个重要因素，而传统文化内容的不断更新则是网站生命延续的关键。为了使网站内容时刻吸引学生的注意力，我们及时对页面进行更新，并发放问卷向全体教师和学生征求意见，同时向大家征集网站的中华传统文化内容和素材。在学校各班设立一名网站通讯员，他们定时向网站送交稿件和其他作品，学校文化德育工作办公室也定期向班主任征集相关的作品。网站经过和教师、学生的互动发展，产生了巨大的活力，并朝着良好的方向发展。

（五）中学文化德育信息化建设的反思

1. 信息技术的发展给文化德育带来新的挑战

对学生来说，学校不再是唯一或者主要的信息来源。从文化德育的角度看，这一点表现尤为突出。随着计算机、网络技术的发展，电视、报纸等大众传播媒介的普及，尤其是手机等通信工具的大范围使用，学生从学校以外所获得的信息量上看，将逐渐超过由学校所提供的信息。从质上看，学校以外的信息，由于传播工具的现代化，信息内容和形式的多样和新颖，也容易产生较大的影响，学生也更乐于接受。学校是无法把学生完全封闭在学校围墙之内的，因此学校的信息必然要在与来自学校以外的信息发生相互作用的过程中对学生产生影响，这是当代学校教育所面临的新课题。它使传统文化德育教育受到了不小的冲击，甚至有学者将之作为学校教育的新危机。

2. 信息技术的发展对教师提出了更高的要求

信息技术的发展对教师的知识结构、信息化能力提出了更高的要求。教师除了必须具备良好的本专业水平和知识结构外，还必须有良好的信息管理意识，具备较强的获取信息、贮存信息、加工处理信息、筛选利用信息以及更新创造信息的能力。例如，帮助学生树立自己的人生理想是德育教育中重要的一部分。如果教师空洞地讲授一些理论套话是无法打动学生的；如果以历史人物做示范榜样，往往会使学生感到不真实。如何使他们既感到真实，又能感兴趣是一个难点。此时，信息技术就成了教师最有效的工具，教师可以在网上寻找自己需要的材料，并有选择性地进行加工和使用。此外，教师还应该具有运用信息技术手段创造性地组织教育教学活动的能力。教师可以通过电视了解当今社会的主流思想；可以通过网络看到世界的缤纷多彩；可以通过网络论坛、博客、BBS、QQ等，真实感受学生的所思、所想，理解他们在生活、学习中遇到的困难等。信息技术的发展，使学校不再是一个远离社会的封闭环境，我们可以利用多媒体技术，把社会实际生活中的各种矛盾真实地呈现在学生面前，让他们做出正确鉴别、批判、吸收和继承。这样学校德育在影响学生品德的形成过程中可以真正起到积极的干预作用。

3. 信息技术的发展对学生的文化德育有新的要求

网上信息量大，内容复杂，良莠不齐，这就需要学生有良好的信息搜寻能力和辨别能力，主动远离网络不良文化陷阱，增强网络免疫力，强化自身的控制能力。为了达到这一目的，需要利用信息技术课和班队活动时间，对学生进行必要的培训和引导。要重视学生"网德"的培养。网络由于其虚拟性，许多学生以为可以在网上为所欲为，说一些脏话、做一些不文明的行为，这其实就是没有"网德"的表现。所以，我们有必要建立网络道德教育进课堂的制度，全面系统地向中学生进行网络道德教育，重视他们"网德"的培养，并将"网德"纳入学校网络德育体系的范畴，不断提高中学生自身的道德素养。

四、中学文化德育中的家校合作

（一）家校合作在中学文化德育中运用的必要性

家校合作，实质上就是以促进学生身心健康发展作为目的和方向，学校、教师、家长与社会在共同构建平等、尊重的关系基础上努力做到相互支持与合作，学校从家庭中获得社会的补充和支持，家长收获来自学校的先进教育理念和方法的指导，实现互利共赢。

1. 信息化时代发展带来的教育环境的需要

随着互联网的发展，在社会科技进步，经济全球化、信息化、民主化的当下，社会对人的素质要求越来越高，教育因此面临诸多挑战，孩子的教育问题日益受到人们重视，促使家长愈加地关注学校教育，想要参与子女在学校的教育的想法日趋强烈。作为人生活中成长的两大主阵地，家庭是人成长的摇篮，中学阶段的学生身心发展还很不成熟，即使在叛逆期对家长的依赖性也很强，仅靠学校单打独斗是不够的，只有学校和家庭密切联系，相互配合才能在时间和空间上实现这两大教育阵地的无缝对接，实现教育的可持续性，为学生提供一个和谐完整的教育环境。但是，由于家庭教育会受家长个人素质的制约，受家庭生活方式的影响，所以家庭教育一般存在随意性、自发性、盲目性等不足之处。而学校教育具有培养目标明确，组织、计划和系统严密的特点，并在教育过程中遵循学生认知规律、恰当地运用教育方法，在集中教育和教育教学的物质设施等方面有绝对优势，因此需要学校帮助家庭教育走出固有的盲区。"金无足赤，人无完人"，家庭教育有家庭教育的不足，同样学校教育也存在自身固有的缺点。从学校被誉为"象牙塔"，可以看出学校教育在瞬息万变的形势下，获取信息适应新环境具有一定的滞后性。因此，家庭与学校二者应该在教育上取长补短，取其精华去其糟粕，互相合作，确保二者在教育上的一致性。苏霍姆林斯基曾经说过，人的教育过程参与者，第一是家庭，第二是教师。可以由此看出，成功的教育应该是家庭教育和学校教育和谐统一的教育。加强家校合作，促进教师与家长交流学生情况、教育信息和理念，使家庭的人格引导、氛围熏陶与教师的学高为师、德高为范紧密配合，形成教育合力，使二者在教育效果上优势互补，在教育环境和时间上紧密衔接，从而形成一个良好完整的教育环境，以增强教育的实际效果。

2. 青少年健康成长的需要

当代青少年兴趣广泛，思想活跃，对新事物、新思想充满好奇心并易于接受；趋于早熟，自我意识和独立自主性增强，"自我中心主义"表现较为明显；他们的世界观、价值观、人生观尚不成熟，特别容易受到不良思想的影响。虽然整体上他们缺乏应对挫折的承受能力，心理调适能力较差，但是许多青少年的信息量以及获取知识的渠道比其父辈多，广度是家长教师所不能及的，出现了青少年对教师、家长的"反哺"教育现象。加上信息化时代，网络化时代，"互联网+"时代，学生接触网络和大众传媒的时间、空间碎片化，而网络的双刃剑属性决定对于网络的使用很难定义，很难把控，所以需要学校和家庭加强合作，最大限度上无缝对接，把控好青少年的成长环境，对学生进行正确的网络使用和信息获取的指导。

（二）家校合作寓于中学文化德育的现实意义

1. 实现家庭和学校德育优势互补

家庭是孩子成长的摇篮，学校是孩子接受教育的正规场所。两者在育人过程中都具有不可替代的作用，对孩子进行道德教育也是各具优势。

从家庭看，德育一直是家庭教育中强调的主旋律。因为家庭教育在德育方面具有许多特殊优势，尤其是父母与子女的血缘亲情是其他任何关系都不能取代的。正是由于存在这种关系，家长才能够在"以情动人"中有效地进行熏陶、引导，以积极的情感感染孩子，从而更有效地培养子女良好的道德素质。另外，家庭是孩子成长之源，家长与孩子接触最多，了解最细，更能做到从孩子的实际出发，进行有针对性的品行教育。同时，家长与孩子相处时有很多生活细节都是德育的素材，因此能够做到"遇物而诲"，随机教育，方式方法比较灵活，容易被子女所接受。家庭德育的这些优势如果能恰到好处地加以把握，必定会取得良好的德育成效。

从学校看，育人是学校的本职所在。学校在育人方面拥有丰富的理论和实践经验，从学校的管理者到普通教师，在教育方面一般都接受过专业指导，或者具有一定的实践经验，因此在德育过程中同样表现出比较有计划性、系统性。同时，学校、教师在办学、育人的过程中，往往探索出许多行之有效的方法，方法得当通常能取得令人惊喜的育人成果。另外，学校是孩子同龄人聚集的场所，因而能营造出引人奋发向上的整体氛围，如果创造出积极的德育环境，学生也比较容易得到引导和感化。正因为家庭和学校在德育方面各具优势，所以学校与家庭合作，达成家庭和学校间的密切配合，家长会因受到学校的指导而在德育过程中发挥出应有的作用，而学校得到家长的支持，也能更好地把其育人之长在德育中加以实施，从而共同推进文化德育工作的进展。

2. 互相抵制影响德育的负面因素

做人是立身之本，教育人自然首先关注对人的思想道德情操的培养，这是育人过程中历来所强调的重点。但是当前家庭德育和学校德育由于受到多种因素的影响，有时不仅不能取得应有的德育成效，甚至还不能体现德育应有的地位。

比如，在家庭教育中，就存在影响德育的负面因素。有些家长自身素质比较低，在潜移默化中给孩子的不是积极的影响，有些甚至还夹带一些消极影响。有些家长不懂教育方法，或者溺爱纵容，或者专制严厉，导致不能有效养成孩子的良好品行；有些家长忙于自己的工作，在对待孩子的教育问题上最容易忽视道德教育，寄希望于学校对孩子的教育全权负责；还有些家长在教育孩子时"重才轻德"，抱有只要成绩好就可以"一俊遮百丑"的想法，道德教育就被轻视了。

同样，现在的学校德育也存在某种程度的力不从心之处。尽管当前教育界一直在呼吁要实施素质教育，但是多年来应试教育的观念在有些地方根深蒂固，难以彻底扭转。家庭、社会要求学校要有较高的升学率，学校为了求得在社会上的良好声誉，安排教育工作时就偏重考虑以文化知识学习为核心，无形中就忽视了德育的主导地位。再者，学生的教育受到学校、家庭、社会的多重影响，有时学校认真开展道德教育，而学生受到社会不良风气、家长不良品行的影响和冲击，难免会使学校的文化德育成效被弱化。

在这种情况下，通过家校合作，在德育过程中形成一股合力，可以减弱负面因素对德育的影响。首先，学校应从理论和方法上指导家庭德育，不仅可以加强家长的文化德育意识，而且有助于家长更好地施教。同时，家校合作的实践会调动家长更主动地进行道德教育的积极性，过程本身也会促进家长自身思想品德素质的提高。其次，家校合作的开展，使学校德育工作得到家长的支持和配合，有利于学校德育实践的顺利进行，减少对学校德育的干扰和影响。因此，家庭和学校的默契配合更有助于养成孩子良好的品行。

3. 促进学校积极探索文化德育新路子

家校合作对文化德育成效的促进，既调动了家长的积极性，同时也激励学校在文化德育过程中进一步拓宽家校合作的领域，寻找新的合作方式，解决深层次存在的问题。比如，有些教师、家长在家校合作开展文化德育中获得一定的德育成效后，又会产生长远的想法。认识到在当前日新月异的形势下，孩子具有较强的接受新事物、新知识的能力，同样在道德认知方面也具有超过某些师长的接受能力，对作为师长如何扮演好教育者的角色会起到良好的促进作用，从而激励教师不懈地进行探索。针对存在的问题，学校不断寻找家校合作的新思路，于是又出现了教师、家长交流会和学校举办的家长读书会等家校合作的新形式，用以促进教师、家长自身素质的提高，从而使家校合作在文化德育过程中不断发挥出良好的作用。家校合作也使学校具有了更加宽广的德育眼界，进一步认识到文化德育的整体性。在家校合作中，往往使学校能更深切地感受到家长配合的重要性，进而意识到调动多方面力量对文化德育的促进作用。于是不少学校从同家庭合作开始，逐渐发展到和社区合作，以营造一个良好的文化德育环境，使多种教育力量有机结合起来，形成合力，充分发挥教育的整体功效，更有效地养成孩子良好的品行，促进孩子健康成长。

在学校引导下，在文化德育过程中开展家校合作，有助于形成教育一致性的良好氛围，并且两种教育力量互为补充也有利于相互取长补短，形成文化德育目标一致的教育合力，取得更好的文化德育效果。在这种良好效果的激励下，学校更加注重探索提高文化德育成效的新途径，不断取得文化德育工作的新突破。因此，家校合作在文化德育过程中具有深远的意义。

（三）家校合作寓于中学文化德育的影响因素

1. 一线教师工作任务重

一线教学一般是大班教学，教学任务繁重，一线教师缺少，课时量常达到一周20节以上，此外还有教研活动，政治学习，学校考试分析会，网络培训会……各式各样的工作占据了教师的绝大部分时间和空间，因而教师们在有限的空闲时间里一般更倾向于休息，放松因平时工作和加班而疲惫的身心，无心加强与家长的联系，平时很多家校合作的方式都在压榨教师难得的休息时间，所以在非工作时间段安排的工作一般流于形式，合作次数比较少，也就是合作的频率比较低。当然，由于大班教学，需要关注的学生量大，家长与教师的工作都非常忙碌，这也使家长和教师都有心无力，想要好好就学生的情况进行交流，可是没有时间和心力进行全面有效的交流沟通，又或者知道具体情况却没有时间和心力付诸实践进行改变。通过对一线教师的访谈可以发现，对于教师而言，教学工作繁重是影响教师参与家校合作积极性和家校工作实际落实的最重要原因之一。同时，他们从家长身份也回答了家长们的无奈，没时间没精力，无法兼顾工作和子女的具体成长问题。以做了父母的普通一线教师为例，他们除了完成日常常规教学工作，还要身兼心理咨询辅导，教育科研，参与学校的管理等工作。另外，除了上课，老师们还要备课、制作课件、批改作业（一个班50~60个学生）。班主任工作更是繁重，包括关于班级的内部卫生、包干区卫生、班级同学的食品安全、眼保健操、课间跑操训练等每天常规检查活动，还需要完成学校各项班主任管理、德育文章、寝室规范等的评选、每周一升旗、各大节日的黑板报、主题演讲、元旦青年节等相关会演工作等。当然所有工作中最影响教师教学心态和教学积极性的是各种复杂冗沉的考评：关于所在省市区的评比需要教师换课站岗，一学期有时可以达到三四次；关于学校的文明单位评选，教师的学期考核，各单位之间的检查评比；还有教师职称评定，年年要变考核方案，除了考评教师所任教班级的考试成绩，还必须进行所谓的课题科研研究。教师本身的教学工作就已经超负荷，即使生病也很难请假，各大新闻媒体将教师倒在讲台上，挂着吊瓶上课赞扬为"具有奉献精神、敬业精神"，却忽视了这种精神后面的悲哀。在这样超负荷的工作压力之下，还强调让教师与大班教学里的每一位家长都进行深入的多次交流、保持高频率课余工作就是强人所难了。由于经济社会的发展，社会工作竞争压力加大，为了支撑家庭运作的学生父母们越发面临来自社会各方面的压力，如工作、社会评价、家庭摩擦等，他们在社会中时常手足无措，手忙脚乱，胡乱跟风，连自己的很多问题都无法及时解决，加班是家常便饭，被很多琐碎繁杂的事情弄得头昏脑涨，根本无暇顾及自己儿女的学习成长，更不要提抽出工作日的时间加强和学校的互动，有时甚至连学校召开的家长会，也是常迟到早退，甚至缺席，典型代表就是教师职业的家长。如此一来，在家校合作的双方都没有充足的时间、精力进行针对性的沟通的情况下，合作频度低，效果差是必然的。

2. 社会评价机制的功利化

整个社会对于成功的定义功利化，表现在成年人的有钱有权，学生的成绩优秀，考上名牌大学等。社会评价机制的功利化使教育目的背离了本真，教育理念依然存在全面发展，健康成长，健全人格，可是实际教育中重智轻德——也就是人们只注重实践知识和技能的习得，而忽视人的本质的发展和升华，忽视人的全面发展，在学习中唯分数论。这样就直接影响了家校合作的目的和实质，让家校合作变得功利化。家校合作的功利化表现在，虽然是在中学德育中开展家校合作，但合作过程中，合作双方只注重学生的学习成绩，忽视心理健康、人格健全；只注重学生学习成绩和应试能力的发展——如此也称之为学生的全面发展。家长会召开的目的是如何让学生提高成绩，甚至在家长会上向家长推荐教育理念，学习方法等。对于家长来说，孩子取得好成绩等同于成年后的光明富裕的生活。孩子学习成绩不好是没有前途的，学习之余的娱乐是浪费生命的。对于教师来说，学生取得了好成绩等同于获得评优、晋级、获奖资格，不少家长不停地要求自己的孩子换班，希望在教学成绩优秀的班级上课。学校和社会评价优秀班主任、优秀教师一般以教学成绩为标准，家长之间以子女成绩互相攀比，使教师和家长忘记家校合作的根本目的是促进学生的全面健康发展，开始想方设法提高学生的学习成绩，出现千千万万的"虎妈""虎爸""衡水中学模式"，以北大清华录取人数为衡量一个学校的优劣。这种评价机制的功利化，带来了家校合作的功利化不仅使家校合作的内容狭隘化了，而且使家校合作成为实现家校双方利益追逐的一种手段和有效途径，这导致教师和家长只是在学生出现问题、犯错误时才进行沟通和联系，任何学生问题都归结于学生成绩不好导致的，这种家校合作是不全面、不科学、不系统、不可持续的。

3. 家长与教师在实际教育地位上不平等

不论在我国还是较为发达的欧美国家，来自学生家庭中的家长、来自教育主阵地学校的教师在整个社会的教育体系中，貌似一直处于一种不平等的状态，"不是东风压倒西风，就是西风压倒东风"：①在传统社会时期，学校一直是学生教育的主要场所，家庭是配合学校对学生进行教育的后勤力量，由此可见教师和家长教育地位的不平等。作为专业从事教育的工作人员，教师尤其是班主任和学校管理层一般无可置疑的拥有绝对话语权，具有在教育方面的绝对权威，对待家长一般"居高临下"。相对的，家长一般丧失了在子女接受教育方面的话语权和选择权，被动地接受社会和学校的选择，在子女的教育问题上，绝大多数家长在学校和教师面前是"卑微的"一方，一般只能接受而不能质疑。例如，在学校道德教育（日常行为规范、文明礼貌等）方面，学生不是圣人不可能完美无缺，而学校和教师一般在发现学生问题之后，将所有的问题和责任推卸掉或者归咎于学生父母，责怪他们忽视对孩子的教育，缺少对子女的关爱等。因为在中国传统的教育理念里有一句经典"养不教父之过"，如此一来家长也成为学校的教育对象，更严重的将家长当学生骂，让家长承担子女所有的过错，可是他们忘了"养不教父之过"之后还有一句"教不严师之惰"，说明教师在学生的教育方面也是不可缺少的。曾几何时，请家长是一件让人畏惧而惶恐丢人的事情，因为教师的邀请往往是孩子犯错后的"传票"，家长要到办公室教师面前接受"制裁"。由于地位不平等，在这种略带畸形的关系模式下，想要建立家庭与学校之间的最佳合作关系，无异于是空想，他们之间的合作最后只会流于形式，实际效果达不到预期。现如今，因为"计划生育"的基本国策以及生源的流动，生源不均现象明显，各个学校之间争抢生源，加上社会舆论为了加强对未成年人的保护在诸多问题上一味地偏向中学生，舆论导向和社会生源压力不断地打压教师和学校，"天底下最光辉的职业"的称号越来越受到质疑。家长和教师之间对于在校学习的教育观念出现差异，双方不能真诚的交流，让他们之间无法互相托付教育的重任，最后家庭和学校的互动合作在性质上发生了改变，只能是空虚的谈话，甚至是"昙花一现"。

4. 家长、教师素质不一

由于家长受教育程度和家庭经济水平的不同，学生的教养方式和理念都有所区别，家长能够接受、消化、吸收的沟通方式不同。一般情况下，受教育水平高的家长，在教育观、教育理念、人才观上更为理性和科学，更有战略可持续性，他们在教育上能够充分理解、配合学校进行德育，实现家校合作的根本目的，在中学德育开展家校合作的过程中积极主动、深层次地参与，并尊重教育教学。而低层次教育水平的家长往往存在不尊重教育、家校合作被动的情况。当然也存在有地位、有学历的家长占据社会舆论制高点，优秀学生的家长抱有子女成绩好是自己的孩子天生优秀、一旦退步是教师教育不当的错误观点，尤其是有种教师必须、理所当然对他的子女特殊对待的优势心理。除了出现喜欢凭借权力地位或者学识过分介入学校教育甚至管理的部分极具优越感的家长之外，当然不能忽视家长队伍里另一些思想做法极端的家长——他们喜欢将子女的全部教育责任都推到学校和教师身上，自己则选择当"甩手掌柜"，这二者都是极度缺乏道德教育共同配合的意识，忽视了需要大家齐心协力，共同努力。这种素质不一的情况为中学德育的家校合作开展带来不少阻力。

教师理论上是"人类灵魂的工程师"，而实际上，中国的教师队伍并不是人人的教学素质、个人德行都无可指摘，不可否认部分老师在教学过程中出现道德败坏现象，也有借家访之机占家长便宜，逞"教师"威风，这部分教师队伍中败笔给家校合作的开展带来不少名誉损害和质疑。

再者，由于如今获得信息渠道的丰富、信息交流成本的降低、家长的教育意识增强，家长越来越重视和学校的联系，家庭学校联系越来越紧密。然而，就实施"家校合作"的德育效果来看，家校联系效果仍不理想。因为学校的"互联网+"交流平台，如校讯通、人人通等不断丰富，甚至发展成为 App，在智能机快速发展的今天，家长和教师之间的交流方式有所增加，但直接面对面交流的机会少，能打电话不见面，能用微信、QQ 不打电话，学校也喜欢通过微信群、校讯通发通知，虽然方便快捷，但由于家长素质不一，甚至爷爷奶奶不会使用网络，不识字，加上技术不成熟，不能确保家长能及时有效地接收消息。教师与家长间缺乏必要的直接交流，很多话语不见面通过文字和电话容易出现理解偏差，使家校合作脱节，甚至形成"真空"。

5. 关于家校合作的制度、法律法规不够完善

从在中学德育中开展家校合作的情况来看，多数德育中的家校合作活动并没有制订完善的计划，大多是完成任务式并不是作为常规工作进行，没有成为学校的日常形态。虽然我国部分学校已经成立了家长委员会和对家长进行培训的家长学校，但是实际上在德育过程中，它们并没有实质性地工作在一起，不能够充分发挥它们的作用，不能充分体现出家长的能量，不能充分体会到建立它们的本意。家长委员会和家长学校通常是没有工作计划的，工作时间主要是在一个学期刚开始或者快结束的时候，有时也会在假期、节日或者有问题需要解决时，召开临时会议进行问题讨论。

再者，家校合作活动整体缺乏完整的系统的制度和资金支持，存在随意性和冗杂性，如"国学经典"的推广，在学校需要开展国学经典的展示，服装费用大多由学生自主承担，大城市可能并不在意，可是小城镇甚至是农村这不是笔小数目，所以造成了诸多家校合作问题上的混乱和敷衍。

最后，存在部分学校和教师为了私利，抱着"法无禁止皆可为"的想法对家长提出各式各样的要求，学校为了考核优秀"瞒天过海"等，这主要是因为家长、教师、学校素质欠缺，也因为法律体系不够完善和细致，以至于有漏洞可钻。另外，教师和家长的职责、权利不明也是造成家校合作负担的重要原因，所以需要完善制度、法律法规以明确权责，规范家校合作，达到家校合作的最优化。

（四）强化家校合作寓于中学文化德育的对策与建议

1. 加强对教师、家长的家校合作能力和意识的培训

在中学文化德育中开展家校合作效果差，很大部分原因在于家长和教师对于家校合作的认识不足，参与家校合作的观念有偏差，加上合作能力有所欠缺。因此，在家校合作中，教育系统和学校可以组织开办有关中学文化德育中的家校合作方面的培训，如讲座、宣传画册，以使家长和老师的家校合作意识和能力得到改善，都正确地意识到在中学德育中开展家校合作的重要性并积极参与。如此在孩子的成长过程中才能有效地形成家校合作的合力，共同致力于学生的全面健康发展。国家和各地方加强宣传，营造氛围。各地各校要充分利用现代传媒，通过本地教育信息网、电视台、校园网、广播、QQ群、微信、微博等平台，对走访学生家庭开展活动跟踪报道，大力推进

家访实践活动的良好实践，扩大社会影响，树立教育新形象，形成全社会共同关注学生健康成长的良好局面，形成良好的社会舆论导向，提高家校双方的合作能力和意识。

2. 完善评价机制，给家庭教育、学校教育去功利化提供机会

现有的重智轻德的功利化评价机制不改变，家长和学校、教师的关注点就不会从考试成绩中转移出来，中学文化德育过程中开展家校合作的根本目的就不会实现。因此，在学校教育和家庭教育中都应该做到像奖状上评价的那样"德智体美劳"五好，将对德行的评价放在重要位置，在平时的教育过程中，评价学生自身的发展水平时，不轻易下定义，要用发展的全面的眼光看学生，综合考虑德智体美劳以及心理健康水平，并真正落实到教育实践中，让学生去功利化学习，家长去功利化进行家庭教育。"十年树木，百年树人"，教育效果应该看可持续性，所以对于学校和教师的单一评价机制和职称考核方式也应该有所改变而不是单纯地以教学成绩为主，让教师安心地从事教书育人工作，去功利化教学。

3. 具体问题具体分析，循序渐进开展切合实际的有效家校合作活动

由于受家庭条件、学校教育教学实际情况、当地经济水平的限制，目前中学家校合作中的方式和内容应该有所区别，而不应套用模板，如出一辙。

（1）合作方式上具体问题具体分析，逐渐推广和开展：家校合作方式最多的仍然是家长会和电话。这两种沟通方式有它的优势，但也存在一些不足。因此，教育系统一直致力于丰富家校合作的渠道和方式。在当前"互联网＋"的时代，最受推广的合作渠道就是进行网络平台沟通，家长和教师可以在网上沟通交流学生的学习生活情况，探讨孩子最近出现问题的原因，并及时商讨解决的办法。所有出发点是好的，但需要实事求是，具体问题具体分析，如北京、上海等发达城市的学校和家长因其成长生活环境的现代感和小班教学的推广，完全推行网络平台是没有问题的；可是像笔者所在县城，经济条件较为落后，教学任务繁重，学生成分常有农村家庭，父母文化水平低，甚至很多留守儿童由祖辈教养，网络并不普及，电脑并不是家家户户的必备品，智能机不会用，也不认识字，诸多网络平台的问卷填写、知识问答、信息回馈不过是给这类家庭一次又一次的施压，严重的可能会让学生产生自卑心理。

（2）从家校合作的内容和频率上看：一直以成绩为主，发达城市有所转变，以才艺展示为主，改革课堂内容，推广社团活动，父母开发校本课程；而经济教育较为落后地区，可以从心理健康交流和监护、督察教学纪律和学校安全卫生等方面，结合本学校的特色、家长意愿进行家校合作的安排，而

不是一味地像发达地区经济条件良好、教育成长环境优越的学校学习，盲目模仿，当心成为东施效颦，"四不像"。教育工作的开展需要循序渐进，心急是吃不了热豆腐的。一般来说，一学期包括家长会在内有3～4次的家校合作互动，就属于较为合适的频率，互动方式和内容可根据实际情况、家校双方的意愿开展。

4. 建立健全家校合作相关法律制度，规范家校双方的权责

家庭和学校的互动合作想要实现长期有效的发展和有效性，就需要建立健全有关"家校合作"方面的法律制度，明确规定家校合作中家校双方的权责，以防止出现越权干涉、推卸责任等情况；明确规范和监督家校活动的开展，家校活动平台的管理，如对校讯通等网络平台的监管，让中学文化德育中的家校合作活动的开展有章可循，有法可依，当然也要做到有法必依、执法必严、违法必究，保障家校双方在家校合作活动中的合法权利，保证家校合作有序进行，实现预期效果。

家长委员会、家长学校等相关家校合作的组织应建章立制，形成长效的组织活动，产生积极有效的活动效果。例如，要将学校家访工作纳入教师道德评价的重要内容之一，进行绩效考核和评价的推广，建立和完善教师的道德评价注册考试，提高家访工作的方式方法；教师应定期进行家访，每学期至少要对每个学生家庭家访一次，将教师家访工作制度化、规范化、常态化，形成长效机制。建立健全制度体系，强化督察，确保实效，让家校合作有章可循，循序渐进。

第二节 "互联网＋"视域下的德育教育路径

我国现实的中学德育情况不容乐观，依然存在一些亟待解决的问题，收到的效果也不尽如人意。知识传授过程中的课程乏味，没有新意，教师的情感投入有限，与学生之间难以产生情感的共鸣，这都阻碍了德育的有效开展，加上当下互联网的普及与影响，教育形式也需要与时俱进。因此，在"互联网＋"的时代背景下，如何利用好互联网的优势，探索思想政治教育的有效方法及切实可行的路径，成为本部分的重要内容。

一、引进"互联网＋"专业场馆互动教育模式

（一）"互联网＋"学校德育教育模式

学校作为思想政治教育的主阵地，应积极引入"互联网＋"的模式，开

展多样的互联网教育形式，探索新的方法，改善思想政治教育的弊端，丰富教育内容。从互联网+的本身特点可以看出，互联网+具有使接受者更易接纳，开阔眼界，为学校开展德育提供更快捷、更广泛的基础；从互联网+本身的运营、传播等方面，为中学德育的开展提供更充分的素材。无论是教师还是学生都可以通过网络了解当下的第一手现实资讯，教师通过对最新网络事件的分析，为同学们传达正确的信息，同学们通过接受正能量的教育，提高自我认识。通过这种交互的形式，达到德育内容传播效率的提高。与传统的德育模式相比，在互联网+的模式下，要加强德育的内容与社会的紧密关系。教师作为传播德育的主体，知识掌握的深度与社会实践的广度决定了教育所取得的成效。教师所存在的问题是，对书本上掌握的知识，由于缺乏社会实践经验，造成对知识的感受性较差。教师能否将书本的理论知识转化为学生能够接受的现实信息，是在互联网+下需要改善提高的部分。学生们已经成为接触网络的重要一部分，无论是主动还是被动，他们都或多或少地受到网络的影响，如果从教育主体的老师出发，能够第一时间掌握相关网络信息，第一时间了解社会热点，更好地教育引导学生接受良好的价值观导向，提高德育的反应速度和反应强度。同学和教师都离不开网络环境所带来的影响，互联网+的教育模式为中学德育带来更加开放、更加多元的教育方式，传统的课堂教育模式主要是以灌输形式为主，教育者与被教育者之间是一种单向的传授过程，教师将教育内容作为知识传输给学生，学生被动地接受，在这种模式下，教育者与被教育者之间缺乏足够的互动，影响德育的传播效率。在互联网+模式下，同学们接收信息将更加多元，教育者与被教育者之间形成联系，共同处在同一模式下，由原来的单一模式传输变为多元的相互交流，达到学生在虚拟的网络环境下发表自己的观点，教师积极引导。利用这种模式，提高受教育者的兴趣与积极主动性，提高德育的吸引力。在"互联网+"模式下，采用一定的网络激励办法，鼓励更多的受教育者主动参与。

在网络环境下，中学的德育更多地关注学生的自身发展，帮助学生认识自我，关注学生的心理发展状况。中学生所处的年龄阶段以及身体的生理变化，造成学生们心理多脆弱，思维能力有待提高，如果遇到一些突发事件，同学们的处置办法不多，容易造成心理问题，引发不良的结果。在对同学们进行德育过程中，关注学生的心理发展阶段，利用一定的网络技术和手段，及时掌握学生的心理发展变化，对于存在问题的学生及时进行干预，通过一定的教育刺激训练学生的抗压能力，将德育的内容强化和转化为学生自觉遵守的结果，使学生形成积极向上的社会主义核心价值观念，引导学生积极地参与教育模式中，发挥受教育者的主体作用。不断提高和完善德育模式，在网络平台上优化整个德育的效率问题，是教育工作者开展互联网＋的最终目的，从操作层面来讲，教育者要掌握好网络平台的操作性，对于掌控性有所把握。从技术层面来讲，互联网＋下的网络平台所提供的技术支持，都是为了更好地引导受教育主体积极参与。德育的过程，应当是教育者与受教育者双方互动的形式，教育者所提供的网络资源，应当以提高教育水平，推动学生健康全面的发展为教育方向，合理有效地利用好网络资源，挖掘网络平台下积极的教育模式，提高学校德育整体效率，对受教育者来说，在接受知识的同时，将知识以更容易接受的形式转化为内心的认同感，达到德育的目的。

（二）"互联网＋"展览馆模式

利用互联网的优势，建立传统展馆与互联网双重宣传模式，开展德育工作。中学生的德育不仅局限于课本上的理论知识，利用一定的课外活动，参观实体教育展馆，增加受教育者的社会情感。传统的实体展馆模式，安排学生参加社会活动，组织学生参观展览，在活动中让学生接受德育。但是这种展览模式，存在着一些弊端，如展馆的选择，根据课程不同内容，哪些展馆适合同学们参观，与教育内容相匹配，对教育工作者来说是一种考验；在时间的安排上，中学的教育更多的时间是在校园里，除了德育的开展，同学们还肩负着其他科目的学习，如何合理安排时间，组织同学去参观学习，从时间角度来讲，实现起来都有难度。另外，从地域的限制方面，教育包括方方面面，涉及的地域范围也很宽泛，固定在一个地区学习，很难有机会跨地域去参观展览，有些课本学到的知识，不能很好地去实地参观，也降低了德育的效果。在当下的网络时代，利用互联网的虚拟技术，突破时间和空间的限制，让现实的展览馆搬到互联网上，通过虚拟的体验，达到教育宣传的目的。网上展馆相对于实体展馆，不仅是对实体展馆的简单复制，更可以全方位展示展馆的细节，受教育者观察的范围更大，增加了参观展馆的兴趣。网上展馆在自主性、便利性、互动性等方面体现出独特的优势，如便利性，受教育者在教室利用多媒体，在家里利用电脑就可以随意浏览，不受时间地点的限制；从互动性上来讲，网络有其便捷性，网上的展馆可以通过声音、文字、视频等形式作用于受教育者，吸引受教育者主动积极地去探索。网上展览馆的建设，可以为德育提供新的教育形式，对于实体的展览馆形式也有启发。展览馆是为受教育者提供直观体验的重要环节，增强受教育者对展览馆的认可，就要利用好互联网形式下的多种技术，在实体展览馆中发挥好 3D 等网络多媒体技术，利用好多媒体技术将网上的虚拟场景用于受教育者的辅助学习，为受教育者的课余生活提供更多的有趣味的互动平台，提高学生的学习兴趣，使教育者书本上的案例以虚拟、实体等形式出现在学生眼前，增加认同感。教育工作者将书上的知识与多媒体技术结合，可增加更多的教育资源。开设网络展馆作为教育手段应用到教育教学过程中，需要教育工作者掌握好信息技术等专业技能，发挥好网络在教育过程中的重要作用。传统的教学模式下，老师上课讲，学生在下面听，阻碍学生自主性的发挥，影响课堂教学的互动性，学生的积极性也不高。利用好课堂多媒体，课下的虚拟展馆，增加学生的学习兴趣，开展多样的互动，培养学生的探究精神和自主学习能力。增加学生的主动性，建立学校专属的网上展览馆，调动学生的积极性，开展展馆建设意见征集。在教育过程中，学生的主动参加会提高教育的成效，在"互联网+"的背景下，尊重学生的主体性，让学生主动参与到教育活动中，提高德育的效率。

二、增进"互联网+"舆论引导的规范教育

（一）"互联网+"楷模事迹模式

在学生的学习过程中，榜样的力量不可忽视。作为德育中的重要方法，榜样教育法应用在多种教育场合，书本上树立典型案例，讲述榜样的力量，现实生活中发掘模范事迹，宣扬模范典型，为受教育者提供力量支持。学生的成长过程应树立自己的榜样，从榜样身上更容易学到优秀的品质，引导自我成长和完善自我性格。在传统的教育模式下，榜样教育法已经广泛应用，从书本案例到口头相传，榜样教育的宣传形式也在丰富，在原有的宣传下，我们可以利用报纸、杂志、电视、广播等形式，对优秀榜样进行广泛宣传，传播正面信息，通过这些媒体形式的传播，增进人们对国家、社会、事业的认同感，对于人们树立正确的世界观、人生观、价值观可起到重要的推进作用。在"互联网+"的教育模式下，榜样教育法应当在网络阵地上抓住机遇，寻找宣传教育的有效途径。与传统的媒体相比较，网络传播的速度更快，受众更加广泛，信息更新更加频繁，合理地利用好网络的优势，在德育方面将发挥更大的宣传效果，突破以往传统媒体的局限性，更加广泛地关注榜样的力量，做好宣传。以往的传统媒体，如报纸、电视、广播等无法达到的广度，在网络上可以轻易解决，当前新兴媒体，人们常用的网络工具，如QQ、微博、微信以及大量的网络搜索，都为人们提供了高效的传播速度和广度。从年轻的受众群体来看，他们更愿意接触新兴媒体，刷微博、浏览微信几乎成为更简单随意的日常行为。所以，利用好网络媒体的这一优势，对学生进行宣传教育会得到更好的宣传效果。通过网络的传播，将名人名句融入网络环境中，

将优秀榜样的案例发布到网络上,引起大家的关注。在网络媒体上,可以将文字、图片、视频融为一体,榜样宣传的模式更加丰富,受教育者接收的信息更加深刻,对于榜样的号召有更加积极的回应,使受教育者在向榜样学习的过程中,提高自我认识。利用新兴媒体开展榜样教育法,需要德育工作者提高技术水平,丰富宣传方式,通过建立专属网站吸引受教育者的关注,及时发布榜样的实例,通过对榜样的大力宣传,提高宣传的新颖性和吸引力,发掘榜样背后的故事。同时,注意对负面信息的屏蔽,把正面信息及时传达。对于关注度较高的榜样,可以发布相关消息,或者邀请榜样亲身交流,提高宣传的真实性,使榜样和同学面对面进行真诚的交流,增加受教育者的认同感,引发受教育者的共鸣,达到德育榜样宣传的教育目的。

在看到网络宣传积极的一面的同时,也要看到新兴媒体及网络所具有的复杂性,网络更加开放,信息更加繁杂,如何利用好正面信息做宣传,避免消极信息的侵入,是教育工作者要关注的方面。我们要合理利用好开放的网络环境,同时主动屏蔽虚假消息,优化网络环境,使受教育者在和谐的网络环境中接受正面教育,使德育发挥更加高效的作用。在榜样宣传过程中,利用好网络榜样的案例,使榜样教育发挥其在德育过程中的积极作用。利用好网络的广泛性,使思想政治工作更顺利地开展。

(二)"互联网+"舆情预警模式

开展德育最重要的一点,就是合理有效地利用好现有的教育资源,信息整合的意识和能力,是教育工作者必须掌握和提高的部分。信息整合与对信息的观察力,是教育工作者顺利开展德育的有力武器,对信息敏锐的观察,也是教育者自身能力的体现和能否达到教育目标的关键,这是对网络舆情的判断与把握最需要关注的一点。在网络背景下,信息传播的速度更快,内容更广泛,舆情信息也随着网络出现了新的变化,舆情信息繁杂,更新速度加快。对于舆情的判断,谁掌握的信息更多、更快,谁就能更好、更快地处理舆情信息,谁就能更快地成功处理信息。作为德育工作者,如果对于信息的处理能力不强,信息技术掌握得不够熟练,信息加工与判断出现较大差别,信息搜集与利用不够快捷,这样的教育工作者很难跟上时代的步伐,不利于开展德育工作。因此,教育工作者对于舆情的掌握要有更加严格的要求,要善于利用舆情,不断提高自我研判舆情的能力,将网络信息与教育内容有效地结合,不断更新知识体系和教育案例,应用到对学生的教育过程中。网络舆情涉及的内容相对广泛,对教育工作者提出更高的要求,在知识水平上,在技术掌握上都有相对应的要求。德育工作者不仅要有对本专业知识和理论的丰富掌握，还要具有举一反三的能力，扩展到其他学科上，同样可以更好地掌握其他专业知识，在学科之间形成关联。不断学习是对每一位教育工作者的基本要求，只有不断学习，掌握更多的知识和更新的技术，在开展教育工作中才能得心应手。教育工作者对新知识的掌握要注意多个方面：专业知识要掌握到位，研判舆情信息才能更准确；心理学知识要掌握，才能对学生的身心发展规律有所掌握，更好地有针对性地实施教育；法律法规要掌握，在指导学生过程中才不会出现知法犯法的错误指导；新兴媒体技术要熟悉，能和学生拉近关系，在网络环境下，懂得更多的媒体技术很关键。

除了知识技术的掌握，对网络舆情的学习更不能少，对舆情的产生、舆情的变化、舆情的判断考验着一位合格教育工作者的能力。提高教育工作的效率，不被时代所抛弃，就要置身于学习的环境中，增强教育者对舆情研判的能力。同时受教者也要具备对舆情的基本判断能力，这就需要教育工作者培养学生的舆情掌握能力。中学生所处的年龄阶段，在思维模式和思考方式上都有可塑性。在培养学生舆情研判能力时，要注意方法的使用和合理的技巧。网络舆情的动态形象，能够吸引学生的关注，但减弱了学生的想象力，不利于学生的全面发展。所以，在培养学生舆情能力时，要关注两个方面：一是受教育者的思辨能力，培养学生扬弃的精神，学会判断，有利的保留，不利的放弃；另一方面，要培养学生正确认识舆情信息，合理有效地吸收正面积极的信息。网络舆情的隐蔽性极高，舆情的发生都是在不经意间，因此如何有效地规范网络舆情，避免虚假的网络信息的传播，需要建立更加规范的法律法规，从制度建设上给虚假舆情的传播戴上枷锁。通过立法的形式来加强对舆情的监管，增强网民的法律意识，规范好网络舆情的传播，为德育提供更好的教育环境，使德育更好地开展。

三、增进"互联网+"社会实践的综合教育

（一）"互联网+"实践基地模式

德育的目的在于实现受教育者将接受的知识内化于心，外化于行的过程。受教育者在接受德育时，不仅在于知识的掌握，更重要的在于对知识的认同，在实践中的践行。教育工作者要在教育过程中不断探索教育方式，不断丰富教育方法，提高学生在课堂上的接收效果。当前，中学阶段的思想政治课的开设还是以知识的传达为主要目的，通过对课本知识的讲解，达到对学生实施德育的目的。但是这种方法，教师成为第一主体，学生的积极性降低，被动地接受知识，对于提高学生的爱国情怀，强化学生的道德情感所起到的作

用并不高。这种灌输式的教育模式，重点关注学生的认知，以掌握知识为第一目的，教师在教育过程中树立了绝对的权威，学生被迫接受知识，缺乏有效的互动。在互联网+模式的指导下，教育工作者要学会运用新颖的方式开展教学，将课堂上的书本知识转化为多媒体授课，讲解过程中辅以适当的图片和视频，学生接受起来会更有认同感。从知识传输方面来讲，中学的思想政治课作为知识点，需要同学们掌握，在认知的基础上开展德育工作会相对容易，如何让学生更容易接受知识，需要更新上课形式，运用网络的思维模式，探索新颖的教育方法，提高授课效率。

知识在于内化于心，德育需要同学们外化于行，知行统一是教育的目的。单纯的掌握知识，不是德育的最终目的，因此改变学生接受德育的难度，需要教师及教育工作者结合生活实际，将书本知识转化到实际行动上来，让同学们感同身受，促进教育的转化。教师在课堂上讲的理论往往空洞、抽象，同学们不易理解，在课堂教育的同时，可以安排学生走到生活中，通过实践增强知识的认同感。在网络环境下，建立网络阵地，与企业、社区、校外团体建立关联，安排校外的实践基地，学生通过到实践基地真实体验，增强知识的进一步吸收。思想政治课本身的特点决定了教育工作者可以利用更多的教育形式开展工作，同学们在课堂上学到的知识，通过实践互动加深对知识的印象，同时教师再返回课堂，利用现代化的教学技术，在课堂上尊重以学生为主体，通过探索研究，相互讨论，增加课堂的趣味性。同学们在实践中所收获的知识，通过课上讨论，制作幻灯片，开展演讲，辩论等形式得到再次升华，形成良性的循环。校园环境是相对封闭的，网络环境又是相对开放的，利用好开放的网络环境，让学生们参与社会实践，提高本身的道德认识。在实践过程中，又可以锻炼同学们的沟通能力、组织能力、适应能力，这对德育工作是重要的补充。通过实践活动，增加同学们对政治课的认可度，培养学习兴趣，为教育工作者进一步做好德育工作建立基础。

（二）"互联网+"综合测评模式

德育的成果有隐蔽性的特点，如何检验教育成果，是教育工作者值得探索的问题。在当下的教育环境与教育模式体系下，综合测评体系的建设至关重要。对受教育者的测评，是检验教育成果的一种手段，关系到教育教学的效果，也涉及教育工作能否顺利开展。我们应创新考评体系，改变以往存在弊端的考评理念，发挥德育的重要作用。从当前的教育模式来看，传统的教育测评模式没有太大的变化，一直延续下来的考评方式还是以受教育者所接受的教育知识为基本内容，通过考试形成分数的模式来判定教育的效果。而这种模式下，是以灌输知识为主，以考试分数高低作为评定标准，这样的评定存在着不足。尽管分数在一定情况下可以反映学生知识的掌握程度，但是知识的掌握能否转化为自身的认同感值得商榷。在以分数为目的的教育模式下，培养出来的学生往往缺乏一定的实践能力、创造能力，不知道课本知识如何运用到实践中去，培养的是"眼高手低"的人才。

在新媒体时代，在"互联网+"的模式指导下，需要创新考评体系，更多地关注学生的自主性和创造性，以新的综合测评模式检验教学效果，更好地改进教育中存在的问题。"互联网+"的模式要求教育工作者注重网络建设，将网络积极的一面应用到教育工作中。作为受教育者，除了学校课堂知识的吸收，在每天的生活中，会接触各种教育理念，包括家庭成员、亲朋好友等的思想观点，会接触不同的人，感受他们的生活方式、行为习惯。从这些生活的点滴，受教育者会受到潜移默化的影响，单纯的课堂考试分数反映不出受教育者的整体状态，因此应开展网络测评，定期进行考评，掌握学生的心理及发展状态，更好地对学生形成科学有效的判断。综合测评不是单纯的一次测评就可以给学生下判断，这需要一个过程，需要不断完善丰富考评体系。受教育者在成长过程中经历不同的阶段，每一阶段所表现出来的特点不同，一个时期的测评只能反映一段时期的效果，针对这一时期的测评结果进行讨论，找出问题所在，提出切实可行的办法进行解决。在互联网+的背景下，利用网络资源开展形式多样的测评不断涌现，在网络隐秘性的特点下，受教育者的测评有更真实的反馈，但是这种方法在德育工作中的运用还不完善，需要进一步进行总结，科学规划安排，使测评的信度更高，让综合测评方式更加丰富多元，促进德育工作更好地开展。

第三节 岭南文化视域下德育的实践路径

地域文化与中学德育的逻辑关联使融入地域文化开展德育活动成为可能。地域文化具有的伦理价值内涵、丰富的人文教育资源和传承性、时代性、亲缘性等特点，使地域文化为提升中学德育成效注入强大动力。

一、岭南文化概述

早在旧石器时代中期，岭南大地上的原住民马坝人就开始群居劳作，改造自然。从此粤北先民繁衍生息，世代接续，时空绵延，岭南文化星火燎原，经历南越建国的推动，以广东为核心，扩展到广西、海南等地域，影响力辐射港澳、东南亚和海外其他地区。在漫长的历史长河中，北方的中原文化不断地渗入南粤大地，静水流深般地汇融流变，影响着社会的变迁；而自秦汉以后，随着"海上丝绸之路"的开通，海外文化首先登陆岭南地区并向中原传播，为岭南文化注入了清新的元素。"岭南文化这条大河也是'三江并流'，广义上的'三江'是广东文化、桂系文化和海南文化，狭义上的'三江'为广府文化、客家文化和潮汕文化，后者是岭南文化主体。明清以降，三个谱系的文化因子相互融汇、交织、糅合，岭南文化面目渐次清晰。"岭南文化形成后在政治、哲学、学术、艺术、经济、工艺和生活各方面全面发展，至晚清达到了高峰时期。同时，近代以来，我国与西方的交流带来了工业文明和现代政治思潮，岭南地区逐步掀起了现代文明的大幕，思想观念日益开放，商品经济蓬勃发展，文化兴盛繁荣，一股革故鼎新的社会氛围勃然兴起，岭南文化成为中国政治、思想、文化领域革命和发展的先导。岭南文化、中原文化和海外文化交流融合，形成了南国大地上具有鲜明特质的岭南文化。岭南文化是一种原生型、多元性、感性化的地域文化，是岭南一带人民在长期社会实践中创造的物质文化和精神文化的总和。岭南文化采中原之精粹，纳四海之新风，兼收并蓄，融汇升华，构成了独树一帜、具有特色的地域文化体系，成为中华地域文化中的一株奇葩。

传统的岭南文化艺术丰富多彩，特色鲜明，从粤语、粤剧、潮剧、广东音乐、广东曲艺、岭南书法、岭南画派、岭南诗歌、岭南建筑、岭南盆景、岭南工艺到岭南民俗和岭南饮食文化，都反映出岭南文化的丰富内涵和独具一格、绚丽多姿的岭南地方特色。粤剧、潮剧和广东汉剧、客家山歌剧、采茶戏、雷剧、扎根于南国，吸收了中原文化和周边文化。广东音乐在继承中原、岭南文化传统基础上，吸收外地音乐文化之营养，纳西方音乐之精华，是岭南音乐文化历史积淀的结果。广东境内分布着由汉语和原住民语言融合而成的广州方言、客家方言、潮州方言和海南方言四种方言。粤语、英语和普通话被用作办公、旅游、经商和日常交往的通用语言，在社会生活中并行不讳。粤语、海南语、潮汕语等语言至今仍保留了大量的中原古音，同时粤语在与外来文化的兼容发展中吸纳了大量外来词汇。

在建筑文化方面，广东骑楼糅合岭南传统民居与西方建筑艺术，演变为一种独特的商住建筑形式，成为表征岭南文化的一个建筑符号。在民俗文化方面，岭南服饰文化、饮食文化、婚嫁文化、娱乐文化、节日文化等融汇了中原文化和西方文化，传统民俗与现代时尚并存。这里既有雅文化、精英文化，如江门学派、岭南画派，又有市井文化，同时，还有独具特色的民俗所体现出的文化，如"自梳女""结金兰会"和"不落夫家"等。

岭南文化具有内陆文明内敛、沉稳、顽强拼搏精神，同时接受西方文化"重实用，轻伦理""尊个性，薄群体"等观念影响。"一方面具有'崇实黜虚''践履躬行'和'经世致用'的中国特色，另一方面又由于强调个体的主观感受，而淡化了道德礼教和正统意识形态的规范力量。"岭南社会具有强烈的务实求真精神、敢闯敢拼精神和开放宽容精神，社会心理和社会价值观念具有强烈的务实性和灵活善变性的特点。敢想会干、开拓进取、开风气之先是岭南文化的灵魂之一。在伦理道德观念方面，新岭南文化保留传统的重仁义和重孝悌的美德。邻里和睦、和气生财、家和万事兴、讲礼貌、守时、办事稳重等一直是广东人的持家兴业之道，同时受西方文化影响，岭南社会道德观念具有更多自由化的色彩。新岭南文化打通南北、贯穿东西的多元融合特点体现在岭南政治和社会生活的方方面面。

二、积极发掘优秀地域文化资源

刘云山说："通过文化传承来以文化人、以文育人，既要有内容，还要有载体，要有文化活动，还要有文化产品。"因此，以地域文化为依托加强中学德育，需要对地域文化资源进行积极发掘，为中学德育工作提供丰富多彩的地域文化内容、地域文化载体等。

（一）重视对地域习俗文化的发掘

习俗即习惯、习性和风俗，它们是基于自然条件、民族文化、社会文化的不同而形成的不同行为规范。道德和习俗的关系非常密切，最早的道德来源于习俗，但是，道德不只是盲目地接受习俗和传统。因为习俗是实然的，具有如是性；而道德是应然的，具有反思性。德育教师可从以下两方面引导学生反思岭南习俗，以达到良好的德育效果。

第一，关于道德习俗。岭南文化在习俗道德方面最突出也最值得称道的是"贵族精神贫乏而平民精神颇丰"。岭南是历史上的蛮荒远地，曾以博大的胸怀热情接纳了一批批失势的南迁客和一批批贬官谪臣。外乡人来到岭南，位无高低，人无贵贱，谁也不会看不起谁。这种平民意识蕴涵了现代公民社会公共生活所必需的基本价值，包括人的尊严、同情、团结、相互尊重、保护弱者等，这在构建和谐社会中能够发挥重要作用。此外，岭南优秀的习俗道德还有兼容开放、求真务实、敢闯敢变以及在两千多年的对外通商中养成的诚信品格等。

第二，关于生活习俗。岭南地区居住着大大小小数十个民族。就广东的汉族而言，就有广府、客家、潮汕三大民系，他们的日常生活、语言、节日、婚嫁习俗各不相同，德育教学可选择一些习俗从德育角度加以阐释、评述。例如，日常生活习俗方面，潮汕人喝工夫茶有其深刻意义：工夫茶很费功夫，有许多工序，整个冲泡过程步骤严谨，技艺考究，体现潮汕人的细腻、耐心和定力；工夫茶还体现了一律平等的意识和人生"先苦后甜""苦中带甜"的哲理。在语言习俗方面，要让学生认识到各地方的语言，源自生活，鲜活生动，包含着地域人文特征及生存性格，包含着极为丰富的文化内涵，它们是中华民族灿烂文化的组成部分，也是不可或缺的重要部分，应该受到像历史文物、自然生态环境一样的高度珍视、妥善保护。节日习俗方面，如粤西地区的年例，是具有地方特色的传统节日，解释成年年有例，如过年一般，甚至有"年例大过年"的说法。人们每年回乡村过年例，并不是为了搞求神拜佛等迷信活动，而是把年例作为一种思想祝愿活动，以办好年例来保证来年的风调雨顺。这虽然不科学，但作为一种精神寄托，却世世代代支撑着在困境中挣扎的黎民百姓。另外，年例也强化了人们的乡土情结，彰显了乡村人的淳朴、厚道、热情、乐观，成为联系亲情、友情的强劲纽带。婚嫁习俗方面，如结婚后第一年春节的"双回门"，新郎新娘双双回娘家拜年，要备好礼品到主要亲戚家拜谢，各家也会回赠礼物。这一习俗的意义在于：从夫婿说，要感谢岳父、岳母的恩德，结识女方的亲友；从女儿说，表示出嫁成家后不忘父母养育之恩。这对强化亲情、孝道大有裨益。

（二）重视对地域人物典故的发掘

典型教育法是传统的德育方法之一，也是当下中学德育教师经常使用的主要方法之一，它指的是"通过典型的人或事进行示范，教育人们提高思想认识的一种方法。"榜样的力量是无穷的，通过先进典型的示范，可以激发学生的情感体验和情感认同。但是在以往的典型教育中，榜样人物往往过于单一，如我国榜样教育中常常使用的雷锋、张海迪、洪战辉，因其与学生生活实际差距较大，人物所体现出来的价值取向和崇高的思想境界往往很难为学生所直观感受，这也是当前典型教育亟待注意的问题之一。

第一，古代名人。岭南古代人才辈出，如唐代创立了中国化佛教禅宗的新兴人惠能，他把儒、道引入佛教，把本性、真心作为源头，将修为途径看作可取之于己、不待外求的方式，秉承了《楞伽经》一切唯心、万法唯识的思想，吸取了南北朝以来关于佛性论、心性论的研究成果，舍弃了烦琐的理论论证，强调众生皆有佛性，具有本觉之自性清净心，佛性平等，拉近了众生与佛的距离，赢得了众生人心。明代理学家新会人陈献章创立了富有岭南特色的理学新派——江门学派，其本体论主张"以道为本"且又"道通于物"，同时"心俱万理""学贵自得",他一面入世进取,一面自然超脱,他的思想影响了明代心学大师王阳明,使明代的主体意识形态由理学开始转向心学。陈献章的学术继承人、明代重臣增城人湛若水,其学说与王阳明并称为"王湛之学",主张"随处体认天理",反对"知先行后",主张"体认兼知行""知行并进"。具有崇高民族气节的明末清初诗坛"岭南三大家"之第一人、番禺人屈大均,其著作《广东新语》搜罗丰富,文体独特,在天语、地语、山语、水语等章节详细记述了广东的地理风貌、山水名胜,神语、人语、女语、事语、学语、文语、诗语、艺语、食语、货语、器语、宫语、舟语、坟语、禽语等章节用丰富翔实的资料记录了明清之际岭南的文化、经济、风俗,具有相当的学术研究价值。

第二,近代名人。岭南近代的名人更是数不胜数。有基督教的首位中国传教士、首个参加近代中文报刊编辑出版工作的肇庆高明人梁发;有岭南睁眼看世界的先驱、顺德人梁廷楠;有提倡经世致用学风、发扬我国古代学术优秀传统的晚清儒学宗师南海九江人朱次琦和番禺人陈澧;有太平天国革命领袖花都人洪秀全;有鸦片战争后首位提出变法维新思想的改革家花都人洪仁玕;有中国留学生事业的先驱珠海人容闳;有中国首位留学医学博士珠海人黄宽;有名儒朱次琦门下两高徒,"思借著述使孔道灿著"的顺德人简朝亮和清末资产阶级改良派、戊戌维新运动领袖、"思借治术使孔道昌明"的南海人康有为;有康有为的弟子,著名政治活动家、启蒙思想家、教育家、史学家和文学家新会人梁启超;有中国铁路之父南海人詹天佑;更有伟大的民主革命先行者香山人孙中山……在中国近代史上,岭南地区实在是藏龙卧虎、英雄辈出!

(三)重视对地域传统技艺的发掘

中华传统文化不仅蕴含在丰富的地域文化中,同时也通过形态各异的地域传统技艺体现出来。这些技艺为当地的气候、资源等环境所孕育,通过具体的实践形式和艺术形态反映当地独特的文化内涵。在大力继承和弘扬中华传统文化的时代背景下,中华传统技艺的发掘和传承同样不容忽视。例如,潮汕地区的金漆木雕是木雕艺术的一种形式,自明代开始逐渐形成定式,表现内容多为极富传统伦理道德价值观念的正统史实及一些民间故事,体现了当地群体对中华民族优秀传统美德的推崇及追求。通过向学生讲述该技艺的历史传承和技术发展,展示该技艺的具体实践,发掘其精神底蕴和时代内涵,有助于让学生在地域传统技艺的实践中把握其深刻的价值理念。

有些艺术形式具有明显的德育内涵,特别是戏剧。岭南的戏剧有粤剧、潮剧、雷剧和广东汉剧等。戏剧多取材于历史故事，内容曲折感人，布景服饰绚丽华美，旋律悠扬流畅，唱词对白简洁典雅。不少学生是在当地传统戏剧的耳濡目染中成长起来的，对传统戏剧有着说不尽的感情。传统戏剧所表现的中华民族传统道德、朴素的人间真情和深刻的历史教训是德育的重要内容。例如，粤剧《搜书院》讲述清雍正、乾隆年间，海南琼台书院掌教谢宝保护弱女子翠莲和学生张逸民的故事，谢宝的正直、幽默、机智为人所敬重；潮剧《荔镜记》地方色彩浓郁，主人公具有鲜明的反封建意识，该剧在潮汕地区长演不衰。德育教师可因势利导，充分运用好这些德育资源。

（四）重视岭南名胜的利用

"读万卷书，行万里路"，学生学识与品格的形成不仅靠读书，还需注重社会实践和对大自然的亲身体验。绵延数千年的岭南文化也蕴藏在岭南的山山水水、城镇庭园之中，德育教学可适当组织学生走出去，在游历中阅读岭南历史，品味岭南文化，陶冶秉性情操。

第一，历史文化名城。例如，肇庆是岭南文化的发祥地之一，也是粤语的发源地。其七星岩湖光山色美不胜收；鼎湖山乃广东四大名山之首，被称为"北回归线上的绿宝石""活的自然博物馆"；境内有梅庵、悦城龙母祖庙、崇禧塔、宋城墙、阅江楼、丽谯楼、文明塔、黄岩洞、泰新桥、高要学宫、德庆学宫等300多处极具价值的文物古迹。再如，佛山是粤剧之乡、武术之乡、陶艺之乡、岭南成药之乡、民间艺术之乡。古城惠州不仅山水秀美，更留有苏东坡、孙中山、廖仲恺、邓演达、叶挺等人的足迹。省会广州是一座充满现代感的大都市，同时又保留着悠远的古风：远古时广州曾是一片亚热带密林，如今这里仍是植物的王国，华南植物园、云台花园、越秀公园、从化流溪河国家森林公园、芙蓉嶂风景区等充分展现了南国的园林特色。此外，还有南越王墓、镇海楼、西关大屋、西来初地、光孝寺、陈家祠、三元里抗英斗争旧址、黄埔军校旧址、中山纪念堂等诸多著名景点。

第二，历史文化名镇。例如，南海西樵镇享有"珠江文明的灯塔"的美誉。早在6000多年前，这块土地上就萌发了灿烂的"双肩石器"原始文明。西樵山还是有名的茶山，有着上千年种茶、焙茶的历史，其云雾茶曾因作为贡品而尤为出名。明清时期，以湛若水、康有为为代表的一大批文人学子隐居西樵山，探求理学，锤炼心性，使它又享有"理学名山"的雅誉。西樵山纺织业已有千余年历史，明朝时便成为广东最大的棉纺业中心，以致"广纱甲天下"。现在西樵被中国纺织工业协会授予"中国面料名镇"称号，拥有许多知名服装品牌。再如，惠东县平海古镇，被誉为岭南文化的"活化石"。该镇建于明洪武十八年，距今已有600多年历史。平海地处惠东县最南端，东靠红海湾，西倚大亚湾，南临南海，扼惠州南部地区海运进出口的咽喉，历来设为海防军事重镇。元末明初，盗寇猖獗，民不聊生。洪武年间，明太祖派花都司到平海建造城池，抵御外侵。清康熙至嘉庆年间，平海城前沿相继筑起大星山炮台、盘沿港炮台、墩头港炮台、东缯头炮台和吉头炮台，筑成一道道壁垒森严的海防前线。平海至今仍较完整地保留着四座城门楼、部分城墙、十字古街、古民居以及古寺庙、古文化遗址和大量的历史文物。再如，番禺区的沙湾镇是一个有着 800 多年历史的岭南文化古镇，历史文化资源丰富，民间艺术饮誉南国。沙湾文化是以传统历史文化和民间文化为主体的水乡文化，具有丰富的物质文化资源和非物质文化资源，是"中国民间艺术之乡""广东音乐之乡""飘色之乡""中国龙狮之乡""广东省民间艺术之乡""民间雕塑之乡""广东省古村落"。自古以来人杰地灵，文风鼎盛，名家辈出，是珠三角中心广府文化的杰出代表，这里的飘色闻名遐迩且被誉为南国艺术奇葩。走进沙湾古镇区，不仅可以清晰辨析古镇发展的历史脉络，现存的街巷错落纵横，宗祠古屋点缀其间，檐缘梁枋巧饰雕琢，有砖雕、石雕、木雕、灰雕，壁画异彩纷呈，深深地体现这"文化之乡"的深厚艺术魅力。物质文化遗产方面，沙湾古镇"石阶石巷"的古村落格局保存完好，并保留了大量明、清、民国时期的古建筑。全镇现存以留耕堂为典型代表的古祠堂 100 多座，还有一筒竹、三间两廊、镬耳屋、高楼、西式住宅、自由式民居等建筑。

三、自觉运用独特地域文化符号

人类学家认为，一个社会的文化体系是由一个社会的象征符号，如语言及其结构，事物及人物的称谓，事物或社会关系的表述形式，神话或社会文化中的象征性标志、宗教意识等表现出来的。对于不同地域群体来说，他们用来表征社会关系、价值观念的文化符号往往不尽相同，这些文化符号构成个体进一步建构知识系统、价值系统的基础。从学生已有的文化符号出发，引导学生认识那些与生活密切相关的文化符号，有助于超越符号本身的限制，反过来深化学生的道德认识。

（一）注重对地域文化符号的认知教育

既然文化是人类借助符号来表达、记忆和创造意义的高级活动，那么文化与符号就构成一种密不可分的联系。一定的文化通过一定的符号系统建构和表达出来，而文化的其他一切功能都是从这些基本的符号功能中派生出来的。因此，要认知和体验文化，最基本的方式就是要认识表达文化所运用的文化符号。

在不同地域，所运用的文化符号如语言文化符号、体势符号、实物符号、艺术符号等往往是不尽相同的，这为不同地域的中学德育提供了形式多样、内涵丰富的德育资源。在我国广东地区，南国醒狮是集观赏性、艺术性、竞技性为一体的具有强烈吉祥、喜庆色彩和气氛渲染能力的中华民族传统体育项目。因此，在德育过程中，教育者要有意识地运用该地域文化符号，促进中学生增加对该地域文化符号的感知和认识，使其精神力量得以发挥，文化基因得以传承。为此，一方面，要积极关注并善于运用地域热点事件，以贴近学生生活实际的事件为桥梁，减少学生发言互动的认知障碍和心理障碍，提高学生与教育者交流的积极性；另一方面，要适时将地域语言即地方方言、俗语、典故等融入课堂教学中，在阐明理论观点时适当加入地域语言，能使理论观点变得更加生动形象、通俗易懂，同时还有助于活跃课堂气氛，消除教师的话语霸权，拉近教师与学生的距离。

（二）注重对地域文化符号的精神认同

文化符号是一个复杂的系统结构，符号系统对意义的表达，是一个由简单到复杂的过程，一个简单的符号可以表达一个明确的意思，而一个复杂的符号系统所包含的意思则要复杂得多。这不仅需要从各方面对文化符号进行全面的认识，还需要通过有意识的建构，让学生从宏观的层面上对不同层次的文化符号有一个系统的把握。在德育过程中，教育者不仅要让受教育者对不同的文化符号有一个清晰的认识，还要引导受教育者认识文化符号与文化符号之间、文化符号与文化符号系统之间、不同文化符号系统之间的联系和差异，完善学生对地域文化符号系统的认识，提高学生对地域文化的精神认同。例如，"岭南画派"融汇中西绘画之长，以革命的精神和强烈的时代责任感改造中国画，并保持了传统中国画的笔墨特色，创制出有时代精神、有地方特色、气氛酣畅热烈、笔墨劲爽豪纵、色彩鲜艳明亮、水分淋漓、晕染柔和匀净的现代绘画新格局。既使学生感受到传统绘画的魅力，也使学生了解到当地的辉煌历史，从当地先人的智慧和拼搏中受到精神感化。

（三）注重对地域文化符号的思想升华

在加强学生对文化符号的认识并通过有意识的建构之后，可以借助内在引导或外在指引的方式，升华对已有文化符号的认识，促进新知识的产生。一是借助内在引导的方法，引导个体对已有文化符号进行系统整合和深入思考，借此养成个体的文化自觉，使个体在内心深处认同和信奉地域文化；二是借助外在指引的方式，教育者结合中学德育的实际需要，通过对地域文化符号的阐述、建构，增强德育知识的感染力，使学生在无形之中受到潜移默化的道德影响，提升学生的道德素养。为此，教育者一方面要主动发掘教育对象在价值选择与行为取向上所体现出来的与地域文化的密切联系，引导教育对象对该联系进行思考，发掘其中的德育价值；另一方面要注重榜样示范，通过"身边人讲身边事，身边人讲自己事，身边事教身边人"的具体示范，实现地域文化与德育知识的具体结合，用地域文化符号建构和呈现德育知识，实现地域文化符号的思想升华。

四、不断扩展道德实践空间与时间

教育部颁布的《教育部关于培育和践行社会主义核心价值观进一步加强中小学德育工作的意见》指出："改进实践育人，各级教育部门和中小学校要广泛开展社会实践活动，充分体现'德育在行动'，要将社会主义核心价值观细化为贴近学生的具体要求，转化为实实在在的行动。"改进实践育人，一方面需要积极发掘实践空间，为学生的实践活动提供必要的空间保障；另一方面，德育养成是一个长期的过程，这就要求德育实践活动应有时间上的延续性。

（一）拓展道德实践空间

道德实践空间是德育实践活动顺利展开的重要基础。在地域文化视域下，扩展道德实践空间，必须重视对民俗的发掘和运用。民俗是立足于具体生活场景、系统体现地域特色的文化活动之一，是一个涉及价值观念和实践的统一体系。丰富多彩、形态各异的民俗活动是地域群体生活的重要组成部分，也为高中生的道德践行提供了一个贴近生活的载体。一是地域民俗活动以其独特的魅力吸引中学生自觉践行，对于中学生来说，民俗活动为他们提供了一个接触社会和休闲娱乐的良好机会；二是地域民俗活动以一种极富亲缘性的、潜移默化的方式影响着中学生的思想观念，民俗活动据以开展的空间场所为个体所熟知并认可；三是民俗活动的固定性为中学生的道德践行提供了稳定的践行空间。某一地域上的民俗活动一般是多种多样的，这就要求德育工作者在运用民俗活动开展道德教育时应该遵循重点论和两点论相统一的原则，选择合适的民俗活动作为地域空间来开展德育实践活动。

（二）延续道德实践时间

要最大限度地发挥民俗活动在实践育人当中的作用，还需要对民俗活动的开展时间进行延续，使个体在长期的实践活动中逐步深化和巩固道德认识，升华道德情感，提高践行能力。要最大限度延续道德实践时间，对实践主题进行扩展是一个行之有效的方式。首先，通过扩展实践主题，增添与社会主义社会发展相适应的价值规范，丰富民俗活动的内涵底蕴，使民俗活动成为社会主义核心价值观的承载者和传导者，将民俗活动开展时间变为道德教育开展时间；其次，通过扩展实践主题，把形式多样的实践活动蕴含于某一民俗活动主题之下，可以有效延续民俗活动发挥影响的空间和时间；最后，通过扩展实践主题，可以使学生在同一民俗活动中获得形式多样的教育，有助于推动学生在同一时间段内将多种知识进行有效吸收和融合，促进学生的全面发展。例如，近年以来，作为潮汕地区最具特色的民俗活动之一，营神赛会的主题和活动形式在不断丰富和发展，主办方不仅继承传统形式，还在其中加入极富时代特色的内容，如在场馆设置和活动安排上更加重视安全意识和环保意识，运用现代技术如电影展播、微博微信宣传传统技艺和传统风俗，使这一活动成为延续道德实践时间的有效载体，更大限度地发挥其积极作用。

参考文献

[1] 李军林.中华传统文化概论[M].合肥：合肥工业大学出版社，2009.

[2] 胡厚福.德育学原理[M].北京：北京师范大学出版社，1997.

[3] 黄向阳.德育原理[M].上海：华东师范大学出版社，2000.

[4] 彭付芝.中国传统文化概论[M].北京：北京航空航天大学出版社，2007.

[5] 梁国楹，王守栋.中国传统文化精要[M].北京：人民出版社，2011.

[6] 鲁洁，王逢贤.德育新论[M].南京：江苏教育出版社，2002.

[7] 蒋一之.品德发展与道德教育[M].杭州：浙江大学出版社，2013.

[8] 张艳红.德育资源论[M].北京：中国社会科学出版社，2013.

[9] 张岱年，方克立.中国文化概论[M].北京：北京师范大学出版社，2004.

[10] 李申申，陈洪澜，李荷蓉，等.传承的使命：中华优秀文化传统教育问题研究[M].北京：人民出版社，2011.

[11] 奥斯特曼，科特坎普.教育者的反思实践[M].郑丹丹，译.北京：中国轻工业出版社，2007.

[12] 张建.中华传统文化[M].北京：高等教育出版社，2007.

[13] 郑永廷，江传月.主导德育论[M].北京：人民出版社，2008.

[14] 吴刚平.校本课程开发[M].成都：四川教育出版社，2002.

[15] 冯秀珍.中华传统文化纲要[M].北京：中国法制出版社，2003.

[16] 魏泽.我国中学生社会公德行为的调查与分析[J].思想理论教育，2009（20）：31-34.

[17] 廖婧茜.中华传统文化融入中小学课程的意义、难点与对策[J].教育探索，2015（5）：29-31.

[18] 拓春晔.师资培训中加强对中小学教师传统文化教育的研究[J].基础教育研究，2012（14）：18-20.

[19] 叶鑫.传统文化与德育的内在契合[J].皖西学院学报，2015（6）：40-43.

[20] 张忠华, 张典兵. 对德育评价研究的回顾与反思 [J]. 高教发展与评估, 2011（01）: 95-103.

[21] 刘玉艳. 提高小学德育实效的途径探析 [J]. 时代教育（教育教学版）, 2010（05）: 95-103.

[22] 刘红雨. 浅谈中学生德育评价体系建设 [J]. 学周刊, 2012（23）: 9.

[23] 马宁, 高亚玲. 对中小学德育评价时代困境的探讨 [J]. 文教资料, 2012（23）: 153-154.

[24] 高长武. 理解马克思主义与中华传统文化关系的三个维度——学习习近平关于传统文化的重要论述 [J]. 党的文献, 2015（1）: 26-32.

[25] 刘正伟, 李品. 论基于本土文化的校本课程开发 [J]. 教育发展研究, 2006（17）: 14-17.

[26] 黄书光. 生活世界中的当代德育反思 [J]. 教育科学研究, 2005（10）: 5-8.

[27] 王文胜. 浅议"回归生活"的对话式德育 [J]. 教育导刊, 2006（06）: 36-37.

[28] 李飞. 中学生德育现状分析及其反思 [J]. 现代教育论丛, 2006（06）: 55-58.

[29] 张华. 探索八维心理健康教育模式构建和谐校园 [J]. 课堂内外, 2014（01）: 58-59.

[30] 田建国. 树立以人为本的德育新理念 [J]. 中国高等教育, 2004（05）: 19-21.

[31] 林育敬. 当前中学德育教育面临的挑战与创新 [J]. 新课程导学, 2017（36）: 13.

[32] 孙美玲. 基于网络文化环境的中学德育创新实践 [J]. 学周刊, 2017（27）: 148-149.

[33] 左康华. 岭南优秀传统文化滋养下的广东人文精神——新时期广东人文精神建设研究 [J]. 广东开放大学学报, 2018, 27（06）: 24-27.

[34] 郭爱丽. 依托岭南文化创新高职院校文化素质教育 [J]. 广州广播电视大学学报, 2018（05）49-53.

[35] 庄崇生. 潮汕文化背景下中学德育教育研究 [J]. 文教资料, 2017（03）: 86-87.

[36] 林俊风. 岭南文化和广东高校德育 [J]. 五邑大学学报（社会科学版）, 2009, 11（04）: 33-35.

[37] 李宗云. 传统文化在大学生思想政治教育中的价值及其体现 [D]. 长

春：东北师范大学，2008.

[38] 黄红立. 中华传统文化融入大学德育工作研究 [D]. 长沙：湖南大学，2013.

[39] 程晓. 当代中国德育工作评价研究 [D]. 南昌：江西师范大学，2003.

[40] 左彬. 中华传统文化教育全国中小学实验教材研究 [D]. 贵阳：贵州师范大学，2016.

[41] 陈树鹏. 地域文化视域下的高中德育研究 [D]. 重庆：西南大学，2016.